second life®
o guia oficial

Elaborado por Michael Rymaszewski, Wagner James Au, Mark Wallace, Catherine Winters, Cory Ondrejka, Benjamin Batstone-Cunningham e residentes do Second Life de todo o mundo

Prefácio de Philip Rosedale, fundador e CEO da Linden Lab
Tradução de Abner Dmitruk
Revisão técnica e apêndice exclusivo para esta edição de Diogo Silva

Ediouro

Copyright © 2007 by Wiley Publishing, Inc. Indianápolis, Indiana

Copyright da tradução © Ediouro Publicações S.A., 2007

Capa adaptada | Marcelo Santos
Projeto gráfico | Patrick Cunningham
Copidesque | Natalie de Araújo Lima
Revisão | Isabella Leal
Revisão técnica e apêndice exclusivo para esta edição | Diogo Silva — Kaizen Games
Produção editorial | Felipe Schuery

Limitação de Responsabilidade/Isenção de Garantia. A editora e o autor não fazem declarações nem oferecem garantias com relação à precisão ou à totalidade do conteúdo deste trabalho, isentando-se principalmente de todas as garantias, incluindo, entre outras, garantias relativas à adaptabilidade do mesmo para algum fim específico. Não deverão ser feitas, criadas ou estendidas quaisquer garantias por meio de quaisquer materiais promocionais. As instruções e estratégias aqui contidas podem não ser adequadas para todas as situações. Ao adquirir este trabalho, o consumidor deve estar ciente de que a editora não se propõe a oferecer serviços jurídicos, contábeis ou de outra natureza profissional. Caso assistência profissional se faça necessária, deve-se contatar um profissional capacitado para tal fim. Tanto a editora quanto o autor se isentam de responsabilidades quanto a danos oriundos deste trabalho. O fato de uma organização ou endereço eletrônico receber indicação neste trabalho como citação ou como possível fonte de informações adicionais não representa apoio por parte do autor ou da editora com relação à informação de tal organização ou endereço eletrônico ou quaisquer recomendações feitas por terceiros. Além disso, o leitor deve estar ciente de que os endereços eletrônicos listados neste trabalho podem ter desaparecido ou sido alterados no intervalo existente entre a composição deste livro e sua leitura.

CIP-Brasil. Catalogação-na-fonte
Sindicato Nacional dos Editores de Livros, RJ.

S452   Second Life: guia oficial / elaborado por Michael Rymaszewski... [et al.] e residentes do Second Life de todo o mundo; prefácio de Philip Rosedale; tradução Abner Dmitruk. — Rio de Janeiro: Ediouro, 2007.

Tradução de: Second Life: the official guide
ISBN 978-85-00-01961-6

1. Second Life (Jogo). 2. Realidade virtual. 3. Avatares (Computação gráfica). 4. Ciberespaço. I. Rymaszewski, Michael.

CDD: 794.8
CDU: 794.6

07-2422

---

07 08 09 10 11   8 7 6 5 4 3 2 1

Todos os direitos reservados à Ediouro Publicações S.A.

R. Nova Jerusalém, 345 – Bonsucesso
Rio de Janeiro – RJ – CEP: 21042-235
Tel.: (21)3882-8200 – Fax: (21)3882-8212/8313
www.ediouro.com.br

SUMÁRIO

Prefácio IV
Dedicatória e agradecimentos VI
Sobre os autores VII
Introdução IX

Parte I: Começando uma segunda vida 2
    Capítulo 1: O que é o *Second Life*? 4
    Capítulo 2: Primeiros passos 22
    Capítulo 3: O grande passeio 40

Parte II: Vivendo uma segunda vida 70
    Capítulo 4: Mudando sua aparência 72
    Capítulo 5: Usando sua Library 100
    Capítulo 6: Gerenciando seu Inventário 118
    Capítulo 7: Construindo 132
    Capítulo 8: Usando a Linguagem
            de Scripts da Linden 162

Parte III: Sucesso no *Second Life* 192
    Capítulo 9: Quem é você? 194
    Capítulo 10: Ganhando dinheiro 212
    Capítulo 11: Residentes reais 250
    Capítulo 12: Uma linha do tempo cultural .. 274
    Capítulo 13: O futuro e o impacto do
            Second Life 298

Apêndices 316
    Apêndice A: Educação da vida real no
            Second Life 318
    Apêndice B: Glossário 325
    Apêndice C: Fontes adicionais 334
    Apêndice D: Comandos e funções do menu 336
    Apêndice E: Os brasileiros e o *Second Life* 346

PREFÁCIO

Quando o *Second Life* foi lançado, em 2003, operando com apenas 16 servidores e somente mil usuários, foi como se eu visse um sonho se realizar. Desde garoto me interessava por formas de manipular o mundo à minha volta, tão cheio de *coisas*: sempre havia algo que eu desejava mudar, adicionar ou criar a partir do que havia ao meu redor. Para mim, era mágico ver o mundo mudando de forma por causa das minhas idéias. Quando começamos a desenvolver o *Second Life*, há quase dez anos, um dos meus objetivos era dar a todos a possibilidade de usar essa mesma magia.

Nos últimos três anos, é exatamente isso o que tem acontecido. O *Second Life* opera hoje com mais de 4 mil servidores e tem quase 9 milhões de usuários registrados, mas a idéia fundamental desse mundo não mudou: trata-se de um lugar onde você pode transformar suas idéias numa espécie de realidade *pixelada*. É um dos lugares mais ricos e satisfatórios para se expressar. No *Second Life*, as coisas podem ser criadas ou alteradas, só depende de você. O mundo é onde se vive as experiências, mas acima de tudo, é o local onde se cria.

E esses milhões de usuários — vocês — criaram um mundo e tanto. Todos os dias, milhões de objetos são adicionados ao *Second Life*: carros, roupas, castelos, tudo que se pode imaginar. Gastam cerca de 5 milhões de dólares por mês, não só com as criações produzidas pela Linden Lab, mas também com as criações adicionadas ao mundo por outros usuários. Pra mim, é aí que está a beleza do *Second Life*: tudo que fizemos foi uma plataforma, um mundo quase vazio; a nossa maior sorte foi ter vocês, que deram o sopro da vida a esse lugar. Se hoje o *Second Life* é mesmo um mundo, é porque vocês o criaram.

Quando a Wiley nos sugeriu fazer este livro, pensamos que essa seria uma gran-

de chance pra envolvermos ainda mais pessoas no processo de criação. Assim como o próprio *Second Life*, o livro foi desenvolvido por meio de colaborações. Michael Rymaszewski e os outros autores tiveram a ajuda de vários residentes, que contribuíram com o texto fornecendo idéias e experiências. Aqui você encontrará informações, dicas, relatos, perfis e até alguns segredos, que farão do livro uma grande fonte de informação off-line para todos os interessados, mas principalmente para os novos residentes. Se o que você quer é se estabelecer logo no *Second Life*, este livro é uma ótima escolha.

Se você acaba de chegar ao mundo virtual, saiba que não há nada a temer. No *Second Life*, a geografia, a sociedade, a cultura e a tecnologia são fáceis de compreender. Há muitas informações e instruções práticas sobre como criar e personalizar seu avatar, como criar objetos, ganhar dinheiro, fazer parte da comunidade e muito mais. Para quem quiser se aprofundar um pouco no assunto, é só conferir o capítulo 8, escrito com a colaboração de Ben Batstone-Cunningham (programador da Linden Lab) e de Cory Ondrejka (diretor de tecnologia da Linden Lab e responsável pela "física" que apóia esse nosso mundo). Nos outros capítulos, temos perfis de residentes do *Second Life*, que dão uma idéia de como várias pessoas encontraram seu lugar no mundo virtual, seja socialmente (através de empreitadas comerciais, como desenvolvedores *in-world*) ou simplesmente como visitantes da fascinante sociedade que tem emergido como resultado de seus próprios esforços.

O objetivo principal deste livro é ajudá-lo a se tornar mais facilmente um membro dessa sociedade. O *Second Life* cresce a cada dia. Para entrar em ação, você só precisa de um computador, uma conexão à internet e uma mente aberta. Existem muitas coisas no *Second Life*, mas sempre há espaço para outras. Quero só ver o que você vai adicionar ao mundo que encontrar.

Philip Rosedale
CEO e fundador da Linden Lab

DEDICATÓRIA

Para Olga, que me inspirou a ter uma segunda vida.
— Michael Rymaszewski

AGRADECIMENTOS

Não é fácil escrever um guia para um mundo virtual, um lugar que só existe no ciberespaço. Disseram que essa é uma tarefa simplesmente impossível — e se muitos outros não dissessem o contrário, isso bem que poderia ser verdade. Assim como o *Second Life*, este livro foi criado graças à contribuição de diversas pessoas ao seu conteúdo.

Sendo assim, deixo aqui o meu muito obrigado a Cory Ondrejka, Catherine Winters, Wagner James Au, Ben Batstone-Cunningham e Mark Wallace, autores de capítulos específicos. Willem Knibbe, da Wiley, foi quem na verdade teve a idéia de fazer o livro e quem o tornou realidade. Candace English fez a edição, sendo responsável pela qualidade do texto, e Patrick Cunningham deu esse ótimo visual ao livro. Na Linden Lab, Catherine Smith teve uma paciência divina pra lidar com os muitos pedidos de ajuda e informações adicionais. Jonhenry Righter também contribuiu bastante para o aspecto gráfico do livro, John "Pathfinder Linden" Lester foi responsável por um excelente apêndice para educadores. E também Torley Linden, Jeff Luan, Jeska Dzwigalski, Kara Jordan, Tom Verre, Eric Call, James Cook, Beth Goza, Michael Blum, Kelly Washington, Richard Nelson, Daniel Smith, Joe Miller, Daniel Huebner e muitos outros funcionários da Linden Lab, que revisaram o texto e contribuíram com informações valiosas.

E por último, mas não menos importante, diversos residentes do *Second Life* colaboraram com respostas sobre assuntos específicos: pequenas pérolas de sabedoria que vão aprimorar a qualidade da sua vida virtual.

Obrigado a todos. São pessoas como vocês que alguém espera encontrar quando começa uma outra vida.
— Michael Rymaszewski

SOBRE OS AUTORES

Michael Rymaszewski é autor veterano, já escreveu mais de vinte guias de estratégia. Seu livro *Age of Empires III: Sybex Official Strategies and Secrets* foi nomeado o Melhor Livro de Informática e Internet de 2005 pelo site Amazon.com. Michael também já publicou resenhas, artigos sobre estratégia, contos, livros de arte e roteiros de vídeo e TV. Também trabalha como autor e designer de jogos na City Interactive. Para este livro, Michael escreveu os capítulos 1, 2, 3, 4, 5, 6, 9 e 10.

Wagner James Au escreve no *New World Notes* (http://nwn.blogs.com) e faz matérias sobre cultura e indústria da alta tecnologia e dos jogos para os sites GigaOM.com, Kotaku.com, Salon.com e para a revista *Wired*. Já escreveu para o *Los Angeles Times*, o *Lingua Franca*, o *Smart Business* e o *Game Developer*, entre outras publicações e sites, principalmente sobre cultura e indústria de jogos, política, cinema e cultura pop.

É também roteirista (seu roteiro *Future Tense* foi utilizado pelo Canal Plus em 2001) e, como desenvolvedor de jogos, escreveu para a Electronic Arts o excepcional *thriller* conspiratório *Majestic*, além de desenvolver um trabalho de designer no *America's Army: Soldiers*. Seu trabalho como jornalista interno no *Second Life* foi apresentado na BBC, no *Washington Post*, no *All Things Considered* da NPR, na CNN Internacional, na MSNBC, na revista *Wired*, no News.com, na *New Scientist Popular Science* e no *San Jose Mercury News*, além de várias outras publicações. Wagner também atua como consultor junto a empresas e organizações sem fins lucrativos envolvidas no *Second Life*, além de ser coordenador e promotor de questões da Creative Commons no *Second Life*. Ainda sobre o *Second Life*, ele está desenvolvendo seu próprio livro para tratar do assunto. Você pode entrar em contato com ele através do e-mail wjamesau@well.com. James escreveu os capítulos 11 e 12.

Mark Wallace é o editor do 3pointD.com, um blog com enorme audiência que trata de mundos virtuais e outras tecnologias 3D na internet. Seus escritos sobre mundos virtuais, jogos eletrônicos e outros assuntos apareceram no *New York Times*, no *Financial Times*, na *Wired*, na *GQ* e em muitas outras publicações. Ele escreve com freqüência sobre jogos on-line para a revista *The Escapist* (www.escapistmagazine.com) e desde 2005 comanda o *Second Life Herald* (www.secondlifeherald.com), um jornal on-line bastante popular sobre mundos virtuais. Juntamente com Peter Ludlow, fundador do *Herald*, escreveu *Only a Game: A Cyberspace Murder on the Bleeding Edge between Real and Online Worlds*. Mark jogou videogame pela primeira vez em 1978: o jogo era *Adventure*, construído em texto e jogado num aPDP-11. Mora no Brooklyn e escreveu os capítulos 3 e 13.

Catherine Winters é uma das residentes mais antigas ainda em atividade na comunidade do *Second Life*. Em 2003, ela foi co-fundadora da LSL Wiki, o site de programação que colabora com o *Second Life* e que se tornou o manual de referência em códigos LSL. Habilidosa programadora e criadora de conteúdo, Catherine está entre os primeiros residentes do *SL* que fizeram do jogo sua fonte primária de renda para o mundo real. Em sua *vida real*, Catherine mora em Vancouver, Colúmbia Britânica, no Canadá. Ela gosta de andar de bicicleta, esquiar, embrenhar-se num bom livro. Catherine mantém um blog no endereço www.CatherineOmega.com e, para este livro, escreveu o capítulo 7.

Cory Ondrejka é o diretor técnico da Linden Lab. Ele comanda a equipe de desenvolvimento do *Second Life* na criação e aplicação de tecnologias como simulação física, transmissão de informações 3D e edições no mundo em tempo real. Ele também liderou a introdução do mecanismo que permite que usuários detenham direitos em seus IPs sobre as criações, ajudou a modelar a política de bens virtuais da Linden e criou a linguagem de scripts da Linden. Cory é co-autor do capítulo 8.

Ben Batstone-Cunningham é programador da Linden Lab e especialista em scripts. Numa manhã de fevereiro de 2002, enquanto matava uma aula de física quântica, Ben leu no jornal uma notícia sobre um mundo virtual onde tudo era possível. Ele se inscreveu na seção de testes iniciais do que na época era chamado de *LindenWorld* e logo se tornou um viciado no mundo virtual. Vários meses depois, tendo adquirido proficiência com as ferramentas, ele foi convidado a trabalhar na Linden Lab, na criação do recém-renomeado *Second Life*. Anos se passaram e ele continua um feliz viciado, ainda criando scripts para a Linden Lab — incluindo conteúdo exemplar para servir como fonte de aprendizado para residentes do *SL*. Ben é co-autor do capítulo 8.

INTRODUÇÃO

Quando você visita um lugar novo — cidade, país, continente —, um bom guia é sempre muito útil. Mas você precisa de mais do que conselhos sobre as melhores paisagens a conhecer e os lugares onde se hospedar. Você precisa de um guia que fale sobre as pessoas que habitam o lugar, as leis locais, os melhores lugares para pechinchar — que seja sincero e conte se naquele local você pode ou não tomar a água da torneira.

O *Second Life* é um mundo virtual. Um mundo completo, seja ele virtual ou não, definitivamente merece um guia. Mas como alguém pode dar conselhos e orientações sobre um mundo em constante mudança, inclusive de uma maneira muito mais rápida do que acontece com o chamado mundo real? Se a tarefa já é difícil quando se lida com uma terra feita de solo e rochas, como lidar com uma terra feita de bytes, um lugar no seu monitor formado por pixels? No *Second Life*, as mudanças que necessitariam de milênios para acontecer no mundo real podem ser completadas dentro de algumas horas. Se na vida real tudo acontece por causa da evolução, o *Second Life* é a evolução ao quadrado. Então como escrever um guia para um lugar como esse?

Bom, para começar, é preciso focar as coisas que estão lá para ficar. O *Second Life* é e sempre será uma representação do mundo que conhecemos. Foi concebido por pessoas e por elas é criado constantemente, e essas pessoas tendem a agir de uma forma específica. Não importa se vivem no mundo virtual ou no mundo "real". Real é aquilo que existe na mente. Podemos viver numa era esclarecida, mas emoções e fantasias ainda nos dominam como sempre dominaram (se você discorda, assista ao telejornal de hoje à noite). E embora possamos ser extremamente diferentes uns dos outros exteriormente, por dentro somos todos feitos das mesmas coisas: sangue, órgãos e um monte de sonhos. E até os sonhos são os mesmos: todo mundo quer amor, sucesso e felicidade. Quem não quer já está morto ou pronto para morrer.

Todos esses lugares-comuns são ainda mais verdadeiros no *Second Life*. O mundo virtual permite que o participante se preocupe unicamente com o que está relacionado à sua própria felicidade. Não é preciso lidar com questões mundanas que consomem tanto tempo na Terra, você é livre pra fazer aquilo que quiser. As poucas restrições que de fato existem no *SL* são oportunas, e simplesmente representam o senso comum aplicado a uma situação social. Na verdade, a única coisa que pode atrapalhar você na busca virtual da felicidade real é a própria vida real. Enfim, o que mais você queria? Não é fácil viver duas vidas ao mesmo tempo.

Esperamos que este guia facilite essa tarefa. Veja só o que você vai encontrar aqui:

O **capítulo 1** apresenta o *Second Life*: do que se trata, como ele surgiu e como evoluiu. Discute regras e conceitos básicos, incluindo tipos de assinatura e seus respectivos benefícios.

O **capítulo 2** guia o usuário através do processo de contato com o *Second Life*. Ele discute a interface do jogo, as visualizações e o movimento dentro do mundo virtual, assim como a propriedade de terra virtual. Ele também trata de grupos e comunidades de residentes no *SL*.

O **capítulo 3** faz um passeio pelo mundo virtual, como se você estivesse excursionando por um local do mundo real. Ele lista diversos pontos principais para o turista do *SL*; lugares que representam aquilo que pode ser chamado de cultura do *Second Life*.

O **capítulo 4** trata de um assunto bem delicado: sua aparência no *Second Life*. Ele discute os diversos pontos a serem considerados na escolha de um bom nome no mundo virtual e a tarefa complexa de fazer com que seu avatar tenha a aparência que você deseja.

O **capítulo 5** analisa as centenas de brindes que você ganha ao entrar no mundo virtual pela primeira vez. Esses brindes estão numa pasta especial chamada *Library*, localizada no Inventário do seu avatar e que freqüentemente recebe menos atenção do que o ideal por parte dos novos residentes do *SL*.

O **capítulo 6** oferece conselhos sobre como gerenciar e domar o monstro do *SL* conhecido como Inventário. O Inventário do seu avatar é onde você guarda todos os seus pertences no *Second Life* — até mesmo casas inteiras, espaçonaves e centenas de coisas legais. O número dos itens contidos no seu Inventário chega aos quatro dígitos mesmo antes de você chegar ao continente central do *SL*. Portanto, ter um bom controle do seu Inventário é muito importante — caso contrário, você provavelmente vai passar muitas horas on-line só procurando coisas.

O **capítulo 7** dá instruções importantíssimas sobre o processo de criação de novos objetos no mundo virtual. Ele revela as implicações do misterioso prim, explica as ferramentas de construção e edição de objetos no *SL* e permite que se tenha uma idéia das possibilidades praticamente infinitas de criação de itens novos no *Second Life*.

O **capítulo 8** enfoca a LSL, a Linguagem de Scripts da Linden, usada na escrita dos scripts que animam os objetos no *Second Life*. Ele explica como funciona a LSL e o que você deve saber para que ela trabalhe a seu favor. Juntamente com o capítulo 7, ele fornece todas as informações básicas para quem deseja exercer uma das atividades mais recompensadoras do *Second Life*: criar conteúdo novo.

O **capítulo 9** discute escolhas pessoais, profissionais e de estilo de vida no *SL*, com ajuda de exemplos concretos. Traz diversas contribuições de residentes antigos do *SL*, nas quais estes revelam quem são e como usam seu tempo no mundo virtual. O capítulo 9 teve co-autoria dos seguintes residentes: Angel Fluffy, Baccara Rhodes, Cheri Horton, Desmond Shang, Forseti Svarog, Francis Chung, Iris Ophelia, Tao Takashi e Taras Balderdash.

O **capítulo 10** fala sobre como ganhar dinheiro no *Second Life*. Sim, é possível ganhar dinheiro de verdade num ambiente virtual, e é disso que esse capítulo trata. Ele analisa os principais empregos rentáveis, discutindo habilidades necessárias e comparando possíveis ganhos, além de dar alguns alertas sobre pontos a serem considerados quando se tem uma empresa virtual.

O **capítulo 11** traz quadros de pessoas interessantes no *SL* — residentes dos quais a presença no mundo virtual teve um impacto importante, de uma forma ou de outra.

O **capítulo 12** descreve eventos dignos de observação na história do *SL*, como é o caso da famosa revolta tributária do prim.

Por último, o **capítulo 13** examina as lições e o valor do mundo virtual do *Second Life* com relação ao mundo real. Sim, existe vida real no ciberespaço, e esse capítulo conclusivo fala sobre as implicações envolvidas.

Cinco apêndices foram adicionados a este guia. O apêndice A, escrito por John "Pathfinder Linden" Lester, é voltado a educadores do mundo real que desejem tirar proveito de um ambiente virtual em seu trabalho. O apêndice B contém um glossário de termos e gírias especiais. O apêndice C aponta sites que contêm informações valiosas sobre o *SL*. O apêndice D explica as funções dos menus suspensos do *SL*. O apêndice E, escrito por Diogo Silva da Kaizen Games, aborda a experiência dos brasileiros no *Second Life*.

Esperamos que sua leitura seja útil e divertida. Encontramos você no *Second Life*.

PARTE I
COMEÇANDO UMA SEGUNDA VIDA

CAPÍTULO 1
O QUE É O *SECOND LIFE?*

PÁGINA **4**

CAPÍTULO 2
PRIMEIROS PASSOS

PÁGINA **22**

CAPÍTULO 3
O GRANDE PASSEIO

PÁGINA **40**

CAPÍTULO 1
O QUE É O *SECOND LIFE*?

O *Second Life* é um mundo virtual. Não, o *Second Life* é um mundo digital, 3D e on-line: imaginado, criado e mantido por seus residentes. Mas olha só, tem mais: autoridades de respeito definiram o *Second Life* como um *metaverso*. Deu para entender? Tudo ao mesmo tempo? Todas as declarações acima são verdadeiras. O *Second Life* é basicamente tudo que você quiser que ele seja. Afinal, a vida virtual é sua e você faz dela o que bem entender.

O *Second Life* é um ambiente virtual no qual quase tudo é criado pelos usuários, pessoas como você. Quem determina o que o *Second Life* representa é você. Gosta de conhecer pessoas na internet, conversar com elas e desenvolver atividades em tempo real? Então, bem-vindo ao *Second Life*. Gosta de criar coisas e dar vida a elas? Bem-vindo ao *Second Life*. Gosta da idéia de ter um negócio e ganhar dinheiro, dinheiro de verdade? Bem-vindo ao *Second Life*. A lista de atividades possíveis é do tamanho da sua imaginação.

Este capítulo discute conceitos, regras e atividades básicas do *Second Life*. Alguns destes elementos — por exemplo: benefícios relacionados a um certo tipo de assinatura do *SL* — estão sujeitos a alterações freqüentes. No entanto, certos princípios básicos são constantes e, portanto, podem ser tratados aqui.

SUMÁRIO

UMA BREVE HISTÓRIA DO *SECOND LIFE* 6
COMO FUNCIONA? 7
TIPOS DE ASSINATURA 19

UMA BREVE HISTÓRIA DO *SECOND LIFE*

O *Second Life* foi concebido por Philip Rosedale. Assim como todos os artistas, ele sempre desejou criar uma obra-prima que representasse o mundo em um microcosmo. No lugar de tintas, palavras, mármore ou argila, ele usou bytes. Philip começou a trabalhar no conceito que se tornaria o *Second Life* (o primeiro nome foi *LindenWorld*) em 1991. Os testes *beta* começaram em novembro de 2002; o público teve acesso ao jogo logo depois de seis meses. Na versão *beta*, cobrava-se uma taxa para o teletransporte e um imposto sobre o prim (abreviação de "primitivo"), o que constituía a principal fonte de recursos para a manutenção do jogo; as taxas eram cobradas sobre a criação e a manutenção de todos os objetos gerados por residentes no mundo virtual. No começo, a idéia até parecia sensata, já que cada prim adicional coloca um pequeno peso no hardware que faz o *Second Life* funcionar. No entanto, cobrar impostos sobre criações dos residentes não foi um feito sábio no sentido político, e acabou gerando várias conseqüências no futuro.

Em 23 de junho de 2003, o *Second Life* foi lançado para o grande público. Em outubro do mesmo ano, uma atualização importante introduziu vários recursos novos: funções aprimoradas de pesquisa e um mapa mundial, novas opções de administração de terras, novo sistema de direitos autorais e permissões para criações de residentes e melhorias gráficas sensacionais. No entanto, também foram incluídas ferramentas para reduzir a sonegação de impostos. Em compensação, foi adicionada uma nova remuneração chamada de *dwell*, que basicamente recompensava as pessoas que socializassem. Os residentes criativos do *SL* não se conformaram: naquela situação, *socialites* sem nada na cabeça eram recompensados enquanto criadores de conteúdo adicional para o *SL* ainda eram penalizados através dos impostos sobre o prim.

A pressão sobre os sonegadores de impostos gerou problemas e discórdia: alguns grupos de residentes do *SL* se separaram e comunidades temáticas foram bastante afetadas, já que fazer com que uma área reflita um certo tema requer vários novos prims. Estava armado o cenário para um acontecimento extremamente real: um movimento social da grande massa começou a se formar no mundo virtual. Dentro de poucas semanas, uma revolução já tinha nascido. Em dezembro de 2003, os revolucionários tiveram sua vitória: um sistema tributário totalmente novo, baseado em propriedade de terras e *sem* o imposto sobre o prim, foi introduzido na atualização seguinte. Ela também introduziu o conceito de hora do *SL* (o mesmo padrão do Horário Padrão do Pacífico) e diversos recursos relativos a scripts e à interface.

Outras atualizações e melhorias foram feitas. Entre as principais estão gestos e movimentos personalizados (junho de 2004), troca da moeda LindeX (outubro de 2005) e o fim das remunerações nos planos de assinatura básica (maio de 2006).

NOTA — INFORMAÇÃO ADICIONAL
MAIS DA HISTÓRIA DO *SL*

Se você quiser saber mais da história do SL, consulte o capítulo 11 e visite o Museu Histórico do Second Life. Você encontra a localização do museu no Guia do SL, que pode ser obtido na Ilha da Ajuda; caso você ainda não tenha feito isso, use o comando de Pesquisa do SL. As mostras do museu são atualizadas de acordo com a evolução do Second Life e incluem várias criações de residentes, assim como apresentações ilustradas de eventos memoráveis na história do SL.

CAPÍTULO 1
COMO FUNCIONA?

Figura 1.1: Abracadabra, um dois, três — pá!

Partindo do seu ponto de vista, o *SL* funciona como se você fosse um deus na vida real. Não um deus todo-poderoso, mas talvez um daqueles deuses mitológicos, que geralmente se especializam em áreas específicas, que bebem, transam, lutam e — o que é mais importante — lançam feitiços para todo lado. Seja quem for no *Second Life,* você também pode "lançar feitiços" (figura 1.1). E, assim como um deus mitológico, pode voar e teletransportar tudo que quiser num instante.

Você também pode mudar sua aparência quando e como quiser. Se algum dia já quis dar uma de Zeus e se transformar em cisne para tentar seduzir alguém, no *Second Life* você tem a chance de fazer isso.

O mundo virtual do *SL* imita o mundo real que você conhece e — esperamos — aprecia. Ele consiste de regiões interligadas que contêm terra, água e céu (onde o *SL* permite que você construa castelos). Cada região tem uma área de 65.536m² do *Second Life*.

Os residentes do SL freqüentemente se referem às regiões como sims — abreviação de simuladores. Isso porque, no começo, um servidor ou simulador era responsável por uma região. Hoje há duas regiões por servidor, mas o nome antigo prevalece.

As regiões do *SL* são unidades geográficas e administrativas governadas por leis e regulamentos que podem mudar de região para região. O mundo do *Second Life* é dividido em áreas que podem incluir qualquer número de regiões governadas por determinado conjunto de regras. Por exemplo, uma área separada chamada de área *Teen* é reservada para membros do *SL* que tenham entre 13 e 17 anos. Membros dessa faixa etária não podem entrar na área adulta e vice-versa. Você encontra outras informações sobre os costumes e a etiqueta social do *SL* ainda neste capítulo e no capítulo 2.

O *Second Life* é povoado por avatares: representações virtuais de seus membros. O mundo do *SL* também contém uma grande variedade de objetos. De palácios a pedregulhos, quase todos os objetos no *Second Life* foram criados por cidadãos *in-world*. Criar novos objetos — roupas, armas, espaçonaves — é uma das atividades mais comuns no *SL*, além de ser a força motora do comércio existente no jogo. O *Second Life* monitora tudo que acontece em seu mundo virtual por meio de identificadores únicos, que atuam não apenas sobre objetos e avatares internos, mas sobre qualquer coisa que tenha alguma significância (veja o quadro "Como o *Second Life* monitora as coisas").

Um identificador único universal (Universally Unique Identifier — UUID) é uma linha de 16 bytes parecida com esta: 987fc1b0-bd3b-47fb-8506-2b1ffbec8984. Trata-se de uma seqüência de oito caracteres, quatro caracteres, quatro caracteres e doze caracteres, toda separada por hífens.

⬅ *Por toda a plataforma do Second Life, usamos UUIDs em locais onde queremos representar um pacote complexo de dados a partir de uma referência menor, mais simples — um UUID só tem 16 bytes. Alguns dos dados que têm "nome" em UUID:*

- 🟧 *Agentes de avatares.*
- 🟧 *Terrenos. Sempre que você cria, divide, mescla ou modifica terrenos de qualquer forma, eles ganham um novo UUID.*
- 🟧 *Grupos. Cada grupo recebe um UUID.*
- 🟧 *Regiões. Além de nomes únicos, elas têm UUIDs únicos.*
- 🟧 *Estados do simulador, que são imagens de uma região. São salvos e recebem um UUID periodicamente.*
- 🟧 *Transações monetárias e transações de inventário.*
- 🟧 *Suas sessões de login.*
- 🟧 *Pastas no seu inventário.*
- 🟧 *Qualquer captura de tela gerada por você.*
- 🟧 *Qualquer anúncio classificado ou de evento que você criar.*
- 🟧 *Bens que são recursos compartilháveis, inclusive texturas, objetos, marcações de terra, roupas e quase tudo que há em seu inventário.*

O que isso significa? Bom, significa que há uma garantia de que qualquer um dos dados acima será único no espaço e no tempo — ou seja, se você tem uma textura e sabe qual é o UUID dela, pode ter certeza de que nenhuma outra textura teve, tem ou terá o mesmo UUID.

Muitas funções de LSL pegam um UUID e operam sobre a textura, o som ou o item do inventário correspondente a tal UUID. Por exemplo, no comando llSetTexture() você deve usar o UUID da textura que quiser aplicar ao seu objeto.

— Jeff Luan, Linden Lab

A MAGIA DO PRIM

Quase todos os objetos que você vê no *Second Life* são criados ou construídos a partir de elementos sólidos (formatos geométricos em 3D) chamados de prims. Cada região pode ter até 15 mil prims (além de uma reserva de mais ou menos 10%, destinada aos objetos móveis).

Os prims podem ter a forma que você quiser. Para facilitar as transformações, eles já vêm em diversos moldes. Você pode dar aos prims a aparência que desejar, a partir da aplicação de texturas a suas superfí-

Figura 1.2: *Sua habilidade para criar e manipular prims provavelmente é o recurso mais divino do Second Life.*

cies (figura 1.2). Eles podem receber certas qualidades e recursos (como transparência ou capacidade de se flexionar com o vento), ser interligados e criados para *fazer* coisas por meio de algum script escrito em LSL, a linguagem de programação do *Second Life*. Por exemplo: no *Second Life*, um cachorro que anda e late é um objeto animado, feito de prims interligados. Recebeu um script para se mover de certa forma e reproduzir efeitos sonoros personalizados. Uma discussão mais detalhada sobre prim e questões relacionadas a scripts pode ser encontrada nos capítulos 7 e 8.

Você não precisa ser nenhum guru da construção e da programação em scripts para conseguir os objetos desejados no *Second Life* e se divertir com eles. Assim como na vida real, você pode comprá-los usando dinheiro do mundo real ou Linden dólar (L$). Mas, diferentemente do mundo real, é possível contar com os muitos brindes que um avatar ganha assim que entra no mundo do *SL*. A pasta Library, no Inventário do seu avatar, está cheia — confira as instruções do capítulo 5 deste guia para saber mais sobre o assunto. Vários novos residentes do *SL* não fazem isso, gastando assim muitos Linden dólares para comprar coisas que já têm em sua Library. Esses

> **NOTA — DA LINDEN LAB: PLANTAS LINDEN**
>
> *As plantas Linden que constam na Library são objetos especiais, com propriedades únicas. Embora pareçam ser muito mais complexas do que os prims, cada planta é contada como um único prim — eis algo a lembrar quando você se tornar um feliz proprietário de terras e quiser trabalhar um pouco com as paisagens.*

itens, por sua vez, são vendidos por algum trapaceiro (ou trapaceira) com um sorrisão no rosto. Sim, também existem trapaceiros no *Second Life*.

O DINHEIRO DO *SL*

Como você ficou sabendo, o *Second Life* tem sua própria moeda: o Linden dólar, que pode ser trocado por dinheiro de verdade. A taxa de câmbio é variável; como é de se esperar, ela é determinada pela disponibilidade de dinheiro (influenciada por pequenas e constantes alterações às remunerações e aos adicionais do *SL*, e também pela proporção entre as novas contas Premium e Básicas abertas por novos residentes do *SL* — as diferenças entre esses dois tipos de contas são discutidas na última seção deste capítulo).

No período em que este livro foi escrito, 1 dólar americano equivalia a aproximadamente 275 Linden dólares. Acompanhando os registros, vemos que, em alguns dias, o valor mínimo do dólar ficou equivalente a 200 Linden dólares. Por outro lado, há pouco tempo tivemos uma taxa de câmbio com valor mínimo superior a 300 Linden dólares para 1 dólar. Mas é claro que, dentro do *Second Life*, 1 Linden dólar compra muito mais coisas do que 1 dólar compraria no mundo real. (Veja cotação da moeda brasileira na p. 347.)

Você pode conseguir Linden dólares de muitas formas (descritas no capítulo 10). Grosso modo, as fontes de renda no *SL* correspondem às fontes de renda do mundo real. Fica à sua escolha: arrumar um emprego virtual — os Classificados do *SL* sempre trazem muitas ofertas — ou tentar obter algum lucro por meio de um negócio próprio. Se for sortudo e habilidoso, você pode ganhar dinheiro jogando; se for talentoso, pode projetar e criar itens vendáveis; se não for nada disso, pode sentar numa "cadeira de acampamento" e ganhar algo como 3 Linden dólares a cada 15 minutos. Três Linden dólares são, digamos, um centavo de dólar americano, mas com esse dinheiro é possível adquirir um monte de coisas no *Second Life*! Você também pode comprar Linden dólares através de câmbio monetário terceirizado, pagando em dólares, euros e reais. Geralmente essa é a decisão mais sábia, já que assim você tem mais tempo para fazer outras coisas no *SL* além de ganhar dinheiro.

Você também pode receber Linden dólares assim que fizer a assinatura, dependendo do plano que escolher. Discutiremos esse assunto mais adiante, ainda neste capítulo.

> **NOTA**
> INFORMAÇÃO ADICIONAL
> ## AS MELHORES COISAS NO *SECOND LIFE* SÃO GRATUITAS
>
> *Assim como na vida real, você não precisa de dinheiro para aproveitar o que o Second Life tem de melhor. Fazer novos amigos é de graça, se divertir com pessoas de quem você gosta também é de graça. Claro que ter algumas coisas que lhe dêem certa diversão particular é legal, mas você logo vai descobrir que no Second Life pode-se conseguir muitas coisas gratuitamente. Confira os Classificados do SL para ver as ofertas dos comerciantes do SL e não se esqueça de visitar a Boutique do SL, no endereço* `http://shop.onrez.com/`. *O catálogo sempre tem várias ofertas especiais, coisas que você adquire gratuitamente ou através do valor simbólico de L$ 1. E, como explicaremos melhor no capítulo 10, no SL você pode ganhar vários Linden dólares apenas sentado numa cadeira por 15 minutos.*

VOCÊ E SEU AVATAR

No mundo virtual do *Second Life*, seu avatar representa você. É possível mudar a aparência do avatar a qualquer momento, quantas vezes você quiser. As ferramentas do *SL* incluem um poderoso editor de aparência de avatar. E o melhor: todo avatar vem com uma *Library* cheia de brindes, inclusive com um bom número de avatares alternativos já prontos. Sendo bem generalista, um avatar consiste de forma — o corpo — e utensílios — o que o corpo veste, além de qualquer coisa usada junto a ele. Discutiremos as opções de edição de aparência dos avatares no capítulo 4. Para saber mais sobre a Library, consulte o capítulo 5.

A grande maioria dos cidadãos do *SL* prefere ter uma aparência humana. Mas alguns escolhem avatares baseados em personagens de filmes, quadrinhos ou livros. Existem mais vampiros no *Second Life* do que em toda a Transilvânia (vampiros bem amigáveis, em geral). Os *Furries* — pessoas do *SL* que escolhem ser representadas por avatares com características animais — são outro grupo grande. Interessante notar que alguns grupos cresceram e se organizaram tanto a ponto de serem chamados de *micronações*.

As suas escolhas com relação ao avatar dizem muito sobre quem você é; para as pessoas que você encontra no mundo do *SL*, o seu avatar *é* você. O que não deixa de ser verdade, já que as escolhas relacionadas ao avatar refletem sua personalidade e mentalidade. É bom sempre se lembrar disso.

As escolhas do avatar não afetam seu acesso às opções do *Second Life* e aos privilégios do mundo virtual, *exceto* nos casos em que elas violarem normas da comunidade. Então talvez seja melhor pensar duas vezes antes de colocar um apetrecho de luta no seu avatar para dar uma volta pelas ruas do *Second Life*. É claro que você pode ser radical à vontade nas suas terras

Figura 1.3: Será que eu sou mesmo assim?

ou em quaisquer terras cujos donos permitam qualquer coisa. Esse e outros aspectos da propriedade de terra são discutidos no capítulo 2.

O QUE FAZER COM SUA NOVA VIDA?

Como você já ficou sabendo, no *Second Life* você tem a oportunidade de buscar seus sonhos e interesses. Para alguns residentes, isso significa fazer o máximo possível de sexo; para outros, significa atirar nas pessoas, possivelmente ao mesmo tempo em que pilotam uma espaçonave. Você vai encontrar exemplos de vários estilos de vida no *SL* nos capítulos 9 e 11.

O hedonismo virtual é divertido, mas não se deixe cegar por ele, há muitas outras atividades possíveis no *SL*. Para vários residentes, o *Second Life* representa antes de tudo uma ótima oportunidade para o desenvolvimento de talentos criativos e artísticos. Além de construir e programar, no *Second Life* você pode tirar fotos e fazer filmes. Se você acha que tem talento pra alguma dessas áreas, pode ganhar mais do que admiração alheia: o prêmio máximo de um festival de filmes do *Second Life* pode ser de até 100 mil Linden dólares (algo como 400 dólares americanos). O capítulo 3 discute essas atividades mais detalhadamente.

Para muitos cidadãos do *SL*, o mundo virtual é simplesmente um lugar sensacional para conhecer outras pessoas (figura 1.4) e também um ótimo lugar para se divertir com elas: como foi explicado antes, o *Second Life* permite todos os tipos de interação social. Tudo que acontece no *Second Life* se dá por consentimento mútuo: quem não gostar do que estiver acontecendo pode sair do mundo com apenas um clique.

Figura 1.4: *Você vai encontrar diversos rostos novos e interessantes no* **Second Life.**

A coisa certa a fazer, claro, não é sair do mundo, mas simplesmente achar alguma coisa de que você realmente goste. Não há limites para as escolhas: fazer compras, visitar galerias de arte, praticar queda livre, jogar boliche e ir a shows e concertos são apenas algumas das opções. Também é importante observar que nem todo mundo no *SL* está em busca de mera diversão. É cada vez mais freqüente o uso do mundo virtual do *Second Life* como local de estudos e pesquisas do mundo real — um local onde cientistas, professores e alunos do mundo todo podem se encontrar, mesmo estando separados por milhares de quilômetros.

O Second Life *é rico em eventos de todo tipo — desde festivais de cinema e shows de artistas reais até eventos locais, organizados por residentes individuais. Os lugares dos eventos atuais e futuros são marcados por uma estrela rosa ou roxa no mapa mundial e anunciados nos Classificados do* SL *e no endereço* `http://www.secondlife.com/events/`. *Para ter acesso a uma lista completa de eventos do* SL, *clique no botão Pesquisa e selecione a aba de Eventos no painel de Pesquisa.*

O *Second Life* não contém leis e regulamentos que limitem as atividades dos residentes: diferentes áreas permitem diferentes tipos de atividade. Áreas listadas como Adulto permitem atividades conhecidas como concernentes ao comportamento adulto, enquanto áreas PG impõem um comportamento mais rígido. Diversas áreas são dedicadas a um tipo específico de atividade, dentro de um ambiente próprio.

No entanto, um princípio geral se aplica a todas as atividades: independentemente da natureza, há um lugar para elas no *Second Life*. Se você é do tipo que dificilmente fica satisfeito com padrões alheios, então talvez seja melhor adquirir terras particulares e definir suas próprias regras. Muitos residentes do *SL* formam grupos para comprar terras e definir suas próprias leis, buscando assim seus interesses compartilhados. No entanto, a propriedade de terras só é permitida com uma assinatura Premium. Consulte a seção que trata do assunto neste capítulo para obter mais detalhes.

> **NOTA — INFORMAÇÃO ADICIONAL**
> **ROLE PLAYING**
>
> O role playing — ou interpretação de papéis — é uma atividade bastante popular entre os residentes do SL. Existem áreas temáticas especialmente dedicadas a aprimorar a experiência da interpretação de papéis. Se você sempre sonhou viver na Era Vitoriana ou no Velho Oeste, isso é possível — consulte os capítulos 2 e 3 para obter mais informações. Interessante notar que uma das formas mais comuns de interpretação de papéis no Second Life é o fato de homens da vida real aparecerem como mulheres virtuais — numa enquete realizada na internet, 18,6% dos membros de sexo masculino admitiram viver sua segunda vida como alguém do sexo oposto.

REGRAS E ETIQUETA DO *SL*

As normas da comunidade do *Second Life* estão listadas num cartão da sua Library (pasta de cartões). Existem seis pecados capitais (chamados de "Os grandes seis"):

- **Intolerância**. Assim como na vida real, agir de forma depreciativa com relação à raça, à etnia, ao sexo, à religião ou à orientação sexual de outra pessoa é um grande problema.
- **Moléstia**. A moléstia pode acontecer de várias formas no mundo virtual, mas essas formas têm um denominador comum: alguém acaba se irritando. Se você notar que seus atos ou suas palavras estão importunando alguém, é hora de parar.
- **Ataque**. Isso inclui ataques físicos, tiros, empurrões contra outro residente do *SL* em uma área marcada como Segura (o status de segurança é mostrado como um ícone na barra superior de informações). Prejudicar outros residentes fazendo uso de objetos com scripts também é proibido.

- **Revelações**. Informações sobre outro residente só podem ser propagadas caso sejam mostradas no perfil do residente ou caso o residente em questão tenha dado permissão para o compartilhamento de tais informações. Isso inclui os dados da vida real dos residentes e as conversas acontecidas no jogo: postar ou disponibilizar conversas de qualquer maneira requer antes autorização das pessoas envolvidas.
- **Indecência**. É simples: se o que você quer fazer pode ser ofensivo para outras pessoas, faça numa terra particular, em áreas Adultas.
- **Perturbar a paz**. Em poucas palavras: não seja uma peste. Todo residente tem direito a uma segunda vida divertida e tranqüila.

Figura 1.5: Você pode achar um novo amigo no meio dos dragões, vampiros e mafiosos do Second Life.

Não é difícil perceber que as normas da comunidade do *SL* são perfeitamente razoáveis e claras, todas relacionadas com a idéia de não atrapalhar o aproveitamento da experiência virtual por parte dos outros. Se o que você quer fazer constitui uma ameaça à diversão alheia, faça em casa — ou seja, numa terra sua ou na de um grupo de cidadãos do *SL* que compartilhem os mesmos interesses que você. De resto, basta empregar o mesmo bom senso usado na vida real para decidir qual tipo de comportamento é aceitável. Isso lhe dará uma margem de segurança confortável — o *Second Life* é um ambiente social mais tranqüilo do que o mundo real, e as pessoas que habitam esse mundo são notoriamente mais amigáveis do que aquelas com quem você está acostumado na vida real (figura 1.5). É interessante notar que o *Second Life* é particularmente apreciado por mulheres. Veja o quadro "Ser mulher no *Second Life*".

QUADRO — O RESIDENTE FALA
SER MULHER NO *SECOND LIFE*

"O SL é um mundo onde as mulheres desfrutam de um nível de igualdade muito maior que o da vida real. A primeira vantagem que os homens têm sobre as mulheres no mundo externo, que acaba influenciando várias coisas, é a força física. Aqui eu sou tão forte quanto qualquer outro homem. Não preciso deles para levantar ou trocar alguma coisa de lugar. Posso fazer tudo que os homens fazem. Portanto, tenho uma oportunidade igual pra experimentar qualquer coisa.

Além disso, não existem confrarias masculinas. Os homens não têm vantagens só pelo fato de serem homens.

Aqui eu não tenho que dividir meu tempo entre um homem, filhos e coisas que quero fazer. Não me sinto culpada se der mais importância ao trabalho do que aos filhos. Se uma mulher quiser dedicar tempo integral a ganhar dinheiro, ela pode facilmente fazer isso sem se sentir culpada.

A segunda vantagem é um pouco mais difícil de explicar. Tem a ver com sensação de segurança. Aqui eu recebo atenção e aprovação sem ter que me preocupar com o lado ruim. Não preciso me preocupar com qualquer atenção indesejada. Não há por que temer a força física dos homens.

A última coisa que me vem à cabeça é que a menininha do jogo pode ter a beleza que quiser. Todos aqueles desejos do 'como eu queria...' se tornam reais. Podemos ser glamorosas, sensuais, vulgares, qualquer coisa. Nossa aparência não faz com que os homens nos julguem incapazes."

— Jennifer McLuhan

"Eu particularmente gosto do SL por vários motivos... Esse mundo tem oportunidades pra todos; os lugares aonde você vai e como você se sai dependem da sua imaginação e do seu talento, e não de contatos, do seu sexo ou de qualquer coisa que influencie as oportunidades da vida real.

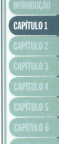

Divirto-me com o jogo porque gosto da possibilidade de fazer tantas coisas que não poderia fazer no mundo real... E porque adoro as ferramentas que me permitem transformar imaginação em realidade. Gosto de poder conhecer tantas pessoas, gente que eu nunca teria a chance de encontrar na vida real.

← *E sim, eu gosto do SL porque nele posso ser bonita do meu jeito, posso mudar meu visual num instante, ser completamente diferente do que sou na vida real.*

E a questão da segurança faz muito sentido para mim... É muito bom ter o controle, não ter que me preocupar com minha segurança pessoal. Isso se aplica a qualquer pessoa in-world, seja homem ou mulher, mas acho que é algo especialmente significativo para as mulheres."

— Ilianexsi Sojourner

"Tive vontade de saber como seria interpretar um homem. Foi assim:

Fui às compras. Escolhas limitadas! As escolhas dos homens são muito limitadas, tanto no Second Life quanto na vida real. Acho que seria difícil inventarem uma lingerie masculina ou algo sexy para os homens. As roupas eram tão caras quanto as femininas, mas não havia muita coisa para comprar. Dá pra entender o motivo de existirem tantos avatares femininos.

Fui a umas baladas e descobri que os homens são tão competitivos quanto as mulheres, principalmente quando o que está em jogo são outras mulheres. Um cara ficou puto comigo só porque eu falei com a namorada virtual dele.

Contei pra as pessoas que eu fazia scripts e ninguém perguntou nada. Mas quando eu tinha um avatar feminino, sempre me faziam várias perguntas, inclusive 'Você é homem na vida real?'

Achei que seria mais fácil ser homem, mas isso não é verdade. As mulheres têm muito mais escolhas com relação a roupas, cabelo, sapatos, etc."

— Damien Ferris

INFORMAÇÃO ADICIONAL
REGRAS DA COMUNIDADE

Não se esqueça de ler o cartão Normas da Comunidade! Quando você se inscreve no SL, está automaticamente concordando em respeitar as regras do metaverso. As punições incluem suspensão e banimento do Second Life. Na página http://www.secondlifebrasil.com.br/suporte/termos_comunidade.aspx, você pode verificar todas as normas da comunidade.

TIPOS DE ASSINATURA

O *Second Life* está sempre avançando, evoluindo. Da mesma forma, os planos de assinatura também podem mudar. No entanto, é bem provável que as futuras variações incluam os dois tipos de assinatura que temos hoje: Básica e Premium. Com ambas é possível se divertir (veja o quadro "Escolhas de tipo de assinatura").

O RESIDENTE FALA
ESCOLHAS DE TIPO DE ASSINATURA

"Bom, eu tenho uma assinatura gratuita [Básica] e, para falar a verdade, estou me divertindo bastante assim. Claro, se você quiser ter terras tem que pagar por uma conta Premium, mas se seu objetivo for só conhecer gente e se divertir nos eventos, dá para fazer isso facilmente com o plano gratuito. Se você quiser mais Linden dólares para comprar roupas ou outras coisas, pode usar as cadeiras de acampamento ou as máquinas de dança. Também pode ir a jogos como quiz, tendo a possibilidade de ganhar algum dinheiro. Ontem à noite eu ganhei 100 Linden dólares em um quiz sobre os anos 1980.

E também há tantas coisas legais pra se ver no SL que eu nunca me canso de olhar em volta. Se quiser uma casa, você pode alugar terras e conseguir uma casa livre numa venda informal (estou fazendo isso agora mesmo).

O importante é a diversão, pois é o que o SL tem de melhor para oferecer!"

— *Hedge Till*

"À exceção de um período de ausência do último inverno, já faz um ano e meio que estou no mundo virtual. Até o mês passado eu ainda usava as calças que ganhei no in-world. Tenho uma conta Premium e até agora gastei pouquíssimo em Linden dólares, mas mesmo assim tenho me divertido bastante e sinto que estou aproveitando o mundo virtual ao máximo.

Tudo depende do que quer dizer 'aproveitar ao máximo' para cada um. Você quer gastar dinheiro com tudo que puder ou quer criar, explorar e experimentar todo tipo de coisas diferentes?"

INTRODUÇÃO
CAPÍTULO 1
CAPÍTULO 2
CAPÍTULO 3
CAPÍTULO 4
CAPÍTULO 5
CAPÍTULO 6
CAPÍTULO 7
CAPÍTULO 8
CAPÍTULO 9
CAPÍTULO 10
CAPÍTULO 11
CAPÍTULO 12
CAPÍTULO 13
APÊNDICES

19

> *Não vejo motivos para que um membro de conta gratuita não tenha uma experiência semelhante a um membro de conta Premium, com exceção da propriedade de terras. Você precisa mesmo de uma casa? Está mesmo pensando em dormir no SL?*
>
> *O legal é sair, explorar o mundo, experimentar a construção e os scripts. E o mais importante: se divertir! Bem-vindo ao Second Life."*
>
> — Artemis Cain

INFORMAÇÃO ADICIONAL
UMA VIDA DE CONTA DUPLA

Para obter informações atualizadas sobre planos de assinatura do Second Life, visite o endereço http://www.secondlifebrasil.com.br/comercio/usuario_premium.aspx. *Você pode, primeiro, ter uma assinatura Básica para experimentar o Second Life e em seguida abrir uma segunda conta, com uma assinatura Premium que permita a propriedade de terras. Sempre vale a pena ter duas contas no Second Life, já que assim fica fácil fazer a recuperação do Inventário.*

ASSINATURA BÁSICA

Um plano de assinatura Básica permite que você entre no *Second Life* de maneira totalmente gratuita. Com ele você pode participar de todas as atividades do *Second Life* e ter todos os privilégios, com exceção da propriedade de terras no mundo *SL*. (As conseqüências são explicadas posteriormente neste capítulo.)

Nos Estados Unidos, você pode abrir contas adicionais com assinatura Básica; cada conta adicional custa 9,95 dólares. Essa opção, no entanto, não existe no Brasil. Mesmo com o custo, essa pode ser uma boa opção para o caso de você ter vários itens no Inventário que fariam muita falta se você os perdesse. Ao gerar uma segunda conta, você pode criar um outro avatar, com o qual pode fazer um back-up, uma cópia de segurança do Inventário. Talvez isso não pareça grande vantagem pra quem acaba de começar como residente do *SL*, mas depois de passar algum tempo no jogo, seu Inventário provavelmente conterá milhares de itens, com pelo menos alguns tipos individuais que não podem ser copiados. O processo de fazer um back-up do seu Inventário é descrito no capítulo 6.

ASSINATURA PREMIUM

A assinatura Premium permite que você tenha terras. Pode-se dizer que esse recurso tem importância cada vez menor no *SL*, já que a locação de espaços tem se tornado muito comum entre os residentes. As vantagens e desvantagens da propriedade de terras são tratadas nos capítulos 2 e 10; no entanto, saiba que ter seu próprio espaço no *Second Life* é importante, pois assim é possível guardar itens num local fora do Inventário de um avatar (para obter mais detalhes, consulte o capítulo 6).

Os custos de uma assinatura Premium dependem de como você escolhe pagar. A taxa mensal de 9,95 dólares cai para 6 dólares para quem escolhe pagar uma soma anual. Independentemente do plano de pagamento, você recebe os tão desejados direitos de propriedade de terras e um prêmio de mil Linden dólares, além de uma remuneração semanal de 400 Linden dólares. Observe que todos os números citados estão sujeitos a mudanças; para informações atualizadas, visite os endereços `http://www.secondlife.com/whatis/plans.php` e `http://www.mainlandbrasil.com.br/comercio/usuario_premium.aspx`.

No *Second Life* não há limites para a quantidade de terras que você pode adquirir. No entanto, o custo da aquisição de terras aumenta de acordo com sua posse de imóveis. Este e outros assuntos práticos são tratados no próximo capítulo.

CAPÍTULO 2
PRIMEIROS PASSOS

Viver significa fazer escolhas. Você fará muitas logo que entrar no *Second Life* pela primeira vez.

Existe a visualização em terceira pessoa e a visualização em primeira pessoa. Há menus suspensos na parte superior da tela e um menu de botões na parte inferior. Você deve ficar na Ilha da Ajuda por um tempo ou ir direto para o movimento do continente? E, chegando ao continente, o que deve fazer?

Este capítulo ajudará na resolução dessas e outras dúvidas, que aparecerão assim que você iniciar sua existência virtual. Ele é voltado principalmente para novos habitantes do *SL*, mas também pode ser muito útil a qualquer residente que tenha sido impaciente e pulado de cabeça no *Second Life*. E se você sempre quis voltar à Ilha da Ajuda para ao menos pegar os brindes que estavam disponíveis lá, este capítulo também é para você.

SUMÁRIO

ASSUMINDO O CONTROLE DE
SUA SEGUNDA VIDA 24
SAIBA MAIS SOBRE O *SECOND LIFE* 31

ASSUMINDO O CONTROLE DE SUA SEGUNDA VIDA

Familiarizar-se com a interface do *Second Life* é algo que enriquece sua experiência virtual: quase todo botão, menu e painel de opções é uma porta para novas possibilidades. As seções a seguir resumem todas as informações relativas à interface para a sua conveniência.

PRIMEIROS PASSOS

Se você pretende se tornar um novo residente do *SL*, comece verificando se o seu sistema permite que você tenha uma segunda vida. Os requisitos de sistema necessários são os listados a seguir. (Observe que, neste livro, pressupomos que você usa um computador comum para ser o portal da sua segunda vida. Se você usa um Mac, consulte os requisitos em `http://secondlife.com/corporate/sysreqs.php`.)

- Conexão de alta velocidade com a internet.

- **Sistema operacional**: Windows XP (Service Pack 2) *ou* Windows 2000 (Service Pack 4).

- **Processador**: Pentium III, 800MHz ou superior.

- **Memória**: 256MB ou superior.

- **Placa de vídeo**: NVIDIA GeForce 2, GeForce 4mx ou superior; ATI Radeon 8500, 9250 ou superior.

Para consultar os requisitos mais recentes do sistema, visite `http://www.secondlifebrasil.com.br/suporte/downloads.aspx`. Se você estiver usando um firewall, observe que o *Second Life* precisa se conectar através das portas 443/TCP, 12035/UDP, 12036/UDP e 13000-13050/UDP. Deve-se configurar o firewall de maneira a permitir tráfego externo nessas portas, assim como tráfego interno de informações relacionadas.

Ao entrar no *Second Life*, você vê uma tela de login que contém um botão importante: "Preferências" (figura 2.1). Muitos dos novos cidadãos do *SL* mostram-se tão ávidos para chegarem logo ao mundo virtual que nunca conferem esse recurso. Se você foi um desses, clique no botão na próxima vez em que você efetuar login. Ele abre o painel de Preferências, que contém onze abas:

- **Geral**. Essa aba oferece opções básicas do *SL*, como nome do avatar e o título a ser mostrado, notificações de amigos on-line e dinheiro gasto ou recebido, etc.

Figura 2.1: O ajuste das configurações no painel Opções pode aprimorar o desempenho do SL no seu computador.

- **Câmera**. Aqui você pode ajustar a sensibilidade do mouse no comando de visualização pelo mouse (em primeira pessoa) e uma qualidade chamada de elasticidade da câmera. Se você busca precisão, use os indicadores para reduzir a sensibilidade do mouse e a elasticidade da câmera a zero.

- **Rede**. Se estiver acessando o *Second Life* em uma *lan house*, você precisa ajustar suas configurações. Você também pode reduzir a largura máxima de banda caso tenha uma conexão lenta (o padrão de 500kbps é um excesso confortável com relação à real largura de banda utilizada).

- **Web**. Nessa opção você pode fazer a limpeza de arquivos temporários que o SL usa para sua melhor conexão.

- **Gráficos**. Esta aba apresenta as configurações básicas de gráficos, como resolução da tela e distância gráfica. A distância gráfica determina o alcance da sua visão no mundo virtual. Reduzir a distância gráfica e a resolução da tela pode melhorar o desempenho caso você tenha um sistema relativamente lento ou uma placa de vídeo antiga.

- **Detalhes gráficos**. Permite que você ajuste a quantidade de detalhes visíveis no mundo virtual. Configurações mais baixas melhoram o desempenho de sistemas lentos e placas de vídeo antigas. Observe que algumas opções (como Ativar Ondas das Águas) podem ser desativadas caso seu sistema ou sua placa de vídeo não estejam na melhor forma.

- **Gráficos avançados**. Aqui você encontra outras escolhas sobre detalhes de gráficos; seus efeitos são explicados no submenu. No geral, abaixar os valores padronizados melhora o desempenho.

- **Áudio & vídeo**. Você certamente vai querer analisar as escolhas nesse submenu. Elas incluem a função mudo do áudio, a transferência simultânea de música e vídeos, o volume dos efeitos especiais, etc.

- **Chat**. Aqui você ativa e desativa as janelas de conversa, altera a cor e o tamanho do texto e ajusta as configurações gerais do chat.

- **Comunicação**. Aba que abre um pequeno submenu com opções de mensagem instantânea.

- **Pop-ups**. Aqui você pode escolher quais mensagens deseja ver no mundo virtual.

Analise com atenção as configurações padrão no painel de Preferências, ajustando-as de acordo com o que for mais adequado ao seu sistema e à sua conexão com a internet.

Para obter informações detalhadas sobre a qualidade do funcionamento do Second Life no seu computador, ative a Barra Estatística pressionando CTRL + Shift + 1. Visite http://secondlife.com/knowledgebase/article.php?id=091 *para saber mais*.

O QUE HÁ NO MENU

A tela principal do *Second Life* tem uma barra superior e uma barra inferior. Ambas são repletas de recursos. Muitos deles, embora não todos, são analisados na Base de Conhecimento do *SL*, no endereço http://secondlife.com/knowledgebase/category.php?id=19. As seções a seguir analisam um por um.

A barra superior inclui um conjunto de menus suspensos semelhantes aos do Windows (figura 2.2). Alguns dos comandos disponíveis por meio dos menus suspensos *não* podem ser acessados a partir de nenhum outro menu ou atalho. Você encontra uma lista completa de comandos de menus suspensos e uma explicação da função de cada comando no apêndice D.

À direita dos menus suspensos, você verá ícones que mostram se há atividades desativadas no local atual do seu avatar. Se você não estiver certo sobre o significado de algum ícone, passe o cursor do mouse sobre ele

Figura 2.2: Os menus suspensos contêm comandos e atalhos úteis, como o atalho para o guia de programação em LSL.

para que apareça uma dica. A localização do seu avatar — nome da região, coordenadas do mapa, classificação da área, etc. — é mostrada ao lado dos ícones.

Indo para a direita, você verá um relógio mostrando o Horário Padrão do Pacífico. Os residentes o chamam de "hora do *SL*". O dinheiro vem em seguida: o ícone pequeno e redondo de Linden dólar permite que você compre moeda do *SL* através do LindeX (se a sua assinatura é Básica, saiba que esse recurso requer cartão de crédito ou boleto bancário). Seu balanço atual em Linden dólar vem logo depois: é atualizado instantaneamente, acompanhando todas as transações financeiras. Por último, à extrema esquerda da barra superior, você verá indicadores de perda de pacote e conectividade. Preste atenção a eles; alta perda de pacotes e baixa conectividade podem significar que talvez seja melhor cancelar aquela visita planejada a uma balada muito movimentada.

A BARRA INFERIOR

A barra inferior tem uma fila de botões. Da esquerda para a direita, aqui descrevemos cada um deles:

- **MI** abre o painel de mensagem instantânea. Se você tiver mensagens instantâneas de outros residentes do *SL* que ainda não tenham sido lidas, o nome de cada um aparecerá em abas, na parte inferior do painel. Clique numa aba para ler a mensagem do residente.

- **Chat** abre a caixa de Chat para que você digite, mas pressionar a tecla Enter é muito mais simples e tem o mesmo efeito.

- **Amigos** abre um painel listando todas as pessoas do *SL* que concordaram em ter você como amigo, além de informar quem está on-line no momento. O botão funciona como uma pequena central administrativa para ações conjuntas no *SL*, tais como mandar mensagens, oferecer teletransporte ao seu local atual, etc.

- **Voar** ativa o modo de vôo e é bastante útil, mesmo com os convenientes atalhos no teclado (o padrão é Page Up e Page Down). Se você clicar neste botão a fim de parar o vôo, poderá ver uma divertida animação enquanto seu avatar desce para uma aterrissagem consideravelmente perigosa — dependendo da altura em que você voava.

- **Foto** abre o painel de Visualização de Imagem para tirar instantâneos do mundo virtual. Aqui você pode definir todas as opções do instantâneo, como tamanho, resolução, qualidade da imagem, etc.

- **Procurar** abre o menu de pesquisa onde você pode encontrar lugares, eventos e tudo mais que quiser.

- **Construir** abre o painel de Construção. Fica ativo somente se a terra em que você estiver permitir construção (uma caixa de areia, sua própria terra).

- **Mini-mapa**: abre um mini-mapa no canto superior direito da tela. Ele pode ser útil quando você quiser achar alguma localidade, ou quando estiver em locais cheios como shoppings e complexos de entretenimento.

- **Mapa**: certamente o botão mais poderoso de todos. Abre um mapa do *SL* que pode ser redimensionado e reescalonado. É muito mais que um mapa, na verdade. Inclui funções de Pesquisa e também é uma interface para viagens instantâneas: um clique duplo em qualquer ponto é suficiente para teletransportar seu avatar até o local escolhido. No mundo virtual, atividades como caminhar ou dirigir um veículo são escolhas voltadas à diversão, não necessidades. Agora você sabe o porquê de quase todas as estradas do *Second Life* estarem vazias.

- **Inventário** abre o painel do Inventário (o atalho é CTRL + I).

Observe que o menu de botões pode ficar inacessível caso você tenha definido sua barra de tarefas do Windows para prevalecer sobre outras janelas de aplicativos; nesse caso, clique com o botão direito na barra de tarefas do Windows e selecione Propriedades para fazer as alterações necessárias.

> **NOTA — INFORMAÇÃO ADICIONAL**
> **MENU EM FORMA CIRCULAR**
>
> Quando você clica com o botão direito em quase tudo, um menu circular aparece. As opções do menu dependem do contexto e das propriedades do elemento no qual você clicar.

VISUALIZAÇÕES E MOVIMENTO

Figura 2.3: Utilize os atalhos do teclado para acessar as funções do menu na visualização do mouse.

O modo "seguir", com a câmera atrás e um pouco acima do seu avatar, é a visualização padrão do *SL*. No entanto, algumas pessoas acham mais conveniente a visualização do mouse (ou primeira pessoa) para a locomoção. Se ações como descer uma rua e se manter no asfalto parecerem um exercício comicamente difícil na visualização padrão, troque para a visualização do mouse. Ela também é sensacional para voar: você voará na direção indicada pelo cursor do seu mouse. Assim é possível virar, subir e descer a partir dos movimentos do mouse — é como se você pilotasse um avião.

Você não pode acessar os menus da tela quando estiver na visualização do mouse, o que é algo bastante inconveniente. No entanto, ainda é possível usar os atalhos do teclado para executar comandos. Por exemplo: abra seu Inventário pressionando CTRL + I (Figura 2.3). Ao manter a tecla ALT pressionada, você pode mover o cursor do mouse sem ter que alterar a visualização; quando o cursor estiver sobre um painel, você pode soltar a tecla e continuar fazendo o que queria como, por exemplo, reorganizar itens do seu Inventário. A tecla ALT também permite movimentar a câmera, assim como aumentar ou reduzir o zoom na visualização padrão.

> **INFORMAÇÃO ADICIONAL**
> **PACOTES DE VÔO**

O mercado do SL tem todo tipo de aviões e muitos "pacotes de vôo". Eles podem ser bastante sofisticados e, ainda assim, acessíveis — veja no quadro "Voando alto no Second Life" alguns exemplos de aviões para venda. O capítulo 3 fala do Aeroporto de Abbott, um local bastante visitado para a compra de aviões.

> **INFORMAÇÕES ADICIONAIS**
> **VOANDO ALTO NO SECOND LIFE**

DefCon Aerospace Vehicles (vôos demonstrativos gratuitos)

Patrocinada pela Marlin Engineering. Uma das melhores aeronaves do Second Life, com modelo de vôo suave e eficiente... confortável, baixo prim para gerar pouco lag. Ótimos recursos e preço razoável: um ou dois passageiros, 500 Linden dólares; cinco passageiros, 600 Linden dólares.

Intelligent Flight Assist / Jetpack da Aodhan's Forge

Esse não é um jetpack qualquer. O Escaravelho foi projetado para oferecer conveniência. Fazer com que um pacote de vôo seja rápido é fácil, mas o que realmente importa é que um pacote de vôo faça aquilo que você deseja... automaticamente. O Escaravelho praticamente elimina a lenta busca dos comandos, dando ao usuário toda a assistência de vôo necessária, no momento necessário. Você encontra mais detalhes em SL.AodhansForge.com.

DreamTech Aeronautics

Especializada em aeronaves de vários tipos: históricas, futuristas e fantásticas. Visite-nos e faça um teste de vôo hoje mesmo!

Zepelins, aeronaves, barcos voadores, aviões, pequenos dirigíveis, veleiros, velas, iates, teletransportadores, sistema de teletransporte.

CRYSTALTECH *Vehicles*

Lar dos modelos mais realistas do SL!

Loja de veículos. Compre espaçonaves, helicópteros e jatos. Todos com vôo suave.

Como foi mencionado antes, o movimento "normal" — caminhar, voar, pilotar um veículo ou andar de carro na rua — é uma fonte de entretenimento e uma oportunidade de socialização, não uma necessidade. A inclusão do teletransporte instantâneo, sem custo, a qualquer hora e em qualquer lugar, fez com que os outros modos de movimento fossem totalmente desnecessários, com exceção de situações em que se está em espaços pequenos e confinados. Mas dirigir um carro virtual, dar uma volta em um shopping ou ir a uma boate pode ser divertido. Caminhar e voar são definitivamente os movimentos preferidos para se apreciar a paisagem. Os lugares interessantes para se visitar no *SL* são mais numerosos do que os pontos mais visitados pelos turistas no mundo real; você encontra mais detalhes sobre o assunto no capítulo 3.

 NOTA — INFORMAÇÃO ADICIONAL
DEFININDO MARCADORES DE LOCALIDADE

Você pode colocar marcadores no mapa do SL para se mover rapidamente entre seus lugares favoritos ou chegar a pontos específicos, como o local de um evento que você deseja visitar.

 CAPÍTULO 2
SAIBA MAIS SOBRE O *SECOND LIFE*

O *Second Life*, assim como a vida real, oferece muitas oportunidades de escolha. Visite a Base de Conhecimento do *Second Life* logo no início da sua nova existência, nem que seja só para ver os tópicos tratados por ela — assim você terá pelo menos uma idéia do que é possível. A Base de Conhecimento é atualizada regularmente. Seus guias e artigos explicativos são uma ótima forma para se descobrir a maneira como as coisas funcionam no mundo virtual. A Base de Conhecimento é complementada pela Wiki do *Second Life*. Essas duas fontes contêm informações de valor inestimável, independentemente do seu interesse: ter um negócio virtual, fazer filmes, socializar, interpretar papéis, qualquer coisa.

> **NOTA — INFORMAÇÃO ADICIONAL**
> ## PESQUISANDO NA BASE DE CONHECIMENTO
>
> *Confuso com alguma coisa? Insira a palavra-chave adequada na caixa de pesquisa da Base de Conhecimento. Você provavelmente encontrará um acervo de artigos, guias e tutoriais relativos ao assunto de sua escolha.*

Se precisar de uma orientação um pouco mais personalizada, você pode contar com um mentor. Mentores são antigos residentes do *SL* que se dispõem a ser voluntários. Quase sempre se especializam em alguma área específica de conhecimento ou habilidade — por exemplo, criar novos objetos com os prims. Você encontra alguns mentores na Ilha da Ajuda. Caso não encontre nenhum mentor na área de chegada do continente central do *SL*, use a função de pesquisa: digite "mentor" e selecione a aba "Todos" no painel de Pesquisa. Você pode refinar ainda mais a sua busca para encontrar um mentor que tenha conhecimentos num assunto de seu interesse.

ILHA DE NASCIMENTO

Sua existência virtual começa na Ilha de Nascimento. O breve tutorial oferecido aqui lhe ensinará coisas básicas, não mais que isso. No local onde você nasce existem residentes especializadas em lhe ensinar os primeiros passos no metaverso. Além disso, você ganhará alguns brindes para começar a sua nova vida.

> **NOTA — INFORMAÇÃO ADICIONAL**
> ## RETORNO ÀS RAÍZES
>
> *Seu avatar não pode voltar à Ilha de Nascimento depois de ter chegado ao continente central, mas você pode. Abra uma nova conta básica gratuita e visite novamente as duas ilhas. Criar um segundo avatar é sempre uma boa idéia, já que assim você pode fazer o back-up do seu Inventário (consulte o capítulo 6).*

Certifique-se de coletar e guardar todos os cartões da Ilha da Ajuda; você passará por muitas coisas novas, será difícil se lembrar de tudo.

Depois de ter chegado ao continente, utilize a função de Pesquisa para encontrar os lugares onde você poderá saber mais sobre diferentes aspec-

Figura 2.4: Certifique-se de explorar integralmente a Ilha da Ajuda.

tos do *Second Life*. Há muitas opções, desde ir a aulas e cursos em alguma das muitas escolas e universidades até aprender a ser um bom funcionário para um patrão do *SL*. As opções de aulas e cursos não se limitam a assuntos do *Second Life*; você pode adquirir conhecimentos valiosos para a vida real!

OPÇÕES NO CONTINENTE CENTRAL

Assim que chegar ao continente, suas prioridades serão definidas pelo tipo de vida virtual que você deseja ter. Independentemente dos seus interesses, duas escolhas serão necessárias logo no início: a primeira é relativa a ter ou não um lugar próprio no mundo virtual; a segunda diz respeito a permanecer um lobo solitário ou se tornar parte de uma comunidade específica.

FORMANDO E PARTICIPANDO DE GRUPOS

Qualquer residente do *SL*, seja qual for o seu tipo de assinatura, pode formar um grupo em parceria com outro residente (clique com o botão direito do mouse no seu avatar e escolha Grupos, no menu circular). O residente que tiver iniciado esse processo se torna o fundador do grupo e desfruta de privilégios especiais. Um fato interessante é que, com as atualizações do *SL*, as regras dos grupos, de maneira geral, evoluíram de um modelo democrático e aberto para um modelo mais autoritário. Parece que a pouca idade da sociedade virtual é responsável pelo fato de as comunidades formalmente organizadas serem muito imaturas para a democracia, com conseqüentes dispersões de diversas empreitadas ambiciosas. As regras dos grupos lembram, de certa forma, um regime monarquista, com o fundador escolhendo sucessores para desempenho das funções: você encontra detalhes sobre o assunto no próprio mundo virtual através do menu Ajuda, localizado na barra superior. A nova estrutura autoritária dos grupos promete ser útil para a sobrevivência prolongada das comunidades organizadas no *SL*.

As comunidades organizadas enriquecem muito o mundo virtual (figura 2.5). Não há restrições relativas ao tamanho da comunidade ou ao grau de desenvolvimento organizacional; algumas delas até parecem micronações. No entanto, muitas comunidades — e donos de terras — têm outros objetivos além da expansão (veja o quadro "Grupos e comunidades"). Se você procurar, certamente vai encontrar grupos com objetivos ou atividades que lhe chamem a atenção. Você pode participar de até 25 grupos diferentes, incluindo aqueles formados por você.

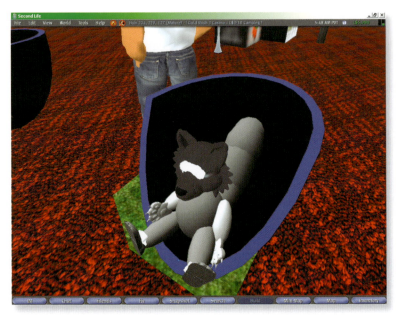

Figura 2.5: Existe lugar para todos no mundo virtual.

QUADRO — INFORMAÇÃO ADICIONAL
GRUPOS E COMUNIDADES

"O Neualtenburg Projekt é uma cooperativa de terra particular formada em 2004, ocupando hoje todo um simulador, ou "sim", de 258.998,78m^2 virtuais no Second Life, adquiridos diretamente da Linden Lab em maio de 2005. Nosso objetivo é simular uma cidade da Bavária, com espaços residenciais, comerciais e públicos. A cooperativa tem um governo republicano democrático, com três linhas políticas e uma constituição. A cidade simulada é aberta ao público, mas para participar do governo é preciso adquirir terras virtuais na cidade. A aquisição de terras constitui um acordo para o cumprimento de diversos padrões específicos de construção e atividade na cidade.

Todo o sim "pertence" (de acordo com uma licença da Linden Lab) a um avatar chamado de "Dono da Terra". Essa condição permite que o tesoureiro transfira terras a grupos de proprietários e reclame terras desses grupos. Por conveniência, o Neualtenburg escolheu indicar o segundo avatar do tesoureiro para a função de dono da terra, facilitando assim a municipalidade.

Em troca de um pagamento único, os grupos de proprietários formados por residentes recebem certificados de terrenos particulares, ganhando direito a usar as terras virtuais desde que as regras da cidade sejam cumpridas e os pagamentos das taxas mensais de uso das terras ocorram, o que se dá por forma de imposto sobre propriedade. Os residentes podem ter seus direitos suspensos e suas propriedades reclamadas pela cidade caso violem as declarações e os contratos. Os residentes bem relacionados podem vender seus direitos sobre terras virtuais para terceiros aprovados pela cidade."

— do "Resumo do Neualtenburg Projekt",
por Frank Lardner

"Hoje de manhã eu fundei o Partido Socialista do Second Life. Minha intenção é oferecer uma alternativa para que as pessoas compartilhem, interajam e produzam. Também pretendo utilizar a filiação ao partido para gerar ativismo político no mundo virtual. Nosso objetivo não é suprimir o livre mercado do Second Life ou algo do tipo, já que a maioria das pessoas parece gostar do capitalismo virtual; tudo que

queremos é gerar opções. Se alguém estiver interessado no PSSL, é só mandar uma mensagem instantânea para Lenin Camus.

Além disso, também ofereço estadia gratuita para membros necessitados."

— Lenin Camus

A Caledônia é um país pequeno, com florestas e muitos ventos numa latitude temperada. Criaturas selvagens, vida campestre, paisagens e sons comuns de cem anos atrás compõem a característica principal da terra.

A tecnologia é praticamente a mesma do século XIX, mas algumas descobertas recentes têm causado grande admiração. Veículos, aeronaves e até mesmo um dispositivo conhecido como Telecentro são possíveis por meio das exóticas propriedades dos materiais e das maravilhas da tecnologia do vapor. (A comunidade Vaporpunk tem uma forte presença na Caledônia, onde se inclui A Mansão, central do grupo Vaporpunk).

O governo é uma monarquia expansionista, apoiado por uma forte aristocracia (ou seja, os residentes). A Caledônia oferece a oportunidade de os residentes atuarem no "Comissariado", uma função que pode envolver responder a perguntas, reiniciar sims, banir molestadores, etc."

— da Wiki da História do SL:
O Estado Independente da Caledônia

TERRAS COMUNITÁRIAS

Um grupo é uma associação de dois ou mais residentes que compartilham interesses ou objetivos. No entanto, os grupos podem ter terras compradas da Linden Lab pelo dono da propriedade ou doadas por membros individuais dos grupos. Isso acontece com freqüência.

A propriedade de terras no *Second Life* não exige uma assinatura Premium quando a terra em questão for comprada de um dono de terra. As implicações envolvidas são explicadas com detalhes na Base de Conhecimento do *Second Life*. Mas tenha em mente que se tornar um dono de terra — comprar terra da Linden Lab — exige sim uma assinatura Premium e pode gerar vários custos adicionais.

> **NOTA — INFORMAÇÃO ADICIONAL**
> **OS BENEFÍCIOS DA TERRA COMUNITÁRIA**
>
> *A estrutura de propriedade de terras no SL recompensa os residentes que formam comunidades organizadas: quando membros doam terras a propriedades de grupos, estes recebem um bônus de 10%. Assim, doar 512m² de terra faz com que o grupo receba um total de 563m².*

POSSUIR TERRAS VIRTUAIS

A posse de terras virtuais no *Second Life* está vinculada aos custos com o uso delas. A assinatura Premium inclui os custos de uso de até 512m². Caso você queira mais, os custos sobem.

As Taxas de Uso de Terras são sempre cobradas mensalmente e determinadas pela posse máxima de terra dentro do período contabilizado. Se você é um dono de terras que começa e termina o mês com 512m², mas que no meio do mês alcança um máximo de 10.000m², pagará as Taxas de Uso de Terras sobre ¼ de Região. Observe que doar terra para um grupo não o isenta de pagar as respectivas Taxas de Uso de Terras. No entanto, um usuário de um plano de assinatura Básica e que compre terras de um dono de terras não precisará pagar as taxas relativas às terras, *exceto* nos casos em que tal pagamento estiver especificado no contrato da terra. O que ocorre em comunidades organizadas é que os donos de terras geralmente fazem pagamentos periódicos, "impostos" que reembolsam as Taxas de Uso de Terras ao dono da terra inicial ou administrador.

Não há limites para suas posses de terra virtual. Se você quiser, pode pedir e comprar da Linden Lab sua própria ilha personalizada. As ilhas no *Second Life* não podem ser menores que uma região (65.536m²). Atualmente, os dois tamanhos de ilha oferecidos são de uma região e quatro regiões. Observe que, independentemente do tamanho inicial da ilha, terras em forma

> **NOTA — INFORMAÇÃO ADICIONAL**
> **RIQUEZAS EM TERRAS**
>
> O residente mais rico do SL é Anshe Chung: uma magnata dos imóveis que, de acordo com a revista BusinessWeek — do mundo real —, tem propriedades estimadas em mais de 1 milhão de dólares.

de ilhas podem ser agregadas posteriormente, desde que o mapa mostre que há espaço em volta da ilha.

Possuir um pequeno império pessoal não é algo barato. Os preços de aquisição da ilha são 1.250 dólares para a de uma região e 5 mil dólares para o modelo de quatro regiões. Além disso, os donos das ilhas pagam as Taxas de Uso de Terra normalmente. Visite o endereço http://secondlife.com/community/land-islands.php para obter informações atualizadas sobre propriedade de ilhas e o endereço http://secondlife.com/whatis/landpricing.php para conferir as Taxas de Uso de Terra.

Antes de se comprometer a participar de quaisquer grupos ou comprar terras, é bom ter uma idéia das características do local e entender bem o que acontece lá. Assim, o próximo capítulo leva você a um passeio pelo continente central do *SL*.

Figura 2.6: Você controla sua terra com o painel Sobre a Terra.

NOTA — INFORMAÇÃO ADICIONAL
O PAINEL SOBRE A TERRA

Clique com o botão direito na terra de sua propriedade e selecione Sobre a Terra para abrir um painel com diversas opções de administração de terra (figura 2.6). Essas opções incluem restrição de acesso, emissão de permissões para execução de scripts, reprodução de música, banimento de usuários específicos, etc. Observe que, quando você compra terras, as opções de administração da terra podem ser modificadas de acordo com o contrato da terra.

CAPÍTULO 3
O GRANDE PASSEIO

Há cem anos, respeitáveis jovens foram enviados para um "grande passeio" pela Europa, como parte de sua instrução cultural. Pode ser que daqui a cem anos outros jovens percorram o mundo virtual fazendo esse mesmo passeio. Você tem a chance de começá-lo. Se visitar todos os lugares apontados neste capítulo, terá muito mais do que uma boa base de conhecimento sobre a história cultural do *Second Life*: poderá também conhecer algumas das comunidades mais fortes, verá lugares que poucos conhecem. E a pergunta que fica é: de que maneira você vai usar tudo o que aprender?

SUMÁRIO

POR ONDE COMEÇAR? 42
DESTINOS PARA OS RECÉM-CHEGADOS 43
COISAS A VER 45
COISAS A FAZER 52
COMUNIDADES 55
VIDA NOTURNA E ENTRETENIMENTO 59
COISAS A COMPRAR 63
LUGARES PARA VIVER 65
OS PROFISSIONAIS 67

POR ONDE COMEÇAR?

Basta passar um bom tempo com Philip Rosedale, fundador e CEO da Linden Lab, para ouvi-lo falar sobre "os horizontes da criação de conteúdo". Havia um tempo, Philip comenta saudosamente, em que alguém poderia conhecer diariamente todo o conteúdo novo adicionado ao *Second Life* — cada casa, carro, vestido ou penteado novo que os residentes criassem. Mas já passamos desse ponto há mais de um ano, informa Philip. Hoje em dia, mesmo com muita sorte, só se pode conhecer uma pequena parte do que é adicionado ao mundo virtual a cada 24 horas.

Sendo assim, como saber o que vale a pena conhecer? Uma das formas é buscar o mesmo que as outras pessoas. A interface de "pesquisa" do *Second Life* inclui uma relação dos lugares mais populares *in-world*. Ao longo de vários meses, eles chegaram ao topo de uma lista onde há velhos conhecidos com um bom poder de permanência, mas pode ser que a boate mais badalada do momento ainda não tenha aparecido por lá. Você também pode olhar na aba Seletor, nos perfis de outros residentes, onde as pessoas listam seus lugares favoritos no mundo virtual. Para chegar a eles, basta clicar no botão de Teletransporte ou em Mostrar no Mapa para ver o local aonde você irá. Cada local comentado neste capítulo está indicado pelo nome da região, seguido por três números: as coordenadas X, Y e Z da região (respectivamente indicando: leste-oeste, norte-sul e altura). Juntas, essas coordenadas descrevem qualquer local *in-world*.

Claro que o melhor modo de perceber o que anda na moda é manter os olhos e os ouvidos abertos. Mas a moda está sempre mudando — talvez soe estranho, mas o *Second Life* tem uma grande quantidade de conteúdo criado há muito mais tempo do que se imagina. Construções como as torres Seacliff, de Eddie Escher, já passam dos dois anos de criação. Outros estabelecimentos são ainda mais antigos.

Não é fácil escolher os locais que são tanto inclusões estáveis quanto "paradas obrigatórias". Sem dúvida, a lista abaixo é generosa com alguns dos lugares que eu pessoalmente considero como os mais interessantes no mundo virtual. No entanto, ela também inclui aqueles que raramente visito e que são verdadeiras instituições do *Second Life* (a boate The Edge, por exemplo). Tentei incluir lugares antigos e legais, outros que chamam muito a atenção dos residentes (o "sim de convivência" Svarga, por exemplo) e alguns lugares menos conhecidos, mas ainda assim importantes, que talvez não aparecessem nas listas de todo mundo.

DESTINOS PARA OS RECÉM-CHEGADOS

Vários locais do *Second Life* são projetados justamente para os que acabam de chegar ao mundo virtual. Desde as áreas de recepção e as Sandboxes mantidas pela Linden até as boates e organizações de ajuda mantidas pelos residentes, sempre há uma mão amiga disponível para ajudar aqueles que acabaram de pôr os pés nesse estranho mundo novo.

ÁREA DE RECEPÇÃO AHERN — AHERN (12, 12, 40)

A intersecção dos sims de Ahern, Bonifacio, Dore e Morris marca a principal área de recepção de novos residentes do *Second Life*. Ganhe brindes, pratique a construção ou pegue dicas nos principais sites. Veteranos do *SL* freqüentemente andam por aqui, oferecendo uma mão amiga para ajudar aqueles que estão tentando achar seu próprio caminho. Venha pra cá se tiver alguma pergunta ou se achar que pode ajudar alguém. Mas não se esqueça: aqui não é permitido atirar ou vender.

NEW CITIZENS PLAZA — KUULA (54, 175, 29)

Novo no *Second Life*, sem saber por onde começar? O *New Citizens Plaza* tem um monte de informações valiosas: é um recurso para novatos, cheio de coisas gratuitas, dicas de lugares interessantes, guias para andar por aí e funcionários prestativos, sempre prontos a ajudar. A coisa mais legal do lugar? Ele é totalmente mantido por residentes, então você pode ter certeza de que vai receber dicas de quem é inteirado no assunto.

O ABRIGO — ISABEL (44, 244, 79)

O Abrigo é um dos raros espaços sociais do *SL* que é tanto receptivo aos novos residentes quanto completamente isento de conteúdo sexual. Travis Lambert descreve sua boate voltada para novatos muito mais como um centro de recreação do que uma discoteca. O Abrigo se auto-intitula como "o lugar mais amigável do *SL*". Os funcionários fazem de tudo para ajudar os novatos, enchendo-os de presentes e falando sobre como as coisas funcionam. As festas têm música pop dos anos 1980 e 1990; os shows de jogos gratuitos, as loterias e os concursos são uma mão na roda para as finanças dos novos residentes. Se dançar não é a sua praia, você pode ir à piscina do pátio externo. Para Lambert, o importante é que o Abrigo seja tão confortável quanto uma sala de estar. "Isso tem a ver com o fato de as pessoas

realmente simpatizarem com o lugar, é como se fosse a primeira casa delas ao chegar no *SL*", ele diz.

AS SANDBOXES OU CAIXAS DE AREIA

As Caixas de Areia são um espaço para que os residentes do *SL* que não adquiriram terras possam construir, embora você também veja residentes estabelecidos usando o espaço. As caixas de areia públicas têm todas as construções apagadas a cada 12 horas; portanto, lembre-se sempre de salvar uma cópia do seu trabalho. Já as particulares variam. Tanto estas quanto as públicas são ótimos lugares para se obter dicas de construção e fazer novos amigos — e às vezes sentir como é estar na mira de um molestador. Esta é uma lista das caixas públicas, das mais movimentadas para as mais vazias:

Figura 3.1: *A Sandbox Island, cheia de construções de novatos...*

Figura 3.2: *...e logo depois de uma limpeza.*

Sandbox Island (Figuras 3.1 e 3.2)

Goguen Sandbox

Cordova Sandbox

Newcomb Sandbox

Morris Sandbox

Mainland Brasil Área Livre — MLBR Sandbox

YADNI'S JUNKYARD — LEDA (210, 28, 54)

YadNi Monde, o sujeito azul, é um dos construtores mais experientes do *Second Life*. Uma presença que impõe respeito, YadNi mantém uma das melhores fontes para novatos em seu armazém, no sim de Leda, onde qualquer textura, roupa, veículo, brinquedo e outros objetos são vendidos ao preço básico de 1 Linden dólar por uma caixa cheia de bugigangas. Mas é bugiganga útil, pode apostar. O lugar é parada valiosíssima, perfeito para se conhecer novidades.

TORRE DE MARFIM, BIBLIOTECA DE PRIMITIVOS — NATOMA (210, 164, 27)

Um tutorial com orientação e ritmo particular, de fácil compreensão: a Torre de Marfim foi responsável por incontáveis carreiras de sucesso em construção no *Second Life*. Mesmo que você só passe trinta minutos aqui, o tempo será de grande valor caso planeje fazer qualquer tipo de construção. As explicações são claras e concisas, e são disponibilizados modelos de objetos para ilustrar os conceitos ensinados.

CAPÍTULO 3 — COISAS A VER

O *Second Life* não tem limites de lugares interessantes. Muitos dos lugares listados na categoria Coisas a Ver também têm atividades a eles associadas — como fazer compras no sim de desenhos de estilo *animes* de Nakama —, mas alguns deles aparecem aqui por serem simplesmente alguns dos pontos mais impressionantes do mundo virtual.

COMPLEXO DE ARMORD — MIRAMARE (192, 38, 33)

Formando um dos bairros mais antigos do *SL*, os arranha-céus do complexo de Armord, no Miramare (figura 3.3), oferecem *jetpacks*, roupas de exércitos *high-tech*, dignas do mundo de ficção científica, *lightcycles* no estilo do filme *Tron*, além da linha Formord de capacetes ao estilo *furry* — todos à venda por bons preços no *SL*. Confira o local de observação da agulha espacial (uma reprodução da torre de Seattle), os mapas dos exploradores e os experimentos científicos — que incluem até uma torradeira em funcionamento!

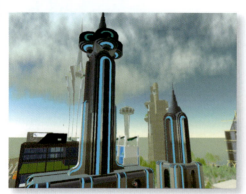

Figura 3.3: As torres de Armord.   *Figura 3.4: O funcionamento do ecossistema virtual.*

SVARGA (7, 123, 22)

Residente do *SL*, Laosargas Svarog passou um ano criando Svarga (figura 3.4), um ecossistema em funcionamento no qual o sol, o vento, os pássaros e as abelhas são essenciais para o crescimento contínuo das plantas e dos animais. Venha alimentar os pássaros e ver a grama crescer.

CONDADO DE RAMBLER, TEXAS — GLUPHISIA (240, 62, 93)

Confira a recriação detalhada que Nash Rambler fez de uma cidade rural do Texas, com loja de conveniência, caixa d'água, igreja, fazenda e cervos. Basta chegar na casa de Nash pra conhecer sua hospitalidade texana.

MUSEU E TEATRO DOS FANÁTICOS POR FICÇÃO CIENTÍFICA — INDIGO (74, 212, 22)

Assuma o controle do *Klingon Bird of Prey* ou do *Defiant* de *Star Trek* no Museu dos Fanáticos por Ficção Científica. Ambas as naves têm interiores cuidadosamente recriados (a visualização do mouse enriquece a experiência). O museu também tem uma sala de projeção holográfica em funcionamento e um teatro que mostra uma alternância trailers de filmes de ficção científica. Se você tiver sorte, pode até encontrar seu Tenente Uhura por aqui, então é melhor estar de uniforme (figura 3.5).

Figura 3.5: Preparar para subir a bordo.   *Figura 3.6: Estação Espacial Alpha*

MUSEU INTERNACIONAL DO ASTRONAUTA — ESTAÇÃO ESPACIAL ALPHA (47, 77, 24)

Impressionantes modelos de escala de foguetes ao longo da história dos vôos espaciais adornam esse museu a céu aberto (figura 3.6), que também contém um modelo mecânico do sistema solar, um anfiteatro para palestras e eventos musicais e uma loja de brindes, com artes, equipamentos e foguetes Archer completos, com trilhas de fumaça e fogo. Veja se ninguém está passando por perto antes de ativar algum foguete.

PARAÍSO DO ANIME — NAKAMA (128, 127, 21)

Para fãs do estilo de desenho conhecido como *anime*, Nakama é o lugar ideal. Quatro *ku* — ou vizinhanças — são dedicadas a todos os tipos de *animes*: os simples, os que tratam de histórias reais, os que se passam no Japão da era feudal. Embora a arte em si fique um pouco prejudicada, há muitos acessórios que podem deixar sua segunda vida muito mais colorida, bem ao estilo japonês.

BLACKLIBRARY — HYPERBOREA (92, 58, 23)

O grande leque de informações que Wandering Yaffle tem sobre jogos traz uma vibrante e culta multidão à sua *_blacklibrary*, nomeada pelo site `http://alwaysblack.com`, com o qual ela mantém um vínculo. Visite a galeria de arte ou simplesmente conheça o *_blackbored*, o bar alternativo eleito local de discussão do site.

A PORTA (251, 79, 26)

Chamada de "arena e arquivo para projetos que criem novos elos entre a primeira vida e a *segunda vida*", a Porta apresenta uma fachada vasta e futurista, cheia de links de rede e representações de dados no estilo *Neuromancer*, de William Gibson (livro onde surgiu o termo "ciberespaço"). Como lugar que desafia a compreensão, a Porta irá pelo menos esquentar seus neurônios, fazendo você refletir sobre como sua vida na internet se relaciona com a de fora da rede.

O FUTURO (133, 211, 65)

Um sim inteiro cheio de visões únicas sobre — o que mais? — o futuro. A arquitetura, as paisagens, as artes, tudo n'O Futuro contribui para uma terra em constantes transformações, com prédios, veículos e casas fantásticas. Um dos lugares com visual mais impressionante do *SL*.

SEACLIFF (168, 200, 24)

Repleto de impressionantes estruturas de Eddie Escher, Fallingwater Cellardoor e Reitsuki Kojima, o Seacliff exibe algumas das arquiteturas mais admiráveis do *Second Life*. Lugar perfeito para um piquenique virtual.

O RESIDENTE FALA
SEASIDE VILLAGE, NA FLORESTA DE KAHRUVEL

"Um dos meus lugares favoritos do Second Life *é a Seaside Village (figura 3.7), próxima à Floresta de Kahruvel — Cowell (152, 79, 26). O lugar é calmo e encantador, além de ter fácil acesso à floresta, que é um lugar fantástico para explorar, para brincadeiras de esconde-esconde, piqueniques ou todo tipo de atividade ao ar livre que você possa imaginar. No entanto, tenho a vila como favorita porque ela faz com que eu me sinta num lugar real, de onde estive ausente durante muito tempo. Sinto uma nostalgia ao sentar num pátio e beber vinho e comer azeitonas e queijo enquanto converso com amigos de quem também fiquei muito distante."*

— *Chance Takashi*

Figura 3.7: A Seaside Village: bem que podia ser chamada de Grécia.

SIMS "MUNICIPAIS" DE NOVA ALBION

O arquiteto do *SL* Lordfly Digeridoo é residente de um lugar chamado Nova Albion desde 2004. Consistindo dos quatro sims "municipais" de Grignano, Miramare, Sistiana e Barcola (onde se pode construir o dobro de coisas, em comparação a qualquer outro lugar), Nova Albion foi projetada com um modelo pré-organizado de estradas, calçadas e bondes antes que os residentes pudessem habitá-la. "A idéia era gerar um clima de cidade", diz Digeridoo. "Muitos se mudaram para o lugar, empolgados com a idéia de cidade, mas logo foram embora. Hoje temos menos residentes, mas eles vêm mantendo a idéia coletivamente e criando bairros distintos: Miramare é conhecido por seus prédios futuristas e muito iluminados; Grignano é famoso por suas construções em tijolinho à vista e recantos artísticos." Barcola e Sistiana são as periferias, que sempre acabam sendo presenteadas com fábricas, depósitos e coisas do gênero.

- **Barcola**
- **Grignano**
- **Miramare**
- **Sistiana**

Figura 3.8: Vila do Vagabundo ou área de recepção?

Figura 3.9: Movimentos do absurdo.

VILA DO VAGABUNDO — CALLETA (151, 201, 31)

Disfarçado de depósito de trens desativados, esse lugar, com seus detalhes impressionantes, é na realidade uma área mantida pela Linden, com informações para novos residentes. E também é uma vila ideal para quem deseja ser um vagabundo, com caixas de papelão e banheiras externas para "mendigos" do *Second Life*.

SOMETHING AWFUL — BAKU (128, 128, 33)

Conhecida no *Second Life* como W-Hats, essa comunidade de refugiados dos fóruns do http://www.somethingawful.com é especializada na criação das construções mais escandalosas e ofensivas do *SL* — algumas também constituem as mais impressionantes *in-world*. Sua localização no sim de Baku (figura 3.9) é uma mistura constantemente alterada de fábricas poluidoras, desastres naturais, recriações apaixonadas de cenas de assassinatos e outras coisas do humor mais negro de toda a internet.

ESTAÇÃO DE PETRÓLEO — ANWR (105, 170, 40)

Como quase tudo no *SL* foi criado pelos residentes, as poucas construções da Linden merecem atenção num passeio como esse. Uma das mais impressionantes é a estação de petróleo no sim de ANWR (figura 3.10), ao longo do corredor que conecta o continente central ao continente do norte. Além de ser altamente detalhada, a estação de petróleo também é o local de conversas informais entre os residentes e o chefe do *SL*, Philip Linden. Não se esqueça de explorar todo o interior e descubra de onde vêm todos aqueles prims.

Figura 3.10: O centro da produção de prim no jogo.

Figura 3.11: O avião de exploração quebrado de Magellan Linden.

ILHA DA DESTRUIÇÃO DE MAGELLAN LINDEN — COLUMBIA (170, 110, 29)

Um avião destruído ainda está no local (figura 3.11) onde o explorador Magellan Linden "descobriu" o continente do norte no *SL*. Muito pouco se sabe de Magellan desde que ele se deparou com os vestígios de uma antiga e misteriosa civilização adoradora de mariposas, que logo serviu de motivo para a expansão do *SL* para o norte.

TEMPLO DA MARIPOSA — IRIS (202, 138, 30)

Entre as ruínas deixadas pelos adoradores da mariposa está este grande templo ao desconhecido Deus-mariposa (figura 3.12). O local é sensacional à meia-noite, e dizem que o Deus-mariposa ainda o visita ocasionalmente, embora a aparição nunca tenha sido documentada. A montanha-russa próxima, na Ilha Fantasma — Istar (90, 204, 21), também vale uma visita.

Figura 3.12: Embora não haja mais Deus-mariposa, seu templo ainda permanece.

COISAS A FAZER

De tiroteios a loucuras da Nascar, regata de veleiros ou cavernas onde se pratica o amor livre, o *Second Life* oferece um mundo de coisas a fazer e lugares a explorar para aqueles que querem ter uma existência virtual ativa.

JESSIE COMBAT SIM (127, 128, 40)

O sim de Jessie (figura 3.13) é um dos poucos lugares do *SL* onde um avatar pode correr riscos e até mesmo "morrer" (ou seja, ser teletransportado para casa). Venha fortemente armado e se prepare para o fogo cruzado.

Figura 3.13: O perigoso ambiente de Jessie.

COMPLEXO SILVER DE AUTOESPORTE — SILVER ISLAND (131, 121, 22)

Corridas de carro, automóveis engraçados e muito mais no complexo auto-esportivo de Gremlin Glitterbuck, o primeiro lugar no *SL* onde você pode fazer barbeiragens o tempo todo. Personalize seu carro e entre na competição das duas provas semanais.

DA LINDEN LAB:
MELHORES LUGARES PARA ESTAR COM RED

- *Velejar os mares num veleiro Flying Taco, no Starboards Yacht Club — nas minhas lanchas SF Designs (Hollywood, 96, 149, 25).*

🟧 Mergulhar fundo e explorar as belezas de cavernas, jardins e peixes submersos na Cave Rua — nos pés-de-pato gratuitos de Jumpda Shark (Rua, 167, 44, 7).

🟧 Dançar e interagir com a música ao vivo de Cylindrian Rutabage, no pub irlandês Blarney Stone — em Silfie Minogue Cascade Stilettos (Dublin, 81, 81, 25).

🟧 Fazer as pessoas adivinharem o que estou construindo com prims já bastante maltratados no jogo educacional Campeonato de Prim, na Universidade Teazer — no Shiny Things Sleek Boots (Beyond the Prim, 106, 253, 241).

🟧 Pescar no cais da baía e torcer por um peixe grande no Pesqueiro Novos Reinos — em Boing Fromage Ankle Rwap Flats (Enchanted Hearts, 203, 192, 24).

— Red Linden

PESQUEIRO NOVOS REINOS — HEARTS ENCHANTED (203, 192, 24)

Quando Sweegy Manilow criou o pesqueiro Novos Reinos (figura 3.14), não tinha idéia de que o lugar se tornaria um dos circuitos esportivos mais famosos do *SL*. Residentes vêm do mundo todo para participar de campeonatos, praticar técnica de pesca, testar novas varas ou apenas socializar com os pescadores, que estão quase sempre disponíveis. Visite o pesqueiro e confira as posições em `http://fish.neorealms.com/`.

Figura 3.14: O que você encontra nos Novos Reinos.

COMPLEXO DE ESPORTES E ENTRETENIMENTO DE HOLLYWOOD — HOLLYWOOD (141, 53, 25)

Com o porto de iates, o campo de golfe de nove buracos, o Teatro Chinês e o Boliche Hollywood de Grauman, o sim de Hollywood tem entretenimento para divertir os visitantes durante horas. Tanto a navegação quanto o golfe podem levar em consideração as informações sobre os ventos no *SL*, gerando uma experiência extremamente realista. Só não se esqueça da gorjeta dos carregadores de tacos.

XTASIA — SRI SYADASTI (88, 161, 30)

Localizada próximo ao empório Xcite de "peças particulares" em Eventide (126, 130, 26), a "ilha da tentação" de Xtasia oferece aos residentes do *SL* um lugar para testar suas novas aquisições com privacidade — ou em público, se essa for a sua praia. A rede de hotéis de sexo virtual e os "jardins luxuriosos" são facultativos quanto a roupas e trazem um alerta que diz que todos os visitantes devem ter 18 anos ou mais.

STARLIGHT ROOM — STARLIGHT ISLE (149, 209, 37)

Como pontos mais visitados de todo o *Second Life* na metade de 2006, o Starlight Room e o High Rollers Casino têm, além das mesas de apostas ao estilo anos 1940, cadeiras de acampamento nas quais avatares desesperados por dinheiro podem ganhar alguma coisa fazendo nada mais do que ficar sentado. O lugar também é ótimo para apostar, e definitivamente vale uma visita, mesmo que só para beber na estranha cultura das cadeiras de acampamentos.

FAIRCHANG ISLAND (178, 173, 38)

Veleje, explore túneis subaquáticos, visite jardins de corais e participe das outras diversões do sim aquático de Garth e Pituca FairChang. Logo ao lado, você encontra o calmo Resort FairChang, para explorar as possibilidades da vida junto à água.

QUADRO — O RESIDENTE FALA
NAVEGANDO OS MARES DO SUDESTE

"Meu lugar preferido é a melhor área para se velejar no SL. É um arquipélago ao norte do continente do sudeste. Os Lindens fizeram um trabalho maravilhoso ao criar uma paisagem interessante e natural, com muita água protegida e algumas ilhas protegidas. Eu geralmente começo a velejar no sim de Sanchon, depois vou para Jinsil, Haengbok, Joseon, Toedamgol, Cheongdam, Sandeulbaram, Banpo e Jilseo. Tanto os navegadores ocasionais quanto os competidores sérios freqüentam essa região. Também ocorrem eventuais batalhas piratas aqui."

— Pixeleen Mistral

CAPÍTULO 3
COMUNIDADES

Uma das forças do *Second Life* é possibilitar a seus usuários construções de comunidades. Por todo o mundo virtual, grupos de pessoas com interesses parecidos se juntam para "concretizar" suas fantasias de como a vida poderia ou deveria ser. Enquanto algumas comunidades são menos formais, com simples regras de etiqueta para manter a harmonia, outras, como os sims Goreanos, trabalham com uma estrutura social tão complexa que necessita de bibliotecas e aulas ensinando qual o comportamento adequado a adotar. Se você tiver interesse em participar de alguma comunidade ou se simplesmente quiser ver os tipos de mini-sociedades que estão surgindo nesses cantos singulares no ciberespaço, algumas dessas comunidades do *SL* valem uma boa visita.

ESTADO INDEPENDENTE DA CALEDÔNIA (190, 190, 23)

Não há muitas culturas ficcionais que conseguem reunir sete sims de avatares em convivência pacífica, mas no *Second Life*, o Estado Independente da Caledônia criou uma fundação estável no *vaporpunk*, uma espécie de versão mecânica da ficção científica ambientada na era vitoriana. Os sims do *vaporpunk* têm todas as mais fantásticas geringonças para bater ou soprar — assim como eventuais padrões de fala anacrônicos. Se você se encaixa na estética do *vaporpunk* ou apenas quer saber de que maneira evoluíram os legados de Júlio Verne, H. G. Wells, Mervyn Peake e K. W. Jeter, vista uma roupa pomposa e venha pra cá.

LUSKWOOD — LUSK (195, 112, 52)

Ao contrário do que você pode ter ouvido, nem todos os *furries* do *Second Life* estão envolvidos somente com conteúdo adulto. Para escolher um avatar de *furry* iniciante, conhecer pessoas com interesses em comum ou mesmo curiosos, venha para o enclave frondoso de Luskwood, centro da comunidade dos *furries* no continente principal.

PIRÂMIDE DE LUXOR — FURNATION PRIME (129, 185, 34)

Para uma versão mais adulta do grupo de *furries*, conheça os sims Furnation (figura 3.15), começando pela Pirâmide Luxor, no Furnation Prime, onde tudo acontece. Se surgir em você um espírito aventureiro, embarque na arca mais próxima.

Figura 3.15: O paraíso dos furries*, a Pirâmide de Luxor*

SIMS GOREANOS — PORT COS (11, 118, 27)

Alguns fãs dos livros de ficção científica de John Lange Norman, onde as mulheres são objetos sexuais, recriaram o ambiente regulamentado que havia no planeta Gor com detalhes impressionantes. Se você não quiser participar ativamente, pode passear pelos sims goreanos como observador, começando por Port Cos. Não se esqueça de ler os regulamentos e as leis municipais, e procure mais informações na Escribaria. Apesar do conteúdo adulto, os sims goreanos estão entre as comunidades mais bem concretizadas do *Second Life*.

DA LINDEN LAB:
COISAS LEGAIS NO SECOND LIFE *TEEN*

 O Monstro Meiji. *Uma serpente gigantesca, de aparência oriental, com primorosa textura de escalas em laranja e*

branco. *Criada pelo mestre dos prims Kurenai Meiji, sobe das profundezas e ameaça os visitantes da área de informações próxima. Há um alerta: "Não alimente o Monstro Meiji."*

- **Behemoth.** *A região recebeu o nome depois que o primeiro residente da Área Teen se tornou dono de 64.749,70m² cheios de ricas florestas, com três cedros gigantes. Malarthi Behemoth, amante da natureza, promete arrancar um pedaço de qualquer desenvolvedor, da Linden ou não, que ameace este ambiente natural e original.*

- **Global Kids Island.** *O Global Kids Island é um programa educacional de Nova York que já tem 18 anos de duração. Em determinado momento, os organizadores perceberam que o Second Life seria o ambiente ideal para transmitir a mensagem dos programas de desenvolvimento da juventude — fosse pela inclusão dos residentes em problemas mundiais, como desigualdade global e o genocídio de Darfur, na Somália, fosse por meio de um ambiente em que os líderes extracurriculares criassem jogos de consciência social, filmes animados (machinima) ou ações sociais.*

- **Jardim de Cristal.** *Grande espaço para eventos ou qualquer coisa que você precise para aniversários, casamentos ou festas de debutante, de vestidos a bolos. Da capela (completa, com salas de eventos) ao salão de festas, o lugar é um pedaço da vida real no Second Life.*

- **O Parque de Skate Inverso.** *Um enorme parque de skate, com música tocando o dia inteiro e lojas de skate, góticos, furries e furries góticos, sempre vistos desfilando nos corrimãos e matando o tempo em um dos ambientes mais interativos in-world.*

— *Blue Linden*

ILHA DO MUNDO MELHOR (149, 147, 25)

Dedicada a criar um mundo melhor, a Ilha do Mundo Melhor — patrocinada parcialmente pelo Omidyar.net, o grupo de investimento socialmente responsável de Pierre Omidyar, fundador do eBay (e grande investidor da Linden Lab) — estimula a conscientização sobre a vida num campo de refugiados de Darfur e a situação dos estudantes iraquianos. Também há o Centro de Abrigo da Criatividade e um centro de artes cênicas. Venha e veja de que maneira você pode fazer a diferença.

UMA GALÁXIA MUITO, MUITO DISTANTE — DANTOOINE (128, 128, 41)

Se *Star Wars* é sua praia, visite o sim de Dantooine. Com o nome tirado de um planeta que abrigou uma base da resistência do primeiro filme *Star Wars*, Dantooine é o lar de uma comunidade de personagens de *Star Wars*, incluindo siths, jedis, clones e vários outros tipos de viajantes do espaço e caçadores de recompensas. Visite o Templo Jedi e faça sua reverência.

NEXUS PRIME, A CIDADE CYBERPUNK DO FUTURO — GIBSON (126, 236, 106)

A cidade levemente anômala de Nexus Prime impõe respeito sobre os sims de Gibson e Bonifacio. Local onde elaborar e experimentar diferentes papéis num modo de vida *cyberpunk*, o Nexus Prime oferece toda a linha de produtos e serviços encontrados em qualquer outra comunidade do *Second Life* — e com o acréscimo de uma colorida narrativa histórica, periferias ao estilo *cyberpunk* e um esgoto subterrâneo no qual você pode cair se não tiver cuidado.

OS SIMS ELVEN

Os elfos propiciam um raro e pacífico refúgio para os que estão cansados da baderna do mundo. Com seus mantos flutuantes, seu ambiente de cores ricas e suas características orelhas pontudas, os elfos construíram terras que oferecem uma grande oportunidade para a interpretação de papéis ou mesmo uma diversão diferente da corrida maluca do mundo virtual:

Elf Haven

Elf Harbour

ElvenGlen

ElvenMoor

ElvenMyst

ElvenVale

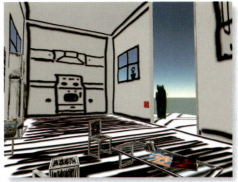

Figura 3.16: Vida nos subúrbios virtuais

Figura 3.17: Adquira seu descanso na Casa do Rabisco de Patch Lamington.

SIMS "DEMARCADOS"

A Linden Lab permite aos residentes criar o que quiserem, mas também fornece alguns sims divididos em zonas, como enclaves suburbanos — entre os quais Boardman (figura 3.16), Blumfield e Brown. Eles merecem uma visita para que você veja como a visão que a empresa tem de um ambiente receptivo difere do que os residentes constroem de fato. Assim como no mundo real, essas regiões podem ser um pouco sem graça, mas os residentes criativos trataram de adicionar seus toques pessoais aqui e ali pra dar um pouco de vida às coisas. Não deixe de visitar a Casa do Rabisco de Patch Lamington (figura 3.17): você pode chegar através de Teletransporte a partir de Blumfield.

Boardman (128, 128, 22)

Blumfield (142, 74, 26)

Brown (130, 128, 22)

VIDA NOTURNA E ENTRETENIMENTO

Com uma população de residentes de todas as partes do mundo real, vários dos lugares noturnos do *Second Life* ficam abertos 24 horas. Muitos clubes aparecem e somem, assim como os avatares alternativos usados por residentes por trás do anonimato em busca do lado mais sórdido da noite. No entanto, vários clubes se estabeleceram muito bem nos últimos anos. Queira você dançar e curtir música, achar sexo virtual, vampiros ou apenas boas conversas, há sempre opções para todos.

> **QUADRO**
>
> ### DA LINDEN LAB:
> ### OS LUGARES MAIS SINISTROS DO SL
>
> - **Sanctum Sanctorum (225, 126, 62).** Uma bela combinação de arquitetura clássica e paisagens assustadoras faz da visita a essa ilha indispensável. Há muitas coisas pra se fazer na área de compras e na boate. Mas, quando o sol se põe e você fica sozinho, o lugar pode ser um pouco assustador.
>
> - **Hospício Cataratas Vermelhas — Crimson Falls (149, 129, 20).** Toda a região tem um ar de abandono, o que gera um clima medonho, mas o hospício localizado no topo da montanha coloca essa cidade em destaque. Pelas texturas respingadas de dentro do prédio abandonado, fica evidente que coisas ruins aconteceram por lá. Quase dá pra sentir o cheiro metálico dos loucos aprisionados e sem banho.
>
> - **Casa do Espanto — Noyo (77, 154, 33).** Um clássico passeio sinistro é uma ótima maneira de começar a explorar o lado horripilante do SL. Condensado brilhantemente em poucos metros de espaço, esse lugar é o terror concentrado!
>
> - **Taco (128, 128, 10).** Nada é mais desconcertante do que Taco. Superficialmente, tudo parece alegre. Mas, por baixo dos prédios e texturas estrategicamente construídos, deve mesmo haver algum tipo de força oculta de terror e desespero.
>
> - **Transilvânia (177, 90, 30).** Assim como sua terra homônima, a Transilvânia daqui é a Meca dos vampiros. Os nomes dos sugadores de sangue estão escritos em grafite na parede de um dos muitos prédios da ilha, inspirados em conceitos góticos e de terror. Exibindo um cemitério, um castelo, um museu, shopping e outros prédios, esse lugar tem 64.749,70m² de puro horror.
>
> — *Bub Linden*

IMPÉRIO DOS VAMPIROS — TRANSILVÂNIA (177, 90, 30)

A boate Império dos Vampiros está no centro de um complexo esparso de entretenimento gótico de dois sims, cheio de coisas pálidas e sangrentas. Pentagramas decoram pátios de pedra onde avatares com dentes afiados dançam ao som do que há de mais recente no *death metal*. Após uma piscina de sangue há uma catedral vampiresca que realiza casamentos góticos, um castelo projetado com muita imaginação e o pequeno Shopping Gótico, caso você tenha esquecido seu lápis de olhos preto em casa. Vá até o bar Sweet Oblivion para tomar um drinque e mantenha distância dos corpos empalados em estacas no jardim dos fundos.

THE EDGE — EDGE (126, 126, 101)

The Edge é uma das boates mais populares do *SL*. Lá você encontra dança e DJs a qualquer hora do dia, assim como prêmios e vários concursos de "melhor avatar" — roupas punk-rock, roupas de nadar ou aquele modelo *sexy* de corpo que você tem no seu Inventário podem ganhar centenas de Linden dólares. Embora a multidão não seja exatamente um destaque do *SL*, a boate The Edge pode ser um bom lugar para se conhecer residentes em busca de diversão — seja lá o que isso signifique pra eles ou pra você.

SOUTHERLAND DAM CLUB — SUTHERLAND (199, 8, 24)

O "clube de discussão" de Prokofy Neva ocupa a estrutura interna da imponente barragem de Sutherland, uma enorme estrutura construída pela Linden para conter a água virtual no sim de Sutherland. Venha nas noites de sexta-feira para acompanhar um debate vital com um dos residentes mais sinceros do *Second Life*, em um dos interiores mais legais de toda a terra virtual.

Você provavelmente já ouviu falar do Tringo, jogo criado por Kermitt Quirk, que acabou se tornando um jogo do Game Boy. Estes são meus jogos favoritos no Second Life:

- ***Dark Life*** *— Navora (59, 46, 23). Jogo multiplayer de RPG criado por Mark Busch, Crash Prefect e Pirate Cotton.*

- ***Castle Wars*** *— Montmartre (61, 197, 151). Jogo de destruição multiplayer de Racer X Gullwing.*

- ***Patterns*** *— Pi (103, 59, 24). Jogo de tabuleiro para duas pessoas de Lavisian Leandros e Racer Plisskin.*

> ← 📦 **The Pot Healer Adventure — Numbakulla (214, 17, 22)**.
> Jogo de mistério feito por Moopf Murray.
>
> — Ivy Linden

CABANA DA PLAYERS — SEMANG (185, 160, 26)

Nada de mansão da *Playboy*. A Cabana da Players — casa de Marilyn Murphy, editora da *Players*, revista criada no *SL* — traz um roteiro regular de avatares femininos com pouquíssimas roupas (figura 3.18). Ao pegar a última edição, você encontra fotos, entrevistas e muito mais.

Figura 3.18: Uma espiada dentro da Cabana da Players.

O RESIDENTE FALA
O APARTAMENTO — MARE (104, 44, 57)

"Num tempo em que grandes eventos corporativos cobrem vários sims, com prédios bastante elaborados e publicidade estratégica, o Apertamento nunca ocupou mais de 512m² de terra. Trata-se do menor tamanho de terreno disponível no Second Life, e geralmente é considerado muito pequeno para que residentes morem nele. Mas ao usar a quantidade mínima de prims alocada a tal tamanho de terreno, o proprietário Elex Dusk conseguiu transformar seu pequeno espaço num local que oferece dança, eventos sociais, jogos e algumas das melhores festas do Second Life. O Apertamento já existe há mais de dois anos. E se você conversar com os freqüentadores, eles dirão que a qualidade faz com que eles sempre voltem."

— Johnny Ming

CAPÍTULO 3 — COISAS A COMPRAR

A atividade mais comum do *Second Life* é fazer compras, e isso bem que renderia um capítulo inteiro. Eis uma lista altamente seletiva, que contém alguns dos lugares mais antigos e tradicionais e outros dos quais você provavelmente nunca ouviu falar. Uma dica importante é não gastar todos os seus Linden dólares num único local.

CALÇADA TABLEAU — TABLEAU (244, 183, 24)

Fundadas por um grupo que deixou o jogo *The Sims Online*, as lojas de rua do sim Tableau trazem o que há de mais moderno na moda, com preços muito bons. Entre os designers: Nylon Pinkney e Toast Bard; sapatos e bolsas de classe de Ingrid Ingersoll; e o que há de mais fino em acessórios e moda masculina na criação de Barnesworth Anubis.

NYTE'N'DAY — COUTURE ISLE (7, 128, 49)

As espaçosas lojas Nyte'N'Day, de Nyte Caligari e Elikapeka Tiramisu, em Coutoure Isle, são revigorantes por sua simplicidade: para cabelos, visite O Salão; para roupas e sapatos, A Boutique; para pele, A Loja do Corpo. Aqui você ainda encontra asas, jóias e muito mais.

REZOLUTION SUPERSTORE — LINDA (19, 245, 21)

Assim como uma grande rede de móveis do mundo real, a Rezolution Superstore traz uma linha enorme de texturas, equipamentos, estruturas, mobílias e adornos em quatro estilos distintos. Com um estoque codificado por cores e situada num edifício com vários showrooms, é bem provável que a Rezolution tenha tudo que você precisa para decorar sua segunda vida com estilo. Para melhores resultados, experimente misturas e combinações.

AEROPORTO DE ABBOTT — ABBOTTS (116, 170, 64)

Operando desde fevereiro de 2004, o Abbott é o local aéreo mais antigo e conhecido do *SL*, com aviões e equipamentos do respeitado construtor

Cubey Terra e amigos. Jatos, planadores, helicópteros, dirigíveis, *jetpacks*, pára-quedas, vôos de teste, aviação experimental e muito mais. Se o que você procura é algo que voa, então provavelmente está no Abbott.

CIDADE DA MEIA-NOITE (114, 141, 26)

É sempre meia-noite na Cidade da Meia-Noite. Como um dos shoppings mais antigos e em contínuo funcionamento no *Second Life*, a Cidade da Meia-Noite tem designers de grande nome, como Torrid e Mistress Midnight, Launa Fauna, Barnesworth Anubis, a proprietária Aimee Weber e o arquiteto de pré-fabricação, Lordfly Digeridoo. Além das roupas, dos acessórios e da arquitetura, a Cidade da Meia-Noite tem uma cena social muito peculiar.

> **INFORMAÇÃO ADICIONAL**
> ## COMPRAR ATÉ CANSAR
>
> *Mesmo que passasse o tempo inteiro fazendo compras no Second Life, você nunca teria como visitar todos os lugares ou conhecer todas as coisas com as quais seus suados Linden dólares poderiam ser gastos. Com o objetivo de manter você ocupado um pouco mais, aqui vão alguns lugares para conferir depois que tiver acabado com o estoque das outras lojas indicadas neste capítulo:*
>
> - **Carduccis* Guns & Weapons — Yongchon (219, 113, 30)**. *Exatamente: armas. E também alguns scripts de velocidade no gatilho, escudos e outros equipamentos de guerra. Parada obrigatória antes de ir para Jessie.*
>
> - **The Darkness — Purden (141, 108, 129)**. *Um vasto empório de penduricalhos góticos: dentes compridos, asas, peles pálidas, correntes e algemas, adornos de couro e muito mais.*
>
> - **Panache Island Home Store — Panache (126, 127, 38)**. *Penteados e modelos de pele bastante usados, criações dos designers Zyrra e HoseQueen Maclean.*
>
> - **Lukas Designs — Jin Ho (128, 120, 69)**. *Esse é um tipo raro de loja: vende ótimos cabelos, peles, roupas e acessórios especificamente projetados para homens.*
>
> - **PixelDolls — Chartreuse (215, 94, 23)**. *A estilista Nephilaine Protagonist decolou para a fama com sua linha*

PixelDolls e acabou se tornando assunto de documentário, graças ao sucesso de sua empresa.

🔸 **X2: Exotica — Hamlin (148, 27, 139)**. Ótimos modelos de pele para homens e mulheres, além de boas roupas.

🔸 **RICX's Fine Jewerly — Nepessing (58, 98, 125)**. Jóias altamente detalhadas para homens e mulheres, trazendo animações e efeitos dos tinidos conhecidos como "bling".

DOMINUS MOTOR COMPANY — CHARTREUSE (68, 26, 30)

Francis Chung provavelmente é a construtora de veículos mais bem sucedida do *Second Life*. Venha pra cá e saia dirigindo um de seus Dominus Shadows.

LUGARES PARA VIVER

Titulares de contas básicas não podem ser donos de terra, mas isso não significa que eles não possam ter um lugar para chamar de "seu". Muitos residentes tornam-se proprietários de imóveis, alugando espaço para aqueles que não se importam em não ter imóveis próprios. Esta seção trata dos lugares mais legais para se fazer um aluguel semanal.

SLEEZYWOOD TRAILER PARK — SLEEZYWOOD (113, 185, 22)

Anda meio sem sorte? Precisa de um lugar pra deixar seu trailer Airstream por uns tempos? Com apenas 225 Linden dólares por semana, você pode ter um pequeno terreno no SLeezyWood Trailer Park (figura 3.19). Abra sua cadeira de praia, pegue uma cerveja e faça como os pobretões do mundo virtual — pelo menos até que o xerife apareça trazendo sua notificação de despejo.

Figura 3.19: A vida dos pobretões no mundo virtual.

DREAMLAND (128, 128, 22)

A baronesa Anshe Chung mantém seu próprio minicontinente, com diversos sims localizados na costa nordeste do continente, ao norte da Linden Lab. Grande o bastante para comportar regiões demarcadas para os que falam japonês, comunidades GLS, empresas e diversos tipos de paisagens, a Dreamland é um lugar ideal criado pelos usuários, e merece uma visita, seja para ver a profundidade do impacto causado por Anshe ou para você encontrar seu sonhado lar.

SIMS DA CALIFÓRNIA DO SUL

Para ver como é a vida da classe alta, visite os sims da Califórnia do Sul:

Beverly Hills

Venice Beach

Los Angeles

Os locais são muito mais uma recriação do mundo de *Grand Theft Auto: San Andreas*[1] do que do mundo real. As lojas trabalham com vestidos de noivas e roupas sociais, as casas são todas construídas no estilo mansão de magnata e o centro é vazio à noite. E caso Los Angeles não tenha riqueza suficiente pra você, existe uma réplica meio inconsistente do hotel supercaro de Dubai, o Burj Al Arab.

---

[1] Trata-se dos jogos interativos GTA, nos quais o jogador pode ser um assaltante, um ladrão, ou seja, pode cometer crimes. (N. da R.)

OS PROFISSIONAIS

Não é de surpreender o fato de que, no *Second Life*, muita coisa é de difícil classificação. Esta seção trata das empresas que se espalharam ultimamente, assim como alguns de seus projetos e uma parte peculiar do jogo que talvez valha uma visita para satisfazer sua curiosidade sobre as coisas que fazem os verdadeiros *geeks* no *SL*.

QUADRO — O RESIDENTE FALA
O SIM DO DESENVOLVEDOR: PI — PI (128, 131, 76)

"Um dos meus lugares preferidos no Second Life é a ilha de Pi: um sim habitado por talentosos desenvolvedores de software e conteúdo. Foi criado para propiciar a esses desenvolvedores um local acessível e com bastante espaço para construção, que não tivesse inconvenientes constantes de atrasos de dados e erros com os prims. E por que isso faz dele um dos meus lugares preferidos? Porque ele está sempre mudando, sempre há um projeto novo em andamento. Isso também significa que a maioria das coisas é feita de maneira muito inteligente e eficiente. Como desenvolvedor, eu mesmo sempre encontro outros desenvolvedores prontos a oferecer uma mão amiga, dar uma demonstração. E se você for legal, pode até ganhar uns presentes de alguns residentes."

— Jeremy Ragstaff

THE INFINITE MIND (209, 76, 46)

Primeiro programa de rádio nacional a ir para o mundo virtual, o *Infinite Mind* faz transmissões regulares de dentro do *Second Life*. O sim do *Infinite Mind* tem o estúdio de transmissão do programa, os escritórios da empresa de serviços virtuais Visions Media, um museu, um anfiteatro para palestras e muito mais.

ALOFT HOTEL — ALOFT ISLAND (68, 70, 27)

Em um dos projetos mais interessantes trazidos do mundo real ao *Second Life*, a rede Starwood Hotels fez protótipos de sua nova linha de hotéis Aloft numa ilha do *SL* e registrou o desenvolvimento do projeto num blog: http://www.virtualaloft.com/. Dê uma volta pelos pátios e conte à Starwood se o novo pacote de luxo está no caminho certo. Você reservaria um quarto nesse mundo virtual?

NOVO GLOBE THEATRE — MILLIONS OF US (128, 127, 23)

Produzida pela empresa de serviços virtuais Millions of Us (dirigida pelo ex-funcionário da Linden Lab, Reuben Steiger), essa representação do novo Globe Theatre — projetada pela empresa de arquitetura de Sir Norman Foster — já abrigou peças, shows e discursos.

ADIDAS (104, 183, 55)

A agência de propaganda Rivers Run Red — localizada em Avalon (193, 158, 39) — trouxe a Adidas para o *Second Life*, disponibilizando inclusive o modelo Adidas a3 Microrides para o mundo virtual.

PNC PARK — BASEBALL (196, 117, 26)

Esta recriação do estádio de beisebol do mundo real, feita pela Electric Sheep Company — com escritórios que você pode visitar no endereço *The Infinite Mind* (49, 204, 601) —, tem sido usada para hospedar transmissões simultâneas da Major League Baseball's Home Run Derby e outros eventos.

PARTE II
VIVENDO UMA SEGUNDA VIDA

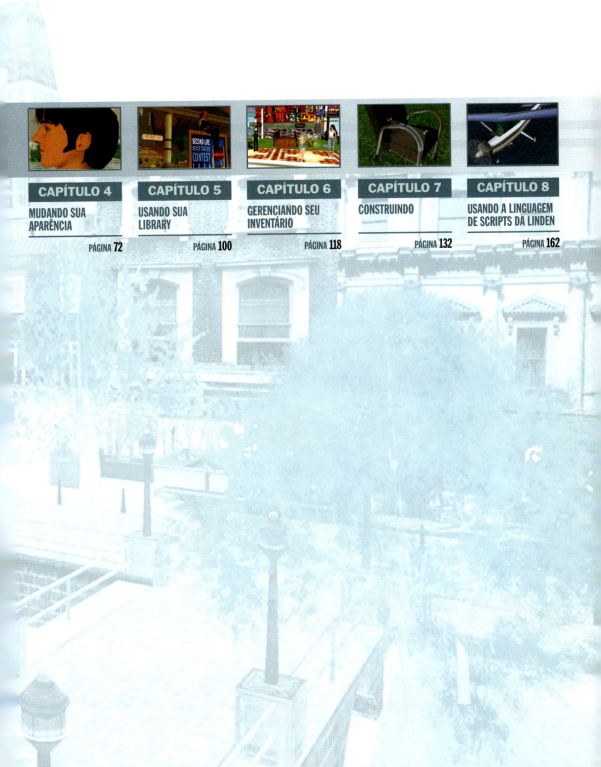

CAPÍTULO 4
MUDANDO SUA APARÊNCIA

PÁGINA 72

CAPÍTULO 5
USANDO SUA LIBRARY

PÁGINA 100

CAPÍTULO 6
GERENCIANDO SEU INVENTÁRIO

PÁGINA 118

CAPÍTULO 7
CONSTRUINDO

PÁGINA 132

CAPÍTULO 8
USANDO A LINGUAGEM DE SCRIPTS DA LINDEN

PÁGINA 162

CAPÍTULO 4
MUDANDO SUA APARÊNCIA

Como já dissemos no capítulo 1, o *Second Life* oferece a oportunidade para que você renasça de várias maneiras. Isso se aplica principalmente à aparência do seu avatar. Você pode mudar a aparência do avatar quantas vezes quiser, fazendo loucuras de acordo com seu gosto. Pode entrar no mundo como um dragão que solta fogo pela boca, logo depois se transformar num vampiro e terminar o dia como um operário de meia-idade, calvo, com uma barriga de cerveja e um longo rabo *furry*.

A importância da aparência do avatar fica evidente logo na primeira vez que você entra no *Second Life*: o local de chegada na Ilha de Nascimento geralmente está cheio de avatares recém-criados, com sua aparência sendo montada por seus donos. Todo residente começa no *Second Life* como rapaz ou moça atraente, vestindo jeans e camiseta; e quase todo residente começa no mesmo instante a trabalhar em seu avatar, para que ele tenha a aparência desejada. Este capítulo trata desse processo, explica as opções disponíveis e oferece dicas e observações práticas. São apenas conselhos: sinta-se à vontade pra encontrar seu caminho no *Second Life*. Mas independentemente de qualquer coisa, lembre-se de que sua presença no mundo virtual é definida por meio da aparência que tiver.

SUMÁRIO

PRIMEIRAS ESCOLHAS 74
MUDANDO SUA APARÊNCIA 79

PRIMEIRAS ESCOLHAS

A primeira grande escolha de "aparência do avatar" é feita antes de se entrar no *Second Life*. É quando se escolhe o nome que usará no *SL* (figura 4.1). O nome do seu avatar é mostrado a todos e sempre exerce um grande impacto na impressão que as pessoas têm de você. Um grandalhão de 2m de altura chamado Daisy Pony causa uma impressão muito diferente de um grandalhão de 2m chamado Rocky Balboa! Como se pode perceber, a aparência do avatar é a soma de vários elementos. De maneira generalizada, estes elementos são os seguintes:

- **Nome do avatar**. O nome do seu avatar é muito importante: você só precisa escolher uma vez (ele não pode ser alterado). Escolha um nome que se adapte à sua imagem, um nome com o qual você tenha certeza de que poderá conviver durante muito tempo. Não é nada fácil, principalmente para usuários que fazem isso pela primeira vez, escolher um nome sem saber quase nada sobre como os avatares podem ser. Uma forma segura é escolher um nome com o qual você se sentiria bem na vida real — no entanto, é importante que o avatar tenha um nome atraente e marcante.

- **Forma do avatar**. Vai muito além da silhueta: basicamente, a forma do seu avatar inclui todas as partes e características do corpo (silhueta, altura, formato da cabeça, olhos, nariz, etc.).

- **Pele do avatar**. A pele é o que cobre o corpo de um avatar quando ele está sem roupa. O visual da pele pode ser mudado com as ferramentas do *SL*. No entanto, para ter uma pele humana realista, você terá que adquirir uma pele personalizada. Essas peles são criadas com um aplicativo externo — como o Adobe Photoshop — e depois exportadas/enviadas para o *Second Life*, com uma taxa nominal. A boa notícia é que você não precisa necessariamente fazer uma pele para poder tê-la; existem muitas peles sensacionais à venda e, se você procurar, pode achar uma boa opção de graça.

- **Cabelo e olhos do avatar**. O cabelo e os olhos do avatar constituem uma categoria separada porque, embora sejam características do corpo, eles também podem ser usados como acessórios (cabelo feito de prim, olhos usados como acessórios, cobrindo os olhos padrão). Você encontra mais detalhes sobre olhos e cabelos ainda neste capítulo.

- **Acessórios do avatar**. Inclui roupas e quaisquer outros objetos que possam ser adicionados ao corpo de um avatar (um chapéu, uma arma, cabelo).

- **Animações do avatar**. Todo avatar vem com um conjunto de animações, que cresce com praticamente toda atualização do *SL*. No entanto, os cidadãos mais antigos do *SL* vêem as animações padrão com certo desdém. Você pode comprar animações personalizadas, que darão um movimento muito melhor a seu avatar. Criar animações personalizadas envolve a habilidade de operar um aplicativo externo (vários cidadãos do *SL* usam o Poser) e de escrever um script substituto em LSL (a linguagem de scripts do *Second Life*) para que as animações personalizadas sejam executadas no lugar das padronizadas. Você encontra animações gratuitas se der uma procurada. E, como já deve ter imaginado, animações personalizadas (e alguns adicionais também) são essenciais pra quem estiver interessado em sexo virtual.

ESCOLHENDO SEU NOME

Figura 4.1: Seu avatar nasce oficialmente quando você lhe dá um nome.

As opções de nome são limitadas: você precisa escolher um sobrenome disponibilizado assim que se cadastrar. No entanto, a lista (que é mudada periodicamente) sempre oferece muitas opções e, claro, você pode escolher o primeiro nome que quiser, desde que alguém ainda não tenha escolhido a mesma combinação de nome e sobrenome. Se você encontrar esse problema, pode resolvê-lo com uma pequena mudança: uma solução bastante comum é mudar a grafia do primeiro nome, obtendo uma combinação única — por exemplo, usar "Oskar Peterson" no lugar de "Oscar Peterson". Outras soluções bastante usadas são: colocar a primeira letra do primeiro nome em minúscula (como "sandy" em vez de "Sandy") ou adicionar uma letra (que pode ser a inicial do seu nome do meio; por exemplo: "John A. Smith" vira "JohnA Smith").

Lembre-se de que seu nome não será visualizado separadamente, mas sim com seu avatar. Portanto, você deve levar em consideração a forma com a qual ele se adequará à aparência do(s) avatar(es) que você pretende usar no *Second Life*. Está pensando em mudar de sexo? Então talvez seja bom pensar num nome unissex: por exemplo, Cris Sprocket, ou RobertA Hansen. A aparência do seu avatar será extremamente chocante, bela, perigosa, amigável — ou quem sabe até tudo ao mesmo tempo? Isso *é* possível com a combinação adequada entre nome, aspecto e conjunto de animações e gestos.

Embora você possa mudar a aparência do seu avatar quantas vezes quiser, o nome do avatar não pode ser trocado. O nome escolhido para abrir uma conta é a própria conta. A única forma de reaparecer no SL com outro nome é abrindo uma nova conta.

ESCOLHENDO SEU SEXO

Em primeiro lugar, lembre-se: no *Second Life*, você pode mudar de sexo a cada dez minutos, se quiser. O processo não envolve nenhuma operação dolorosa: apenas alguns cliques com o mouse. Você pode ser homem, mulher, nenhum dos dois (ao criar ou escolher um avatar que é neutro quanto a sexo, como o Lobo Branco, disponível na pasta Library do seu Inventário). É interessante observar que mesmo com essa liberdade, a maioria dos habitantes do *SL* prefere continuar fiel ao sexo da vida real. Aqui estão alguns números de uma enquete tirada do fórum do *SL*:

Homem jogando como homem — 41,95%

Mulher jogando como mulher — 40,05%

Homem jogando como mulher — 14,45%

Mulher jogando como homem — 3,55%

Esses números são muito reveladores, mesmo quando se presume que a enquete não tem um nível muito elevado de precisão. Eles mostram claramente que a maioria dos residentes do *SL* faz uma escolha conservadora, ficando presa ao sexo da vida real. Ao mesmo tempo, muitas pessoas afirmam que vêem a existência no *SL* como a oportunidade perfeita para interpretar papéis, na qual trocam de sexo como quem troca de roupa e são livres pra escolher qual sexo lhes cairá melhor em determinado momento (veja o quadro "Inversão de sexos"). Sendo assim, onde está a verdade?

A verdade, como sempre, está no meio-termo. Ninguém vai se importar com o fato de o seu avatar ter um sexo que não é o seu no mundo real, exceto nos casos em que as pessoas tiverem um relacionamento bem pessoal com você. Um avatar feminino desapontado disse certa vez: "Eu não teria ligado se ele tivesse me dito, depois de umas semanas, que era um cara quem estava no mundo virtual. Mas só me contar depois de seis meses, ah, foi um choque e tanto pra mim. Foi simplesmente impossível confiar nele depois disso."

> **NOTA**
> **INFORMAÇÃO ADICIONAL**
> **INVERSÃO DE SEXOS**
>
> A escolha padrão de sexo para seu avatar principal é o seu sexo da vida real. Se você for para o outro lado, prepare-se para mudanças imprevisíveis nas suas amizades virtuais. As regras que se aplicam in-world são as mesmas que se aplicam à vida real: amigos não gostam de ser enganados.

Não deixe que isso impeça você de trocar de sexo quando der vontade. Mas, se quiser ter uma amizade virtual com alguém, é importante que essa pessoa saiba quem você é *de verdade*. A melhor maneira de lidar com isso é incluir algumas informações reais sobre você no seu Perfil do *SL* (figura 4.2).

Figura 4.2: Você escolhe o que as pessoas saberão sobre quem é você na vida real.

QUADRO 4 — O RESIDENTE FALA
TROCANDO DE AVATAR

"É difícil dizer o que me motiva a ter a aparência que tenho no SL. Há tantas opções. Realmente acho que posso experimentar de tudo, obtendo o melhor do melhor. Também é difícil dizer o que eu vou ser no dia seguinte: um dragão imponente, um lobo bípede, um vampiro ou um humano bem bonito. Essa é a beleza do SL: você não fica preso a nenhum estereótipo, a menos que escolha fazer isso por si mesmo."

— Lupus Delacroix

"Como bem observou Lupus, é possível criar quantos avatares você quiser. Salvá-los como 'combinações', incluindo o sexo e todas as partes do corpo — e então basta vesti-lo. Não há limite para o que se pode ser; você pode ser o Neo num minuto e mudar para a Donna Dominatrix no outro. Se pesquisar avatares na SLBoutique ou no SLExchange, verá a incrível variedade de possibilidades que pode adotar.

Quanto ao que leva as pessoas a terem determinada aparência, prefiro nem arriscar um palpite. No fim das contas, o avatar é sua representação no mundo virtual, podendo carregar traços de toda a sua personalidade. É sua segunda vida; portanto, seja quem ou o que você quiser ser."

— Isablan Neva

"Na verdade, tenho vários avatares. Alguns eu usei só pra me divertir, enquanto outros eu criei pra algum fim específico. Passo a maior parte do tempo com o avatar do Dragão Vermelho de Luskwood. No entanto, também uso o avatar do Dragão Oriental Vermelho da Ninja Weasel Studios, e um avatar neutro, Kingyo Gold (um gigante estranho). E também tenho meu antigo avatar "genérico" para quando preciso adicionar alguma coisa que um furry não pode adicionar. Todos os meus avatares têm coisas de moda, alguns deles em excesso. No meu avatar mais freqüente, uso uma roupa Maximillion in Plum da Silver Rose, um chapéu personalizado (que tem um ângulo específico e um tamanho maior que o comum) e um par de óculos redondos com lentes roxas."

— Khashai Steinbeck

MUDANDO SUA APARÊNCIA

É bem provável que, ao entrar no *Second Life*, você tenha a necessidade quase incontrolável de editar a aparência do seu avatar (figura 4.3). Seja forte, resista à tentação de começar a mexer aqui e ali.

Há muitos bons motivos para que você espere um pouco mais para melhorar a aparência do avatar. Primeiro: você não vai congestionar a área de chegada da Ilha de Nascimento. Em segundo lugar, dando uma volta pela ilha, você terá a chance de ganhar vários avatares gratuitos e completos, inclusive com roupas. E assim que você partir de lá para a Ilha da Ajuda, com certeza vai visitar a loja de brindes para selecionar alguns acessórios e tipos de cabelo. E só depois você vai para o continente central, onde centenas de lojas oferecem melhorias para o avatar com qualidade impressionante. Você pode obter essas melhorias de graça ou quase de graça se conferir periodicamente os Classificados do *SL*, o SLExchange e a SLBoutique.

***Figura 4.3:** A prioridade número um de quase todo novo cidadão do SL: mudar a aparência do avatar.*

Você encontra uma grande variedade de downloads gratuitos, como de modelos de avatar e arquivos de animação, templates para criação de pele, cabelos, roupas e olhos, além de uma seleção de texturas de alta qualidade no endereço `http://secondlife.com/community/downloads.php`. *Os downloads*

vêm junto com um breve manual. Além disso, vários criadores do SL oferecem modelos gratuitos — você encontra diversos links para baixar modelos gratuitos nas postagens do fórum do SL: http://forums.secondlife.com/index.php. Use a função Pesquisa para localizar os templates nos quais você tiver interesse; por exemplo, digite "skin template" na caixa de Pesquisa.

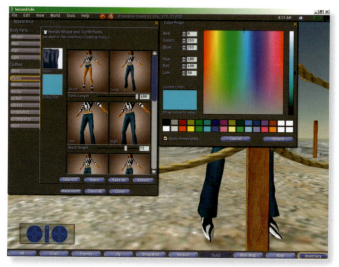

Figura 4.4: Alterar cor e textura da camiseta e da calça só demora alguns cliques de mouse.

Mas se for mesmo impossível continuar com o visual padrão do avatar, limite as alterações que você fizer na Ilha de Nascimento a algumas mudanças rápidas e simples (figura 4.4). Mexer mais do que isso é perda de tempo, considerando as opções que você logo terá.

Agora você provavelmente já entendeu que a aparência do avatar é a soma de várias coisas que são muito mais abrangentes do que as partes do corpo disponíveis no menu de Aparência do SL. As seções a seguir tratam de cada uma dessas partes e oferecem algumas sugestões sobre o que fazer com as partes de que você não gosta. Como é de se esperar, começamos com as opções relativas às partes do corpo: Forma, Pele, Cabelo e Olhos.

> **INFORMAÇÃO ADICIONAL**
> ## AS APARÊNCIAS CONTAM
>
> Ao abrir o menu Aparência, o corpo e os acessórios do seu avatar são carregados. Sua Library contém diversas combinações de corpo e acessórios. Durante sua nova existência, você adicionará muitas outras combinações ao

seu Inventário. Trocar a forma e os acessórios do avatar é muito simples: basta arrastar a pasta adequada da sua Library ou Inventário até o avatar. Não se esqueça de salvar suas combinações de forma e seus acessórios no Inventário. E à medida que sua segunda vida evoluir, não se esqueça de apagar as combinações mais antigas ou menos usadas.

O RESIDENTE FALA
APARÊNCIA DO AVATAR

"Sou pequeno e magro. Sempre quis ser maior, mas a genética e o metabolismo não foram favoráveis (sei de muita gente que queria ter o meu metabolismo). Então meu avatar é alto e grande (mas não chega a ser ducho ou musculoso). Ele é irlandês, mas eu não: decidi trazer meu nome (Aodhan) do último jogo on-line que eu praticava. E um nome irlandês combina com sobrenome irlandês.

Comecei a brincar com o braço direito cibernético desde que cheguei no SL. Eu me divertia, então a coisa evoluiu. Geralmente chama a atenção de todo mundo que eu conheço. No começo, pensei que talvez desse para fazer algum produto com a idéia, já que chamava a atenção. Mas depois achei melhor não: as pessoas gostavam do braço em mim pelo fato de ele ser único. Num mundo onde qualquer visual pode ser criado e ainda assim há os visuais produzidos em massa, é legal saber que alguém é único em algo.

Sou aficionado por tecnologia e me orgulho disso. Meu visual reflete meu gosto por meio dos equipamentos que uso: seja no braço, no visor ou no abdome, que bem parece um dispositivo eletrônico."

— Aodhan McDonnough

"Aqui vai uma lista de coisas a se considerar:

Pele: provavelmente o aspecto mais importante. Uma boa pele faz toda a diferença na aparência de um avatar, seja para o bem ou para o mal. Você encontra demonstrações bem baratas por aí, então teste. Assim que você achar um bom modelo, precisará decidir o tom da pele e a barba, já que eles superam os controles padronizados.

Cabelo: prim é essencial. Achar um bom prim para cabelo masculino não é fácil. Parece até que a proporção entre prim

> *para cabelo feminino e masculino é de 1.000 pra 1. Mesmo quando você encontra cabelo masculino, ele quase sempre tem o mesmo estilo. Veja bem, não é nada contra cabelo comprido, mas acontece que até agora eu não consegui encontrar um cabelo que dê aquele estilo* yuppie, *embora meu cabelo atual esteja bem próximo a isso.*
>
> *Forma: a forma do seu corpo muda radicalmente a aparência da pele, principalmente no rosto. Geralmente, as formas profissionais são melhores quando comparadas às que você poderia criar, mas ainda assim é difícil achar um modelo que tenha tudo o que você quer.*
>
> *Olhos: Olhos bacanas podem dar um toque especial.*
>
> *Substituição da animação: o melhor avatar do mundo ainda pareceria meio desajeitado se continuasse usando o conjunto padrão de animações.*
>
> *Roupas: assim como na vida real, as roupas significam muito. Há muito lixo por aí, mas também se encontra coisas legais. Não tenha receio de perguntar aos outros onde compraram suas coisas. Geralmente as pessoas estão dispostas a ajudar e pode ser que vez ou outra você até faça alguns amigos."*
>
> — Cannae Brentano

FORMA

A Forma (que você encontra na opção Partes do Corpo) é a opção padrão quando o menu Aparência é aberto. As opções de forma são aplicadas a nove categorias, do Corpo aos Olhos, das Orelhas às Pernas. Cada categoria abre uma série de opções facilmente ajustáveis numa escala de 0 a 100, medida por um ponteiro. Você pode salvar qualquer combinação de opções como um corpo masculino ou feminino — com ou sem roupas e acessórios — separadamente no seu Inventário, facilitando assim a posterior troca de forma a qualquer momento. Como seria bom trocar de aparência na vida real tão facilmente!

As seções a seguir tratam das opções disponíveis na ordem em que elas aparecem no *Second Life*. Organizamos dessa forma para facilitar a consulta, mas você pode editar a aparência do seu avatar seguindo a seqüência que achar melhor. Seguir uma ordem diferente para editar o avatar é até mais fácil. Você pode editar o Corpo, depois pular para o Torso, depois para as Pernas, na parte inferior da lista, e seguir para as opções da Cabeça (a segunda opção, de cima pra baixo). Tais alterações são destacadas nas seções a seguir.

> **NOTA — INFORMAÇÃO ADICIONAL**
> ## INSPIRAÇÃO ALEATÓRIA
>
> Experimente clicar no botão Aleatório (na parte inferior do menu Aparência) algumas vezes antes de começar a editar partes individuais do seu avatar. Você verá que mudar a proporção das partes do corpo pode gerar um visual completamente novo. E mais: muitos avatares aleatórios têm um conjunto bem legal; você pode ainda usar um dos avatares gerados aleatoriamente como modelo de base para criar sua forma única e personalizada.

As opções de aparência de avatar mais poderosas estão nas seções Corpo e Cabeça. Os ajustes feitos a esses valores têm um forte efeito sobre a aparência do seu avatar. Freqüentemente um único valor causa várias mudanças. As alterações feitas a outras opções da aparência são mais previsíveis, afetando somente uma parte do corpo ou apenas uma feição.

Por último, lembre-se de que as sugestões dadas aqui são apenas uma etapa do processo de criação do avatar mais difícil de ser gerado, que pode ser o que você busca: uma aparência humana. Não deixe que isso impeça você de escolher qualquer outro avatar, mesmo que ele seja só um pedaço acinzentado de ectoplasma flutuante. Ao fazer uma escolha no *Second Life*, a sua vontade vem sempre em primeiro lugar. Mas é claro: difícil mesmo é fazer a escolha (figura 4.5).

Figura 4.5: Exatamente o que eu queria! Bem... quase isso, vai.

CORPO

Na seção Corpo, você encontra as seguintes opções a serem ajustadas com o ponteiro:

- **Altura.** O padrão é 80, que se traduz, grosso modo, como 1,80m na vida real. É um valor médio seguro. Uma mudança na altura afeta toda a forma do corpo, então você ainda vai perder um bom tempo com o ponteiro depois de ter feito todos os outros ajustes e perceber que seu avatar ainda não tem a forma ideal. Às vezes um corpo que, por algum motivo, fica estranho com o valor 80 torna-se perfeitamente proporcional com o valor 75.

- **Silhueta.** O valor padrão é um mero 20. Embora a maioria dos habitantes do *SL* seja incrivelmente magra em relação a suas alturas — bem do jeito que gostaríamos de ser na vida real —, talvez seja legal dar uma caprichada no ponteiro: aumentar o valor para 35 ou 40 torna o formato do corpo mais realista. Não precisa se preocupar: seu avatar ainda ficará atraente e magro, tendo em mente todas as outras opções de forma.

- **Massa corporal.** O valor padrão aqui é definido como 0. Vários habitantes do *SL* ficam mais que felizes com ele. No entanto, se você quiser injetar uma pequena dose a mais de realismo à sua nova existência, coloque o valor entre 25 e 30: seu avatar adquire uma aura mais interessante e consistente que, digamos, o deixa um pouco mais convincente.

As opções de Forma são as primeiras a serem abertas quando se entra no menu de Aparências, e você provavelmente as ajustará primeiro. Lembre-se de voltar para ajustá-las pelo menos uma vez depois de finalizar as mudanças das outras formas que compõem seu avatar. Ajustar o formato do corpo geralmente dá um toque final na aparência geral.

> **NOTA — INFORMAÇÃO ADICIONAL**
> **SAIBA O QUE VOCÊ QUER**
>
> *É muito mais fácil editar a aparência do avatar quando você tem uma idéia precisa do que quer, quando usa alguma imagem como referência enquanto faz os ajustes (uma fotografia, um desenho, uma ilustração). Além disso, é uma boa idéia deixar seu avatar nu quando for editar as opções de Forma (Corpo, Torso, Pernas) e Pele.*

CABEÇA

Aqui as coisas já complicam bem mais, como é de se esperar. Ao selecionar Cabeça, você encontra as seguintes opções:

🟧 **Tamanho da cabeça.** O padrão aqui é 70. Trata-se de um valor inofensivo, sem muita relevância, já que o tamanho da cabeça deve estar em harmonia com as escolhas feitas para a Forma do Corpo. Se você for muito alto, o valor padrão é muito pequeno; se você for baixo, ele é muito grande. Além disso, o tamanho da cabeça deve estar em harmonia com os traços faciais escolhidos. É necessário realizar pelo menos dois ajustes de tamanho da cabeça: um depois de definir a Forma do Corpo e outro depois de passar por todas as opções do submenu Cabeça. Assim como em Forma do Corpo, um ajuste final e moderado faz com que todos os outros ajustes relativos à Cabeça fiquem perfeitos.

Figura 4.6: Use os controles de câmera para ver seu avatar de diferentes ângulos ao editar sua aparência.

> **NOTA** — INFORMAÇÃO ADICIONAL
> ## CONTROLES DE CÂMERA
>
> *Não se esqueça de ativar e usar os controles de câmera (menu Visualização) ao editar a aparência do seu avatar! Senão vai ser impossível ajeitar as coisas (figura 4.6).*

🞄 **Elasticidade da cabeça.** Essa opção é muito importante: ajustes feitos aqui afetam o formato da cabeça, o tamanho e diversas feições, como queixo e nariz, por exemplo. O valor padrão é 20 e, ao editar a aparência do avatar pela primeira vez, é melhor não alterar esse valor. Depois de ajustar tudo, use essa opção para detalhar traços faciais e o formato da cabeça. Mas é claro que se você sempre sonhou ter uma cabeça parecida com uma berinjela, é só ir até o ponteiro e escolher o valor 100.

🞄 **Formato da cabeça.** O padrão aqui é um valor neutro: 50. Quanto mais quadrada for a cabeça, mais masculina fica; quanto mais arredondada, mais feminina. Aumentar ou reduzir os valores também causa um aumento no tamanho da cabeça. Essa é outra opção bastante poderosa, que afeta fortemente as feições, principalmente o maxilar e o formato do queixo.

🞄 **Cabeça de ovo.** Essa opção afeta dramaticamente o formato da cabeça, e seu nome ilustra os dois extremos entre os quais oscila: um ovo com a parte fina voltada para baixo ou com a parte larga apontada para baixo. No entanto, isso só ilustra a visão frontal da cabeça do seu avatar. Se você usar os controles de câmera para ter uma visualização lateral, verá que qualquer movimento do ponteiro causa grandes alterações ao perfil do seu avatar. As áreas mais afetadas são a parte traseira da cabeça, a testa, o queixo e o maxilar. O valor 75 se adapta melhor a avatares femininos; para um visual tradicionalmente masculino, um valor entre 50 e 60 é uma boa escolha.

🞄 **Comprimento da cabeça.** Fazer alterações ao valor padrão de 55 não é nada recomendável — *a menos* que você queira que seu avatar pareça um personagem de desenho animado. O comprimento da cabeça também tem um forte impacto nas feições! Sutis ajustes para cima geram uma aparência mais feminina; levar o ponteiro para baixo ajuda a criar um visual mais masculino.

🞄 **Limite do rosto.** Mexer o ponteiro para qualquer direção faz com que um lado do rosto fique mais para cima e o outro mais para baixo. Valores extremos fazem o personagem parecer portador de paralisia facial parcial, quando visto de frente. Isso fica bem em personagens excêntricos. Se esse não for o seu caso, faça pequenos ajustes de três a seis pontos em qualquer direção do valor padrão, 50. O padrão representa um rosto perfeitamente simétrico, um pouco sem graça. Uma leve inclinação nos traços dá um toque misterioso e atraente, conferindo mais personalidade ao rosto.

🞄 **Ângulo da testa.** É melhor não mexer nessa opção caso você não tenha escolhido um tipo de cabelo que pretenda usar durante algum tempo. O valor padrão de 37 talvez esteja um pouquinho abaixo da média; adicionar alguns pontos normalmente gera um visual mais natural. Ajustes radicais funcionam muito bem se você quiser obter um visual fantasioso — por exemplo, faça uma testa vertical ao recriar o Frankenstein.

- **Tamanho da sobrancelha.** Protuberâncias grandes e ossudas sobre os olhos geralmente são associadas a fases mais antigas de desenvolvimento evolucionário; talvez por isso o padrão aqui seja um altamente civilizado valor 13. Nessa configuração também é melhor não mexer antes de escolher o cabelo (e os olhos) que se deseja ter por um bom tempo. Definir esse valor como 0 dá um ar levemente delicado à cabeça do avatar.

- **Bochechas superiores.** Esta é outra opção com um padrão relativamente baixo. Com o valor definido em 37, seu avatar fica com um visual sofisticado, bastante civilizado; engordar as bochechas gera um certo ar rudimentar. No entanto, aumentar as bochechas em apenas alguns pontos fará com que seu avatar fique com um ar mais natural, enquanto definir o valor como 0 gera uma magreza ao estilo "mundo da moda".

- **Bochechas inferiores.** Se você não tiver terminado os ajustes nos traços do seu avatar, o melhor é deixar essa opção no valor padrão 45. Geralmente o resultado é melhor quando o ajuste é feito como toque final ao queixo.

- **Ossos faciais.** O padrão 38 é um pouco baixo; adicionar alguns pontos dá mais personalidade ao rosto do seu avatar sem que isso cause grandes mudanças nas feições.

> **NOTA — INFORMAÇÃO ADICIONAL**
> **MUDANÇA DE FORMA**
>
> *Não gaste muito tempo aperfeiçoando os traços do seu avatar logo no começo da sua nova existência. Você terá que lidar com eles novamente quando adquirir uma pele personalizada, como falaremos ainda neste capítulo. Depois de um tempo, você provavelmente terá alguns perfis físicos salvos no seu Inventário. O Second Life oferece total liberdade: por exemplo, se você gostar de um corte de cabelo que não se adapta a você, é possível adaptar-se ao corte de cabelo.*

OLHOS

As opções de edição de olhos aparecem duas vezes no painel de Aparência:

- No submenu Forma, o botão Olhos permite que você ajuste opções de detalhes dos olhos do seu avatar atual. Essas opções são o alvo desta seção.

🟦 No menu principal Partes do Corpo, ao escolher a aba Olhos, você abre um submenu que permite ajustar o modelo dos olhos: isso inclui dados como o tamanho da pupila, a espessura e a textura da íris, e a proporção entre pupila e íris. Essas opções são tratadas posteriormente.

Ajustar as opções de detalhes dos olhos é algo mais simples do que mexer com Corpo e Cabeça, já que as mudanças só alteram a área dos olhos. No entanto, elas têm um bom impacto nas características faciais do avatar — use os controles de câmera para verificar isso.

As opções de detalhes dos olhos não têm implicações ocultas ou conseqüências complexas como as encontradas na edição das opções da Cabeça. Mesmo assim, você deve ter algumas coisas em mente:

🟦 Tamanho do Olho e Abertura do Olho são valores que se complementam, então trabalhe nesses dois ponteiros de forma conjunta. O valor 40, relativamente baixo, ainda tem um ar considerável de *anime*; experimente baixá-lo para 35 e aumentar a Abertura do Olho de 60 (valor padrão) para 65.

🟦 Reveja a Profundidade do Olho depois de ter finalizado os ajustes no nariz e nos ossos faciais do avatar, já que esses três elementos influenciam o perfil.

🟦 Se você busca uma aparência natural, use os ponteiros de Olheiras e Gordura das Pálpebras para deixar o rosto do seu avatar mais convincente; adicione alguns pontos aos valores padrão de cada caso.

Figura 4.7: A aba Olhos permite alterar a cor e usar modelos alternativos de olhos de seu avatar.

🟨 A opção mais "selvagem", Arregalar Olho, gera resultados muito bons quando usada de forma moderada. A simetria perfeita fica muito artificial, então mover o ponteiro pra qualquer um dos lados faz com que o rosto do seu avatar fique mais interessante.

Lembre-se de que a sua Library contém "olhos adicionais". Você encontra um par de modelos coloridos (castanhos, azuis) na pasta Partes do Corpo e outras opções de cores dos olhos como parte das combinações prontas de Forma/Acessórios na pasta de Roupas. No entanto, observe que a edição da cor e da profundidade dos olhos (escuridão) é feita através do *outro* submenu dos Olhos — aquele que se abre quando você clica na aba Olhos, em Partes do Corpo (figura 4.7). Você encontra mais detalhes ainda neste capítulo.

ORELHAS

A edição das orelhas do seu avatar é ainda mais simples que a edição dos olhos. Você verá o perfil do avatar durante quase todo o tempo em que ajustar as opções das orelhas. Use os controles de câmera para verificar os efeitos que as suas alterações têm de frente e de um ângulo de ¾ em relação à frente. Além disso, observe que, embora as imagens do Lóbulo Anexo da Orelha sejam corretas, os marcadores de Anexo e Desanexo são inversos.

NARIZ

Editar o nariz do seu avatar e fazer com que ele combine personalidade e aparência natural é uma tarefa complicada. As opções de edição disponíveis aqui são simples e auto-explicativas; no entanto, a escolha de uma opção quase sempre gera a necessidade de se ajustar outra opção ou mais. Depois de tentar editar o nariz do seu avatar, você certamente vai desenvolver uma admiração pelos artistas que fazem esse trabalho na vida real! Aqui vão algumas sugestões para facilitar a edição do nariz:

- 🟨 O nariz tem bastante destaque num rosto e deve estar em harmonia com as outras feições. Então, primeiro edite os outros traços, inclusive a boca e o queixo — isso facilita muito o trabalho de definir o formato e o tamanho do nariz.

- 🟨 É mais fácil trabalhar num nariz grande. O tamanho padrão do nariz é um valor 11, gracioso e pequeno, que fica entre a fantasia e a realidade. Você pode seguramente aumentar o tamanho do nariz para 25 — esse é um tamanho natural para uma cabeça padrão, mas ainda pode ser pequeno no caso de você já ter editado o tamanho e o formato da cabeça. De qualquer forma, é muito mais fácil trabalhar

num nariz maior, mesmo que você queira um nariz pequeno (veja a nota "Tarefas Nasais").

> **NOTA — INFORMAÇÃO ADICIONAL**
> **TAREFAS NASAIS**
>
> *Experimente aumentar o tamanho do nariz só para facilitar a edição; depois reduza-o — você precisará fazer alguns pequenos ajustes em algumas opções, mas é certo que o tempo geral da tarefa será menor. Lembre-se de não usar uma diferença maior que 10 pontos, em média!*

- A espessura do Nariz e da Narina, assim como a grossura e o formato da Ponta do Nariz, estão relacionados ao tamanho e ao formato da Boca; ajuste as opções da Boca conforme necessário.

- Ao ajustar os valores de Ponta Superior e Inferior, preste atenção aos efeitos gerados na aparência das sobrancelhas e da testa do seu avatar.

- Geralmente, usar os controles de câmera é o segredo para desempenhar um bom trabalho: todas as mudanças do nariz têm grande impacto na aparência do seu avatar, de quase todos os ângulos, dos $2/3$ posteriores até a posição frontal.

***Figura 4.8:** Fazer "uma boa plástica" no nariz será um belo teste para sua habilidade em edição de avatar.*

Você vai economizar muito esforço se quiser obter um efeito fantasioso. É bem mais fácil conseguir uma napa ao estilo Pinóquio do que um nariz que pareça natural.

BOCA

Modele o maxilar e o queixo do seu avatar antes de começar a editar a boca, pois isso facilitará bastante o seu trabalho. As opções de edição da Boca são bem simples, mas quase todas focadas nos lábios. No entanto, você deve prestar atenção a outras coisas além deles — que são o toque final. Como mencionamos antes, você terá bons resultados se ajustar as opções da Boca depois de ter terminado o trabalho no nariz do seu avatar.

QUEIXO

As opções de edição do queixo são muito poderosas — as alterações feitas aqui podem demandar um reajuste no formato e no tamanho da cabeça do seu avatar. Esses são os recursos disponibilizados:

- **Ângulo do queixo.** Num extremo, temos o sr. Queixudo; no outro, o sr. Sem-Queixo. O valor padrão é 52, um pouco tendencioso para o lado do sr. Sem-Queixo, o que não fica mal em avatares femininos. No entanto, para um visual masculino mais natural, aumente um pouco o valor.

> **NOTA — INFORMAÇÃO ADICIONAL**
> **MOLDANDO SEU QUEIXO**
>
> Embora o Ângulo do Queixo seja a opção mais importante do submenu Queixo, é mais fácil editar o ângulo depois de se modelar o maxilar.

- **Formato do maxilar.** Esse é um dos ajustes que devem ser feitos antes do Ângulo do Queixo. O valor padrão de 55 gera um queixo e um maxilar definitivamente femininos; para obter um visual masculino, adicione pelo menos 20 pontos. No entanto, observe que isso só se aplica no caso de as configurações de formato do maxilar serem deixadas no padrão. Alterações nas configurações de Profundidade do Queixo, Ângulo do Maxilar, Queixo-Duplo e Papada têm um grande impacto na configuração do Formato do Maxilar. É bem provável que você ajuste os valores várias e várias vezes depois de fazer mudanças em outras configurações.

🟧 **Profundidade do Queixo e Ângulo do Maxilar.** Essas duas opções estão agrupadas porque qualquer ajuste feito à Profundidade do Queixo deve ser feito juntamente com um reparo no Ângulo do Maxilar. Um Ângulo do Maxilar mais baixo se encaixa de forma natural em um queixo mais profundo. As alterações feitas a essas duas configurações têm um grande impacto na aparência do seu avatar! Certifique-se de visualizar o rosto do seu avatar de diversos ângulos a cada alteração. As configurações padrão de 42 para a Profundidade do Queixo e 76 para o Ângulo do Maxilar são mais recomendadas a avatares femininos; aumente a Profundidade do Queixo e reduza o Ângulo do Maxilar para obter um formato mais masculino. Você provavelmente reajustará essas configurações depois de fazer qualquer modificação aos valores de Queixo-Duplo e Papada.

Figura 4.9: Fazer com que o maxilar do seu avatar fique como você deseja requer habilidade e paciência.

🟧 **Protuberância do Maxilar.** Se você não estiver em busca de um efeito cômico, essa opção deve ser tratada com bastante moderação. Leves desvios (alguns poucos pontos, literalmente) do valor padrão 50 funcionam — um aumento consideravelmente pequeno pode ficar bem num avatar feminino; da mesma forma, um aumento moderado realça um avatar masculino.

🟧 **Queixo-Duplo.** O valor padrão de 17 resulta num queixo modelo, sem divisão. Adicione alguns pontos aqui para obter uma aparência mais natural, reajustando outras opções do Queixo de acordo com o necessário.

🟧 **Divisão do Queixo e Divisão Superior do Queixo.** Aqui os ajustes dão os toques finais ao queixo do seu avatar; deixe para fazê-los por último. As mudanças feitas nessas configurações também precisarão de revisão nas configurações da Boca, principalmente na Divisão dos Lábios e na Profundidade da Divisão dos Lábios.

🔸 **Papada.** Qualquer mudança imposta aqui provavelmente afetará as configurações de Formato do Maxilar, Ângulo do Maxilar, Queixo-Duplo e vice-versa. Trate essa opção como parte do pacote de modelagem do maxilar (figura 4.9).

Resumindo: o queixo tem uma grande influência sobre a aparência geral do seu avatar. Na vida real, os olhos e o formato do maxilar são muito importantes na projeção de algum tipo de personalidade; no *Second Life*, o formato do queixo tem uma importância extra por conta de questões técnicas que ainda limitam o impacto dos olhos.

TORSO

Você deve editar o torso do seu avatar logo depois de terminar o ajuste das opções do Corpo. As opções do Torso são bem simples e não necessitam de explicação adicional. No entanto, estas são algumas das coisas a serem consideradas:

🔸 Ajustar os músculos do torso também altera os músculos dos braços — configurações altas têm efeitos visuais não muito agradáveis.

🔸 A Espessura e o Comprimento do Pescoço devem ser finalizados só depois de você ter mexido o bastante na cabeça do avatar.

🔸 No geral, essas são as opções de edição para criar o torso ideal: busto protuberante para mulheres, ombros largos e músculos ondulados para homens, etc. Para obter um visual mais realista, você pode aumentar alguns pontos do ponteiro.

🔸 Comprimento do Braço e Tamanho da Mão podem ser boas opções para se começar a edição. Elas se ligam às escolhas do Corpo, assim como acontece com o Comprimento da Perna e o Tamanho do Pé. O Comprimento do Torso deve ser proporcional ao Comprimento da Perna.

🔸 Pneus e Barriga devem ser editados paralelamente, é óbvio. Qualquer ajuste aqui deve levar em consideração as configurações de Silhueta do Corpo e Massa Corporal.

> **NOTA** — INFORMAÇÃO ADICIONAL
> **CONSTRUINDO AVATARES**
>
> Lembre-se de que qualquer avatar pode ter partes do corpo trocadas. Você troca facilmente as partes do corpo entre avatares ou adiciona partes personalizadas, criadas por você.

PERNAS

Editar as pernas do seu avatar envolve a definição de seu comprimento e formato. Se você tiver a coragem de tirar as calças do avatar, o trabalho será mais fácil. Observe que o Comprimento da Perna exerce um efeito sobre o Formato da Perna, e que você consegue mudar a aparência de uma perna com um mero ajuste na Altura do Corpo, na Massa Corporal e na Silhueta do Corpo.

As opções de edição da perna incluem o tamanho e o formato do quadril, da virilha e das nádegas. Ajustes nessas áreas influenciam-se mutuamente e podem ser necessárias várias alterações após cada mudança significativa. Observe que as configurações do Corpo também têm grande importância aqui.

Na parte inferior do submenu Pernas você encontra uma opção de Tamanho do Pé. Várias pessoas do *SL* ficam satisfeitas com o tamanho definido como 0 e, de fato, um pé menor faz com que os sapatos fiquem mais bonitos. Você tem a escolha entre beleza e realismo. Na vida real, o tamanho do pé se harmoniza ao da mão, mas este é o *Second Life*, onde a maioria dos sapatos personalizados é feita para pés de tamanho 0.

PELE

Ao clicar na aba Pele, no painel Aparência, você vê uma lista de opções bastante simples e limitadas. Elas permitem que você faça alterações básicas à pele do avatar, como alterar a cor da pele (e não muito mais que isso). Os submenus Detalhes Faciais e Detalhes do Corpo podem ser usados para

Figura 4.10: Nascido no mundo virtual ontem e já mostrando sinais da idade? Deve ser o ritmo da sua segunda vida.

criar um avatar com aparência mais idosa, mas eles não fazem com que a pele fique mais convincente (figura 4.10).

A maioria dos residentes do *Second Life* concorda sobre a importância de uma pele personalizada por causa do impacto na aparência do avatar. Peles legais podem ser obtidas gratuitamente; peles "vamos transar virtualmente agora" podem ser obtidas por um valor considerável em Linden dólares. Você também pode tentar criar sua própria pele, se tiver o conhecimento e o aplicativo necessários. É possível baixar modelos de pele gratuitos. Além disso, os fóruns relacionados ao *SL* estão cheios de bons conselhos sobre criação de peles.

CABELO E OLHOS

O Cabelo e os Olhos podem mudar a aparência do seu avatar. Infelizmente, a maioria dos habitantes do *SL* também concorda que tentar personalizar o Cabelo e os Olhos a partir das respectivas abas que constam em Partes do Corpo geralmente dá resultados medianos, por maior que seja o empenho. É claro que você alcança uma alteração significativa na aparência quando ajusta valores básicos como cores, tanto para o cabelo quanto para os olhos. No entanto, qualquer tentativa adicional de mexer com seu cabelo provavelmente vai terminar com bastante frustração; e fazer mudanças nos olhos além da cor e da profundidade não é possível sem antes se adquirir um novo modelo de olhos, ou um olho em forma de acessório, que seu avatar usará sobre os olhos padrão. Alguns acessórios vêm com scripts que adicionam recursos como simulações simples (piscar, por exemplo). Se você quiser tentar criar seus próprios olhos, baixe o modelo gratuito de olhos do endereço http://secondlife.com/community/templates.php.

Se quiser que seu avatar tenha um cabelo legal, precisará de um trabalho personalizado. Como mencionado antes, os melhores cabelos são construídos com prims individuais e usados como um acessório para a cabeça. Como você já deve saber, existe a possibilidade de se adquirir gratuitamente cabelo de prim decente. Comprar um cabelo sensacional também é financeiramente acessível, com preços que vão de algumas centenas de Linden dólares até os quatro dígitos, no caso dos estilos novos mais legais.

> **NOTA — INFORMAÇÃO ADICIONAL**
> **ESCOLHAS CABELUDAS**
>
> Ao escolher *um novo cabelo para comprar, há três coisas a considerar: o visual, o preço e o número de prims. Um penteado criado com vários prims pode ter um efeito negativo no desempenho do* Second Life *no seu computador sempre que seu novo cabelo aparecer na tela. Um cabeleireiro realmente hábil no SL sempre usa o mínimo de prims necessários para gerar o efeito desejado.*

ROUPAS E OUTROS ACESSÓRIOS

Se você gosta de roupas, o *Second Life* é o paraíso. Sua pasta Library terá, desde o início, peças que poderiam encher diversos guarda-roupas e, ao explorar a Ilha de Nascimento, você obterá novos itens individuais de vestimentas e acessórios. Passados poucos minutos no continente central, suas opções de aquisição de roupas legais gratuitas serão multiplicadas aos montes. Você também verá diversas roupas (e outras coisas atraentes) oferecidas pelo valor simbólico de 1 Linden dólar (figura 4.11). Como falamos neste livro, mesmo que você não tenha nenhum L$ e se recuse a comprar dinheiro, pode ganhar alguns trocados ao participar de atividades como sentar numa cadeira durante 15 minutos, ganhando 3 Lindens por isso. Em outras palavras: o *SL* permite que, em pouquíssimo tempo, você compre um guarda-roupa enorme por quase nada.

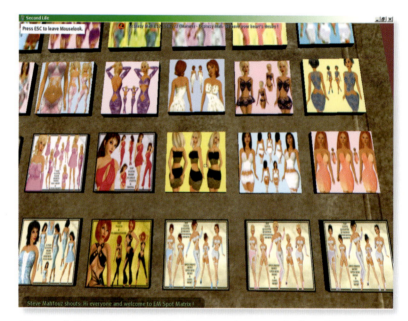

***Figura 4.11**: O **Second Life** é o paraíso econômico dos consumidores de roupas.*

Fazer algumas alterações nas roupas prontas da sua pasta Library é algo relativamente fácil. As abas que constam em Roupas, no painel Aparência, listam classes padronizadas de itens — Camisa, Calça, etc. Os itens que seu avatar usa são imediatamente disponibilizados para edição. Além de ter ponteiros que ajustam detalhes das roupas, como Comprimento da Manga ou Cavalo da Calça, você pode trocar a cor e a textura do item selecionado:

- Ao clicar em Tecido, você vê um painel com a pasta da Library que abriga uma subpasta especial, contendo texturas de tecidos. Para ativar uma textura, clique nela.

🟨 Ao clicar no quadrado Cor/Tinta, você vê um painel Seletor de Cores. Ele permite que você selecione rapidamente uma cor ao clicar em algum quadrado, ou que você crie uma cor personalizada.

As opções de edição de roupas no painel Aparência são ótimas para alterações simples. No entanto, se você quiser projetar um item de vestimenta da estaca zero, a coisa complica. Como o manual de modelos do *SL* indica, não é fácil desenhar algo num aplicativo externo 2D e depois fazer com que essa criação se adapte a um objeto 3D (no caso, seu avatar).

Você também pode usar prims para criar roupas. No entanto, mesmo um item relativamente pequeno e simples, como uma minissaia flexível, precisa de alguns prims cuidadosamente modelados. Se você estiver interessado no design de roupas como um *hobby* a se dedicar ou mesmo como fonte de lucro, comece a ler pelo menos alguns dos tutoriais e assistir a algumas aulas oferecidas no *Second Life*. Para ver uma lista de aulas e tutoriais disponíveis no momento, abra o painel de Pesquisa e digite "aulas" ou "tutoriais" na caixa de Pesquisa.

INFORMAÇÃO ADICIONAL
TATUAGENS COMO VESTIMENTA

No Second Life, as tatuagens entram na categoria das roupas. Elas podem ser usadas como itens de vestimenta totalmente transparentes, exceto na área coberta pela tatuagem. Elas também podem ser criadas num aplicativo externo e importadas para o Second Life como texturas.

As roupas têm um impacto decisivo na aparência do seu avatar: aquele velho ditado, de que a roupa faz o homem, possui ainda mais sentido no mundo virtual. É bem provável que mais da metade dos milhares de itens do seu Inventário será composta de roupas, das quais 90% nunca serão usadas. Tais constatações bem que renderiam um doutorado em sociologia.

Neste capítulo vimos a descrição que Aodhan McDunnough fez de como equipou seu avatar com um braço mecânico. Embora o exemplo seja um tanto radical, ele ilustra bem o vasto leque de opções que você tem para melhorar a aparência do seu avatar com um acessório a mais. Os acessórios que colaboram com a aparência podem ser qualquer coisa: um chapéu ou um *cap*, um cachorro numa coleira ou um peixe voador sobre sua cabeça preso por um fio invisível (ou seja, com transparência total). Você é quem decide o que lhe cai melhor (figura 4.12).

Jóias também são acessórios que podem aprimorar a aparência. Há muitas delas *in-world*, das mais singelas às mais elaboradas: embora todo mundo consiga criar um anel simples com um único prim, poucas pessoas são capazes de fazer um colar com várias pedras e scripts para causar efeitos deslumbrantes com a luz. Observe que as jóias podem ter muitas formas: fivelas e cadarços animados e cintilantes são bons exemplos.

Figura 4.12: Armado e perigoso? Nem tanto.

ANIMAÇÕES E GESTOS DO AVATAR

As animações são constituídas de cada movimento que seu avatar faz: andar, gesticular, dançar. Os gestos são animações com conteúdos adicionais, como sons ou efeitos especiais. As animações podem ser bem simples (um aceno com a mão ou com a cabeça) ou bastante complexas (um sistema de lutas com espadas, por exemplo). Podem ser inocentes ou maliciosas e, se maliciosas, podem ser realmente complicadas.

A maioria dos residentes mais antigos do *SL* sabe reconhecer o valor de animações de qualidade. Uma maneira personalizada de andar está no topo da lista das melhorias à aparência do avatar. No entanto, você não precisa adquirir uma animação personalizada diretamente para dar um pouco mais de vida e charme ao seu avatar. No *Second Life* há uma vasta Library de gestos esperando para serem usados. Tudo que você precisa fazer é ativar os gestos de que mais gostar; para isso, basta atribuir teclas de atalho a eles e se divertir toda vez que usar o recurso (figura 4.13).

As animações do avatar são geralmente criadas com um aplicativo externo chamado Poser (também existe um aplicativo gratuito chamado Avimator, mas que não é sofisticado). Dentro do próprio mundo, existem mais animações complexas do que simples para serem aplicadas a objetos. Assim, essas animações são importadas para o *Second Life* e, se tiverem o objetivo de substituir uma animação padrão, recebem um script de substituição. Conforme a maioria das criações no *SL*, as animações personalizadas podem ser obtidas gratuitamente ou por um valor simbólico, mas as animações mais estilosas podem custar milhares de Linden dólares.

Figura 4.13: Ai, que vergonha.

> **NOTA**
> **INFORMAÇÃO ADICIONAL**
> ## TORNANDO-SE UM ANIMADOR
>
> *Criar animações personalizadas não é fácil, motivo pelo qual os animadores no SL são raros e bem pagos.*

Animações personalizadas enriquecem muito sua vida virtual porque permitem que seu avatar se comporte de modo diferenciado, através de movimentos personalizados, ou participe de alguma atividade nova. No entanto, você pode aumentar em muito a habilidade de socialização do seu avatar simplesmente usando as animações ou os gestos presentes na sua pasta Library. Sendo assim, o próximo capítulo trata do conteúdo da Library.

CAPÍTULO 5
USANDO SUA LIBRARY

Você já sabe que os itens e as escolhas da pasta Library são muito importantes para a aparência do seu avatar. No entanto, a Library é muito mais que isso: seu conteúdo é um kit básico pra que você comece uma segunda vida completa. Além disso, vários dos seus itens serão úteis por toda a existência no *SL*.

A Library não tem um botão próprio na tela. Ela é apenas uma pasta no seu Inventário e pode ser acessada a partir do botão Inventário. É por isso que muitos residentes, ávidos por suas segundas vidas, deixam de conferir o conteúdo da Library. Mas não vá cometer esse erro, hein?

Neste capítulo, trataremos detalhadamente da Library. Você descobrirá de que maneira ela pode transformar a sua nova vida e quais itens continuarão úteis independentemente do tempo que você habitar o metaverso do *SL*.

SUMÁRIO

O QUE É A LIBRARY? 102
CONTEÚDO DA LIBRARY 103

O QUE É A LIBRARY?

Você pode vê-la dessa forma: a Library é seu primeiro Inventário, cortesia da Linden Lab. Cada residente novo do *Second Life* recebe o mesmo conjunto de itens: um kit básico abrangente, que tem várias coisas além de roupas. Ele inclui uma casa habitável (uma cabana feita com corais) com uma área bem reduzida para terrenos pequenos, um veículo dirigível (kart), uma arma de brinquedo e diversos itens de paisagismo. Novos itens são inclusos em quase toda atualização do *SL*, então confira o conteúdo da sua Library regularmente! Vale mesmo a pena — se você ainda estiver na dúvida, veja o que alguns residentes experientes do *Second Life* têm a dizer sobre o assunto.

O RESIDENTE FALA
A LIBRARY

"A Library é fantástica — quanto mais acesso, mais eu a uso. O pessoal da Linden às vezes adiciona coisas novas (por exemplo, vários avatares completos e bem mais legais do que aqueles padronizados da Ilha de Nascimento). Além disso, é um lugar conveniente para encontrar texturas e itens úteis para paisagens e outros tipos de construções.

Também tenho usado a mobília freqüentemente; é legal poder usar algumas cadeiras ou uma cama para interpretar um papel sem a necessidade de sair para fazer compras no meio de uma cena."

— Wildefire Walfcott

"Uso bastante a Library. As árvores são o que mais gosto de lá. Sou paisagista e terraformer e gosto mais das árvores da Linden do que das árvores criadas pelos residentes, por causa da interação que há com o vento e dos poucos prims usados. Até minhas cachoeiras são feitas com itens da Library."

— Ghoti Nyak

"Eu uso várias das plantas da Linden nos meus trabalhos de paisagismo. É sensacional ter plantas grandes e bonitas, como a Plumeria e algumas árvores, que preenchem um monte de

> espaço e mesmo assim usam apenas um único prim. Aplico várias texturas disponíveis na Library às minhas construções. Ultimamente, os scripts e as coisas que a Library oferece para cachoeiras também têm sido muito úteis."
>
> — Ceera Murakami

Assim como mencionamos no capítulo anterior, você já poderia ter visitado a Library algumas vezes ao editar a aparência do seu avatar — escolher uma nova textura ou cor o leva automaticamente à pasta da Library, já que lá há cores e texturas. Ainda neste capítulo 5, trataremos das subpastas da Library individualmente, seguindo a mesma ordem em que elas são mostradas no *Second Life*. Isso deve facilitar a consulta e incentivar você a usar a Library com freqüência.

E você deve mesmo usá-la com freqüência, desde o início. Se fizer isso, logo estará se sentindo um veterano no *SL*, mesmo antes de sair da Ilha de Nascimento. Os novatos ficarão de queixo caído quando você fizer aparecer armas, veículos e casas com simples cliques. E você vai ouvir coisas como "Como você constrói isso tão rápido?". E você responderá tranqüilamente: "Peguei na Library".

INFORMAÇÃO ADICIONAL
MOVER ITENS

Você pode mover itens entre a Library e o Inventário. Abra as pastas e depois selecione e arraste os itens de um local para outro. Você também pode dar qualquer item do Inventário ou da Library para outro habitante do SL: para fazer isso, selecione e arraste a pasta para o avatar do destinatário. No entanto, alguns itens não são transferíveis — isso você descobre ao clicar num item e selecionar Propriedades.

 CONTEÚDO DA LIBRARY

Como você já deve ter entendido, na Library há muito mais do que se imagina num primeiro momento, principalmente no caso de um residente novato, impaciente, ávido pela *segunda vida*. As seções abaixo listam as pastas da Library e apresentam comentários sobre seu conteúdo (figura 5.1). Lembre-se de que novos itens são adicionados à Library a quase toda atualização do *SL*!

Figura 5.1: Muitas surpresas legais esperam por você nas pastas da Library.

PARTES DO CORPO

Você provavelmente acessará a pasta principal da Library quando for editar a aparência do seu avatar, como descrevemos no capítulo 4. Assim, na pasta Partes do Corpo vai encontrar os seguintes itens e subpastas:

- **Cabelo — Masculino.** Há sete escolhas instantâneas de cabelo nessa subpasta, incluindo um modelo afro, todo estiloso. Se você decidir usá-los, tome-os como ponto de partida para a criação do seu melhor penteado final. Lembre-se de que você obterá um cabelo novo e melhor logo depois de começar sua nova existência. A Loja de Brindes na Ilha da Ajuda já oferece alguma coisa; e logo você irá para o continente central, onde será mais fácil conseguir um cabelo de alta qualidade, feito com prims.

- **Cabelo — Feminino.** Essa subpasta contém cinco estilos prontos de cabelo para avatares femininos. Lembre-se de que você pode e deve tentar aplicar cabelos masculinos a avatares femininos e vice-versa — os resultados podem ser surpreendentes e muito bons. No momento em que escrevemos, é assim que você pode dar um penteado afro ao seu avatar feminino. No entanto, também lembre-se de que, como mencionamos há pouco, você obterá um cabelo de melhor aparência logo depois que chegar no *Second Life*.

- **Criar Texturas de Cabelo para Avatar.** Esse curto documento, discutido no capítulo anterior, é essencial para quem pretende mexer no cabelo.

- 🟨 **Olhos — Castanho-escuro.** Uma opção de olhos prontos que você deve tomar como ponto de partida ao determinar a cor dos olhos do seu avatar.

- 🟨 **Olhos — Acinzentado.** Outro ponto de partida para a escolha da cor dos olhos do seu avatar.

- 🟨 **Cabelo — Castanho Médio.** Esse deve ser o tom mais natural; deve ser por isso que aparece como item individual.

- 🟨 **Forma — Magro.** Esse valioso item da Library dá instantaneamente ao seu avatar a figura esbelta que todos queremos ter na vida real. Claro que fica bem, mas é importante lembrar que um corpo padronizado é somente isso: um corpo padronizado, mesmo que belo. Como costumam dizer por aí, não há nada mais chato que perfeição.

- 🟨 **Pele — Levemente Bronzeada.** Essa escolha dá ao seu avatar o tom de pele bronzeado preferido de muitos astros de cinema. Se você achar que está escuro demais, é só fazer o ajuste descrito no capítulo 4.

A pasta Partes do Corpo provavelmente é a mais útil no começo da sua nova vida. Ao passar mais tempo no metaverso do *SL*, você acabará adquirindo outras opções interessantes, começando pelos brindes da Ilha de Nascimento, discutidos no capítulo 3.

ROUPAS

O seu avatar nasce vestido de forma bem simples: camiseta, calça jeans, chinelo, meias e roupas íntimas comuns. E como você ficou sabendo através dos capítulos anteriores, o metaverso do *Second Life* leva muito em consideração o fator "moda", já que todo mundo é estilista, literalmente. Nunca foi tão fácil quanto no *Second Life*.

A Library vem com uma pesada subpasta de Roupas: seu tamanho é proporcional à importância de uma boa aparência no *Second Life*. Dentro da subpasta Roupas, você encontra coisas que bem encheriam vários guarda-roupas da vida real, com novos itens sendo adicionados em quase toda atualização do *SL*:

- 🟨 **Combinações Completas.** Você verá uma longa coluna de subpastas com combinações completas de roupas masculinas e femininas (Urbana, Gótica, Japonesa, etc.). Dica: você pode misturar e combinar vários itens de diferentes estilos e salvar o resultado como uma nova combinação no seu Inventário. Trate a maioria das combinações prontas da subpasta Roupas como os modelos isolados da vida real: você precisa dar um toque pessoal às coisas para que fiquem legais de verdade (figura 5.2). Observe que a pasta Mais Combinações inclui uniformes.

Figura 5.2: Personalizar uma combinação pronta da Library é a forma mais fácil de ficar original.

- **Itens Individuais de Vestimenta.** Aqui se inclui tudo que é relativo a um conjunto de roupas íntimas. Isso é importante, já que em sua existência no *Second Life*, você não *precisa* usar roupas íntimas; com um pouco de imaginação e personalização, essas peças se tornam um atraente item de troca. Pouca gente resistiria a uma conversa de negócios que começasse com "Oi, eu sou novato e pobre. Essas coisas que você faz são tão legais que eu até daria meu último conjunto de roupa íntima em troca do seu material".

A pasta Roupas contém um monte de coisas e, ao examinar o seu conteúdo, você deve fazer aquilo que faria se de repente recebesse toneladas de roupas novas. Escolha aquilo que você pensa em usar e ponha no seu Inventário: é só selecionar e arrastar os itens entre as pastas da Library e do Inventário e salvar as combinações completas como novas subpastas do Inventário.

GESTOS

Essa pasta da Library geralmente recebe pouca atenção dos residentes do *SL*, o que é um grande equívoco: os gestos podem ser mais marcantes do que uma roupa "top de linha" comprada por muitos Linden dólares. Isso já foi citado no capítulo 4, mas vamos retomar: a impressão que você causa nas pessoas do *Second Life* depende também do que você faz, não apenas da sua aparência. Criar e ativar uma pasta pessoal de Gestos deve ser uma das suas prioridades.

Também há uma pasta de Gestos no seu Inventário; no entanto, ela só contém duas subpastas — Gestos Comuns e Gestos Masculinos para avatares masculinos, Femininos no caso de avatares femininos. Há quatro subpastas na Library: Comuns, Femininos, Masculinos e Outros Gestos. Independentemente das suas preferências sexuais, não se deixe limitar pelo sexo do seu avatar ao selecionar os gestos. Uma mulher fazendo um gesto masculino pode ser algo muito divertido e marcante, e o mesmo se aplica a um homem fazendo um gesto feminino. Então, se você quiser que se lembrem de você no *SL*, é definitivamente válido montar seu próprio conjunto de gestos da Library logo no início da sua existência virtual. Veja o que vai encontrar nas subpastas de Gestos da Library:

- **Gestos Comuns.** Essa subpasta contém um conjunto de gestos que se aplicam a qualquer sexo. Aqui há algumas animações bem legais, mesmo com o nome "Comuns", então dedique um tempo a conhecer todas elas. Assim como explicamos no capítulo 4, o tempo de um gesto dá um novo significado a ele: o gesto "contar" fica ótimo quando você quer enfatizar algum ponto da conversa. Essa pasta também contém os três gestos necessários para uma partida do famoso jogo "pedra, papel ou tesoura".

- **Gestos Masculinos.** Esse conjunto de gestos "padronizados" e levemente simplistas inclui uma voz masculina nos momentos adequados. Algumas das animações aqui são idênticas às contidas na subpasta de Gestos Femininos. Essa deve ser a subpasta menos empolgante de gestos na Library, pelo menos se você for usá-la com o sexo previsto.

- **Gestos Femininos.** Esse conjunto de gestos "padronizados" inclui voz feminina nos momentos adequados. Também aqui os gestos são um pouco simplistas quando usados por um avatar do sexo feminino, mas ganham originalidade quando usados por avatares masculinos. Você vai fazer as pessoas se racharem de rir se, como um cara musculoso e grandalhão, soltar um "Se manda" numa voz fina e definitivamente feminina.

- **Outros Gestos.** Não se esqueça de conferir essa pasta detalhadamente: algumas das animações são bem divertidas. "Envergonhado", "ai!" e "dar de ombros" são alguns bons exemplos de gestos que ficam bem em avatares de qualquer sexo.

MARCADORES E CARTÕES

Essas duas subpastas da Library são mais úteis no início da sua nova existência. A pasta de Marcadores contém apenas um único marcador: a Área de Recepção no continente central do *SL*. A Área de Recepção é para onde você deve ir ao deixar a Ilha de Nascimento; como explicamos no capítulo 3, é o lugar certo para coletar informações sobre eventos em

NOTA — INFORMAÇÃO ADICIONAL
UTILIZANDO SEU INVENTÁRIO LOGO NO INÍCIO

Lembre-se de que quando você começa sua nova vida, a Library tem muito mais coisas do que seu Inventário. A pequena pasta ao fim do seu Inventário parece pouco importante para muitos novos residentes do SL, então usar seu conteúdo pode fazer com que você se destaque logo no início.

andamento no *SL*. Também é um lugar para fazer novos amigos. Vários novos habitantes do *SL* ficam dando voltas por ali, ávidos por mostrar seus novos eus (figura 5.3).

Figura 5.3: *Algumas pessoas vão percorrer boas distâncias (e escalar alturas) para serem notadas.*

A pasta de Cartões da Library contém apenas quatro itens que *não* estão inclusos na subpasta de Cartões do Inventário. Três deles são muito importantes, e é melhor guardá-los:

> **AJUDA!** Esse cartão contém respostas a muitas das dúvidas que os novos habitantes têm sobre o *Second Life*. Vale a pena conferir o conteúdo, mesmo que você não esteja disposto a ler tudo (tem muita coisa aqui!). Os assuntos tratados por esse cartão vão fazer com que

você fique por dentro das muitas opções disponibilizadas para a sua nova existência. Leia os Guias do Iniciante para saber sobre vários aspectos do *Second Life* (como a propriedade de terras) e confira as instruções passo a passo para determinadas atividades do *SL*. Comprar e manter uma terra, tirar itens de uma caixa, fazer filmes no *Second Life* — esses são apenas alguns dos assuntos tratados no cartão Ajuda! É claro que esse cartão é muito importante e deve ser guardado.

- **Normas da Comunidade.** Esse cartão explica o que você pode e não pode fazer no *Second Life*. O universo do *Second Life* só pode continuar existindo se seus habitantes seguirem certas regras. Elas são explicadas no cartão Normas da Comunidade. São regras muito razoáveis; os únicos residentes com chances de achá-las opressoras são os desesperados por sexo e violência. Se você por acaso for um desses, lembre-se de que o consenso impera no *SL*. Você pode participar de um grupo de pessoas com interesses parecidos, reunido numa certa área, com suas próprias regras, assim como explicamos no capítulo 2.

- **Ajuda de Mídia.** Esse cartão trata da ativação do fluxo de mídia para que você possa tocar músicas e reproduzir filmes em seu espaço. Músicas e filmes chamam as pessoas, o que pode ser útil (veja o capítulo 2 para obter mais detalhes). Pode levar um tempo até você virar um magnata da mídia, então guarde esse cartão para consultas futuras.

- **Nota de Boas-vindas.** Essa curtíssima nota lhe conta como obter outros cartões que tratem de aspectos específicos do *Second Life*. Esses outros cartões aparecerão na subpasta Cartões, no seu Inventário.

Você pode arrastar os três cartões principais para sua pasta de cartões do Inventário, assim terá todos os seus cartões num único lugar.

OBJETOS

- **Coisas do Continente Atol.** A subpasta com esse modesto nome contém uma casa ao estilo "cabana de corais" com vários acessórios (passarela, passagens, etc.). Você pode pegar uma casa na Ilha da Ajuda — cujo design tem muito mais classe do que o da cabana. Mas numa coisa ela é imbatível: seu tamanho minúsculo, que a torna uma ótima escolha para terrenos pequenos, onde não se cobra taxa de manutenção; ou seja: a Primeira Terra. Quando você só tem 512m² para desenvolver seu trabalho, a pequena necessidade de espaço requerida pela cabana pode fazer dela uma escolha muito atraente.

- **Negócios.** Essa subpasta contém um Kit de Loja do Residente. Você pode abrir sua própria loja num instante — o kit vem acompanhado por um cartão com instruções realmente simples sobre como erguer um pequeno estabelecimento comercial.

● **Dominó.** Essa subpasta contém um bloco único e grande de dominó, que pode ser copiado infinitamente. Veja o quadro "O que você pode fazer com os objetos da Library?" para descobrir de que maneira os usuários jogam dominó.

● **Itens Domésticos.** Aqui você encontra outra casa básica gratuita — uma cabana pequena, de um único quarto — além de uma fita métrica usada em construções e mobília básica para sua nova casa (cama, lampião, mesa, tapete). Outros itens interessantes nessa pasta incluem um papagaio morto à espera de um script que o traga à vida... ou de qualquer destino imaginado por você.

● **Paisagens.** Outra pasta bastante útil. Em seu conteúdo há plantas bem bonitas, que podem ser removidas e encontradas em vasos (figura 5.4), uma coleção de pedras ornamentais e itens decorativos, como redes.

● **Estações de orientação com cartões.** Essa pasta contém os sinais e as estações de orientação por onde você passa desde quando chega à sua segunda vida. Os sinais e as estações são peças demonstrativas; trate-as como pontos de partida para seus próprios sinais interativos. Observe que você pode clicar com o botão direito do mouse num sinal e escolher Abrir no menu circular — isso revelará o conteúdo do objeto, como os efeitos sonoros e scripts anexos. Se você perdeu a chance de obter a Combinação Masculina ou Feminina nº 3 no começo da sua segunda vida, clique com o botão direito nos sinais da Combinação 3 e escolha Abrir, no menu circular. Você terá a opção de vestir a roupa de cada sinal e/ou copiar para o seu Inventário.

● **Telehubs.** As *telehubs* podem ser usadas como pontos de chegada para o teletransporte de habitantes do *SL*. Essa pasta contém três modelos: a invisível, a pequena e a da Linden (que tem um valor de estimação para cidadãos mais antigos do *SL* — há muito, muito tempo, os residentes não podiam se teletransportar livremente, portanto eram obrigados a usar essa ferramenta). Elas são úteis quando você quer direcionar o tráfego em algum lugar de suas terras. Utilize *telehubs* pequenas e invisíveis para tráfego pequeno (casa, pequena empresa) e o modelo grande para tráfego intenso (grandes eventos de estabelecimentos comerciais).

● **Árvores, plantas e grama.** Essa pasta da Library é extremamente útil na sua segunda vida. Muito da flora aqui contida tem um visual melhor do que os itens feitos pelos usuários; como

Figura 5.4: Algumas das plantas presentes na pasta de Paisagens da Library são pequenas obras de arte.

mencionamos antes, é uma pasta usada até pelos paisagistas profissionais do *SL*. Você realmente vai gostar do conteúdo dessa pasta quando adquirir sua primeira terra e estiver ávido por melhorar a aparência dela.

Passagens. Aqui oferecemos cinco tipos de passagens. Clique e arraste o ícone do tipo selecionado repetidas vezes para usar a passagem que escolher, parte por parte.

A subpasta de Passagens é seguida por vários objetos individuais, que oferecem muita diversão. Você deve conferir, mesmo que não olhe para mais nada! Muitos novos residentes não fazem isso; esses são os que vão se aproximar de você e perguntar: "Onde você conseguiu essa arma?"

INFORMAÇÃO ADICIONAL
OBJETOS E SCRIPTS DA LIBRARY

Os objetos da Library são extremamente úteis para quem planeja criar itens. Editar os objetos da Library é um grande exercício para construir e aplicar texturas. Os scripts dos itens podem ser copiados para objetos recém-criados e a maioria deles pode ser modificada. Adicionar ou excluir algumas linhas de script é sempre mais fácil do que escrever tudo a partir do nada!

QUADRO O RESIDENTE FALA
O QUE VOCÊ PODE FAZER COM OS OBJETOS DA LIBRARY?

"A arma de brinquedo da Library é legal para atirar nos amigos. Ela é útil pra quem estiver aprendendo a mexer com scripts. Serve como exemplo de desenvolvimento de um objeto a partir de outro.

A bola de praia, além de ser divertida, também é muito útil para programadores iniciantes. A cadeira básica é outro exemplo de bom modelo a ser usado quando se está aprendendo a construir. Ela tem um script básico bem interessante, o de sentar. Bons scripts para iniciantes também são encontrados nos dados e nos fogos de artifício.

E os dominós: impossível esquecê-los. Milhares de dominós enfileirados de maneira deliciosamente tentadora. Depois de derrubados, eles se levantam sozinhos. Para se divertir, você pode fazer um objeto que derrube dominós. Assim, quando encontrar um conjunto de peças, é só usar seu derruba-dominós e ficar assistindo à queda veloz.

Na pasta de Paisagens, há algumas coisas úteis pra quem estiver construindo uma pequena casa. Todo mundo precisa de um flamingo rosa.

As pastas de gestos são muito legais. Caso alguém não saiba, dá pra ativar uma pasta inteira de gestos — como a de Gestos Comuns — arrastando e soltando a pasta sobre o avatar.

Você também encontra algumas telehubs *da Linden, lembranças estranhas, de tempos remotos.*

Algumas estações de orientação estão à disposição de quem ficar nostálgico ao lembrar da Ilha da Orientação e não quiser ir à recém-criada Ilha de Nascimento."

— SuezanneC Baskerville

COISAS PARA SE DIVERTIR

Figura 5.5: Um carro! Uma arma! Conjunto completo de "fique rico rápido" para um cara normal, não?

Para vários habitantes do *SL*, os itens individuais da pasta Objetos serão mais valorizados do que uma casa grátis, cheia de móveis (figura 5.5). Todos vêm com instruções de operação, acessadas quando se clica com o botão direito do mouse no objeto escolhido e seleciona-se Abrir, no menu circular. Assim você poderá ver o conteúdo do objeto, onde geralmente se inclui um cartão com instruções.

A seguir está uma lista descritiva dos itens individuais contidos na pasta de Objetos da Library:

- **Kart 1.0.** Esse é o veículo para iniciantes que você ganha de brinde no *SL*: um pequeno kart em vermelho vivo. Ele pega uma boa velocidade. Para usá-lo, arraste o ícone do Kart até o chão, clique com o botão direito do mouse sobre ele para abrir o menu circular e então clique em Dirigir. Se você não tiver a paciência de ler o cartão do Kart, saiba que o movimento é ativado pelas setas do teclado e pelas teclas **W**, **A**, **S** e **D**.

- **Media Player**. Esse item contém o *media player* e seu respectivo script. Arraste o ícone do Media Player da sua pasta Library para o chão de algum lugar onde se possa construir e depois clique com o botão direito do mouse na elegante caixa retangular para ver seu conteúdo. Lá você encontra o próprio Media Player — uma telinha plana toda estilosa — e o script. É importante ressaltar que *não* há

> **NOTA — INFORMAÇÃO ADICIONAL**
> ## ATIRANDO COM UMA ARMA DE BRINQUEDO
>
> *Para atirar com sua nova arma, siga as instruções em tela: primeiro, troque para a Visualização do mouse e aumente o zoom da visualização em primeira pessoa. Os movimentos do mouse direcionam a arma; quando você clica com o botão esquerdo, atira bolotas verdes e nojentas no seu alvo. Elas são fortes o bastante para tirar uma pessoa do lugar e, se atiradas em série, podem mover a pessoa a uma boa distância. Os tiros não machucam.*

um cartão com instruções de operação; clique no script para encontrar as instruções na parte interna, inseridas como comentários do código do script.

- **Arma de brinquedo**. Para vários residentes, esse é o melhor brinde da Library. Arraste o ícone da Arma até o seu avatar e a arma aparecerá na sua mão direita.

- **Cadeira básica**. É um item muito útil, por razões mais que óbvias. A cadeira vem com o script "Sentar", que pode ser copiado em forma bruta para coisas que você mesmo cria.

- **Bola de praia**. Grande, colorida e fácil de ser quicada, a bola de praia tem um script que traz comentários extensivos: é quase como um pequeno tutorial sobre a escrita de scripts. Como sempre, para acessar o conteúdo, arraste o ícone do objeto até o chão, clique com o botão direito nele e escolha Abrir, no menu circular.

- **Espada celta**. Por essa você não esperava: a Library tem até uma arma de combate mano a mano com aparência sinistra. No entanto, não faz muito sentido andar por aí com uma espada se você não souber como acertar as pessoas, e isso envolve gestos adequados e efeitos complicados. Você pode ficar roendo as unhas enquanto espera uma atualização que inclua tudo isso, pode tentar comprar scripts adequados (alguns podem ser obtidos gratuitamente) ou, pra quebrar um galho, pode usar os gestos da Library. Por exemplo, usar "Apontar", da subpasta Gestos Comuns, ao mesmo tempo em que se segura a espada, faz com que o avatar represente um elegante bloqueio contra um golpe da espada de um inimigo.

- **Dados**. Arraste o ícone de Dados até o chão, mude para a Visualização do mouse e clique nos dados para jogá-los.

- **Lançador de fogos de artifício**. O lançador de fogos de artifício vem com um enorme estoque de rojões e instruções de operação. A animação e os efeitos sonoros do lançamento são muito bem-feitos e merecem ser copiados (olha a dica aí).

- **Lamparina, chapéu de festa**. Uma lamparina antiga e um chapéu de festa complementam a lista de itens da pasta Objetos individuais. A lamparina não precisa estar presa à sua mão; ela pode ser colocada em qualquer lugar para funcionar como uma lâmpada comum e, na verdade, fica muito bem numa casa. Para deixar a lamparina em pé, clique nela com o botão direito, escolha Editar no menu circular e use função de Rotação.

Os objetos individuais na pasta Objetos serão de grande ajuda para quando você começar a criar e construir suas próprias coisas. Como dissemos antes, é sempre mais fácil começar modificando coisas existentes do que criar algo do nada. A grande maioria dos itens da Library pode ser copiada e modificada de acordo com seu gosto (figura 5.6).

Além dos itens disponíveis na pasta Objetos, o conteúdo do Álbum de Fotos também pode ser classificado como "coisas para se divertir". Entretanto, o álbum contém apenas a imagem de um belo pôr-do-sol.

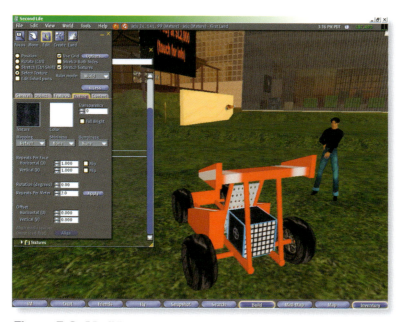

Figura 5.6: Modificar os objetos da Library é uma ótima forma de aprender a construir e programar.

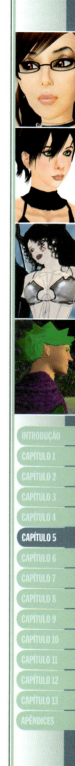

COISAS PARA CONSTRUIR E PROGRAMAR

As últimas três pastas da Library são especialmente importantes para quem quiser desenvolver o lado criativo no *Second Life*. Depois de ter explorado um pouco, você provavelmente pensará em modificar alguns itens existentes e construir coisas novas. Nesse processo, é necessário fazer com que as coisas tenham as características que você deseja e por fim adicionar animações através de scripts.

A Library oferece diversas ferramentas para que você desenvolva esse trabalho:

- **Scripts**. Essa pasta contém três scripts úteis. Como você deve ter imaginado, "Anim Smooth" suaviza as animações, "HoverText Clock" transforma um objeto num relógio ao fazê-lo mostrar a hora padrão do Pacífico e o Script de Rotação é extremamente versátil, podendo ser incluído em diversos tipos de objetos. Por exemplo: clique com o botão direito na lamparina que você acabou de rodar com a função de Rotação do painel Editar, depois clique no botão Novo Script e cole o conteúdo do Script de Rotação dentro do arquivo de Novo Script (exclua qualquer conteúdo existente; o arquivo de Novo Script sempre contém os códigos necessários para um novo script). Salve, feche a janela e veja a lamparina rodando incessantemente. Assim você terá acabado de adicionar um script para que um objeto se comporte de determinada maneira.

- **Som**. Essa pasta contém uma subpasta chamada Gestos. Dentro dela você encontra sons masculinos e femininos e trechos sonoros a serem usados juntamente com gestos específicos dos avatares, mas é claro que seu uso pode ser muito mais amplo. Se você sempre quis ver um cachorro falando com voz humana, por exemplo, use alguns dos trechos sonoros da pasta Gestos. Basta fazer o upload dos arquivos sonoros personalizados e, quem sabe, você pode ser o primeiro criador de cães policiais falantes no *SL*, daqueles que latem "Mãos na cabeça!", esse tipo de coisa.

- **Texturas**. A última pasta da Library é também a maior: ela contém uma quantidade fabulosa de texturas e modelos de Corpo de Avatar e Roupas. Você usará os modelos e as texturas selecionadas das pastas Cabelo e Tecido ao editar a aparência do seu avatar. Passe um

Não se esqueça de baixar as texturas gratuitas disponibilizadas em http://secondlife.com/community/textures.php. *Elas são de alta qualidade e muito úteis, mesmo que você não esteja tão envolvido em construção e aplicação de texturas (figura 5.7).*

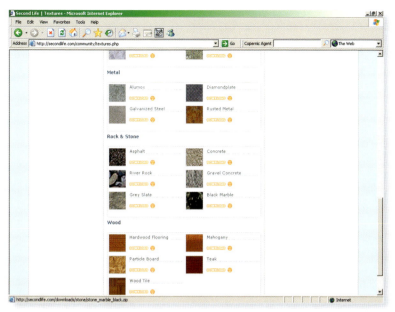

Figura 5.7: Mármore preto, isso! Exatamente o que eu queria para o meu, ahn, quarto.

tempo analisando todas as opções, disponibilizadas em boa quantidade e atualizadas com freqüência. Claro que várias texturas podem ser usadas com outros objetivos além dos previstos, e isso pode funcionar bem. Por exemplo, a Tábua de Madeira do Atol pode ser usada em qualquer lugar em que você precise de uma textura de tábua de madeira convincente; Areia ou Palha ficam bem em tapetes e o Asfalto (da subpasta Construção) pode ser usado para imitar a textura de couro de gomos largos. Há tantas opções e tantos gostos diferentes que a melhor maneira de descobrir a opção ideal para você é experimentando e lendo um dos tutoriais mencionados no capítulo 3.

Como você já sabe, as pastas da Library são um verdadeiro tesouro enterrado. Queira você ter uma iniciação rápida na vida virtual do *SL* ou conseguir formas de melhorar suas habilidades de construção e programação, a Library tem um valor inestimável. Ela oferece um leque enorme de itens prontos e exemplos incontáveis de como se criar coisas novas no *Second Life*. No entanto, com a evolução da sua nova vida, a importância e o tamanho da Library serão ofuscados pelo seu Inventário.

O próximo capítulo trata do Inventário e da função que ele tem na sua vida virtual. E também explica de que maneira ele difere da Library, fornecendo alguns conselhos sobre como gerenciá-lo.

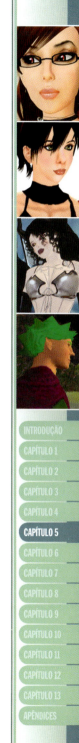

CAPÍTULO 6
GERENCIANDO SEU INVENTÁRIO

O Inventário é, na verdade, muitas coisas. É sua própria e única coleção de itens do *Second Life*, que vai de casas completas e espaçonaves a meias e chicletes. Também é um animalzinho que vira um monstro. Se alguém precisava de uma prova clara de que os humanos têm uma natureza insanamente acumulativa, o Inventário do *SL* é essa prova. Há muito tempo, quando o *Second Life* ainda engatinhava, havia um limite para o número de itens que o usuário poderia ter no Inventário: 255. Agora que não há limites, a maioria dos habitantes do *SL* acumula milhares de objetos num curto espaço de tempo. É fácil perder o controle do seu Inventário e, quando isso acontece, você passará cada vez mais tempo procurando coisas enquanto poderia estar aproveitando o mundo virtual. Parece familiar?

Se você for novo no *Second Life* e achar isso tudo difícil de acreditar, pense no seguinte: o *SL* é um mundo onde você carrega tudo que tem — casa, carro, cinqüenta guarda-roupas — junto consigo. Quando se tem uma empresa ou se cria itens constantemente, então, nem se fala. Basta dizer que transportar tudo que existe no seu Inventário não é fácil. O melhor é mesmo ter sempre o mínimo possível (para a maioria dos habitantes do *SL* "o mínimo possível" representa menos de 5 mil itens).

Neste capítulo, daremos uma olhada de perto no Inventário do *SL* e discutiremos maneiras de gerenciá-lo de forma efetiva. Você vai descobrir como organizar as pastas e mantê-las sob controle, mesmo que elas se multipliquem como coelhos. Você também aprenderá como armazenar coisas em outros locais além do seu Inventário. Resumindo: esse capítulo é um plano geral do Inventário, que deve deixar sua nova existência mais tranqüila e divertida.

SUMÁRIO

O INVENTÁRIO X A LIBRARY 120
ORGANIZANDO SEU INVENTÁRIO 121
GERENCIANDO INVENTÁRIOS MÚLTIPLOS ... 127
AS CINCO REGRAS DE OURO PARA O
GERENCIAMENTO DO INVENTÁRIO 131

O INVENTÁRIO X A LIBRARY

Quando você começa sua *segunda vida*, o Inventário parece mais uma subdivisão pouco desenvolvida da Library. Suas poucas pastas correspondem às da Library, com os mesmos nomes, mas a maioria delas está vazia, ou no máximo com a mesma quantidade de itens das pastas equivalentes na Library. Nesse momento, você não tem nem idéia da mutação que ocorrerá com o seu Inventário, que deverá se transformar em algo parecido com uma liquidação promovida por um milionário recém-falido e levemente afetado. Essa tranqüilidade é ideal para conhecer as principais diferenças entre o Inventário e a Library.

A Library, como você deve imaginar, é pública: todo mundo tem acesso a ela. O Inventário é particular, seu e de mais ninguém. Claro que, no começo, ele é igual ao de todos, mas se torna único de acordo com suas escolhas no *Second Life*.

Você não pode excluir ou modificar o conteúdo da Library, mas pode fazer o que quiser com o Inventário (há exceções, tratadas posteriormente neste capítulo). Observe que quando você usa um item da Library, ele é automaticamente copiado para a pasta adequada do Inventário. Essas cópias são as principais candidatas à lixeira nas limpezas periódicas a serem feitas no Inventário. A regra número um de gerenciamento de Inventário é nunca ter duas cópias de um item no mesmo Inventário. Guarde bem essa dica e você economizará um bom tempo. Caso contrário, provavelmente gastará muito da sua existência virtual procurando coisas escondidas entre os milhares de itens!

É claro que, mesmo que se esforce no sentido contrário, você sempre terá uma tonelada de coisas no Inventário. Como já discutimos no capítulo 3, o Inventário começará a crescer praticamente quando você chegar à Ilha de Nascimento e começar a enchê-lo com os brindes legais que encontrar por lá. Se não monitorá-lo desde o início, você ficará sobrecarregado e nem sequer terá tempo de perceber isso. Uma regra importante para o gerenciamento do Inventário é organizar o conteúdo dele logo no início da sua existência virtual (figura 6.1).

Não seja sentimental demais com as suas criações. Não guarde tudo que você fez só pelo fato de ter sido feito por você. Os demais objetos que você fizer também serão exclusivos e provavelmente melhores do que os criados anteriormente. Se você quiser um museu particular para o seu trabalho, armazene o conteúdo fora do Inventário.

Figura 6.1: Manter ou não manter? Eis a pergunta que você se fará muitas e muitas vezes no Second Life.

ORGANIZANDO SEU INVENTÁRIO

Uma das primeiras coisas a fazer em seu Inventário é colocá-lo em ordem. Mande os itens indesejados para a lixeira e reorganize seu Inventário antes de partir da Ilha de Nascimento para o continente central do *SL*. É melhor pôr a mão na massa desde o início!

INFORMAÇÃO ADICIONAL
MANTENDO SEU INVENTÁRIO SOB CONTROLE

Quando você abre o Inventário, uma linha na parte superior informará a quantidade de itens que ele contém. Se você não ficar de olho, o número mostrado chegará aos quatro dígitos antes de você sair da Ilha de Nascimento e aos cinco dígitos logo depois da sua chegada ao continente.

REGRAS DE PASTAS

Primeiro: dê uma boa olhada nas suas atuais pastas do Inventário. Você verá que algumas delas têm pequenos ícones. Todas as pastas marcadas com ícones no Inventário não podem ser movidas, excluídas ou renomeadas, já que são parte da configuração do Inventário. Então, para começar, mova todas as pastas não marcadas para dentro das pastas marcadas com ícones. Claro que, para isso, o melhor é usar a lógica: colocar itens de vestimentas na pasta de Roupas, texturas na pasta de Texturas, animações na pasta de Animações, cabelos na pasta de Partes do Corpo, e assim por diante.

INFORMAÇÃO ADICIONAL
OPÇÕES DE GERENCIAMENTO DAS PASTAS

Para abrir e fechar pastas, dê um clique duplo nelas. Clique com o botão direito numa pasta para abrir um menu que mostra uma lista de opções de gerenciamento de pastas. Se o menu que aparecer estiver vazio, a pasta selecionada é parte da configuração do Inventário e não pode ser manipulada de forma alguma.

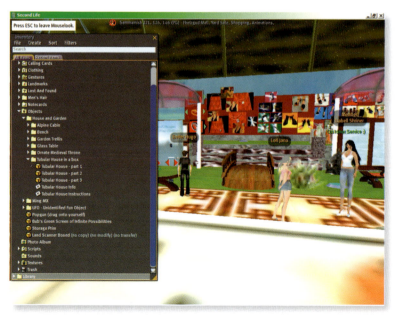

Figura 6.2: Mantenha o menor número de pastas do Inventário possível, mas não a ponto de prejudicar o seu conforto.

Depois de fazer isso, abra uma pasta de cada vez e organize o conteúdo. Por exemplo, você pode criar uma subpasta chamada Cabelo dentro da pasta Partes do Corpo para guardar todos os penteados e tipos diferentes de cabelo que você terá ao deixar a Ilha de Nascimento.

As roupas também merecem atenção especial, como sempre. É uma boa idéia guardar itens de vestimenta como combinações, criando uma subpasta completa para cada combinação. Cada um dos itens restantes pode ser organizado da forma como você organiza as coisas na vida real, com a diferença de que estará usando pastas no lugar de armários e gavetas para guardar as camisetas, calças, meias, etc. Ao fazer isso, aproveite para se perguntar se vai mesmo usar esse ou aquele item. Se você seguir o princípio "o que ficar guardado não atrapalha", vai logo perceber que a coisa não é bem assim. Não se esqueça de conferir os conselhos sobre gerenciamento de Inventário dados por residentes antigos do *SL* no quadro a seguir.

QUADRO — O RESIDENTE FALA
GERENCIANDO O CONTEÚDO DO INVENTÁRIO

"Subpastas são amigas. Criar suas próprias subpastas para guardar as coisas 'importantes' e os objetos de 'exemplar único' ajuda, em muito, a manter as coisas organizadas."

— DolphPun Somme

"Vejo tudo isso da mesma forma como organizo meu HD. Pasta geral, subpasta específica, subpastas ainda mais específicas... Exemplo: roupas, avulsos, sapatos. Ou: materiais de construção, texturas, texturas externas, tijolos. Gasto uns trinta minutos quando vou limpar, nomear e mover os itens do Inventário.

Algo que descobri ontem à noite, com relação a roupas: ative o menu de limpeza (CTRL + Alt + D), depois vá para a parte inferior e selecione Roupas. Uma lista de tudo que você tem de roupas, de acordo com o sistema, aparece e pode ser usada como ferramenta para se vestir ou remover itens. É uma boa forma de encontrar a regata que está debaixo da camiseta, que por sua vez está debaixo do colete que você talvez esteja usando."

— Rakkasa Lewellen

A vantagem de manter um Inventário enxuto e organizado (figura 6.2) é o tempo que se ganha. Você não terá que esperar muito para que o Inventário carregue, e encontrará suas coisas com rapidez. E ainda fará um bem para a comunidade do *SL*: Inventários enormes causam lentidão para todos os participantes.

CRIANDO E USANDO PRIMS DE ARMAZENAMENTO

Você também pode realizar o sonho de ter um Inventário enxuto colocando itens dentro de prims. Isso tem vantagens e desvantagens. Você pode remover o prim de armazenamento do seu Inventário e armazená-lo em qualquer outro local; por outro lado, você não pode armazenar pastas dentro de um prim. Se tentar mover uma pasta para dentro de um prim, moverá o conteúdo da pasta, mas não a pasta em si. Ao abrir o prim de armazenamento, você verá todos os itens da pasta, na mesma ordem em que estavam lá.

Outro problema é que você não verá o que há dentro do prim antes de abri-lo. Nomeie seus prims de armazenamento de forma que possa se lembrar do conteúdo deles. Por exemplo: se você pretende guardar uma combinação com determinado número de itens, você pode nomear o prim de acordo com a combinação — é assim que a maioria dos veteranos do *SL* lida com as coisas.

Veja o procedimento para criação e uso de um prim de armazenamento:

1. Certifique-se de estar numa terra que permita construções: a barra superior do menu mostrará o ícone "Proibido Construir" quando não for permitido.
2. Crie um prim — qualquer um. Tamanho e forma não importam, você é livre pra fazer dele o que quiser. Pessoalmente, meus favoritos são cubos negros misteriosos e cilindros cromados. Eles têm uma aparência legal.
3. Nomeie o prim (na aba Geral do menu Editar). Como mencionamos antes, é recomendável dar um nome que ilustre o conteúdo do prim.
4. Abra seu Inventário e clique com o botão direito no item ou nos itens que quiser colocar dentro do prim para conferir suas propriedades. Como regra, não misture itens que podem ser copiados com itens que não podem. Crie um prim de armazenamento à parte (ou pasta, se você não quiser mexer com prims) para itens que não podem ser copiados. O prim que guardará os itens não-copiáveis terá uma importância especial, então guarde-o no Inventário do seu avatar (figura 6.3).
5. Clique e arraste a pasta ou os itens do seu Inventário até o prim de armazenamento. Você verá que o cursor do mouse mudará para uma pequena pasta branca, marcada com um sinal de mais; solte o botão do mouse para deixar o item transferido dentro do prim. Pode ser que uma vez ou outra você tenha problemas ao transferir pastas inteiras: você verá aquele sinal universal do círculo vermelho cortado por uma barra, indicando que a ação é proibida. Experimente abrir a pasta em questão e transferir os itens lá contidos individualmente; é assim que eles seriam armazenados dentro do prim, de qualquer forma.
6. Clique com o botão direito do mouse no prim para abrir o menu circular. Você verá uma opção "Abrir". Clique nela para ver o conteúdo do prim e observe que, na parte inferior do menu Conteúdo, existem botões que permitem copiar instantaneamente todos os itens armazenados para o seu Inventário (desde que eles sejam copiáveis, é claro). Você também pode ver o conteúdo do prim ao selecionar Editar no menu circular e selecionar a aba Conteúdo.

Figura 6.3: Vinte pares de calças, dez pares de sapatos, várias camisetas — tudo guardado compactamente num pequeno cilindro de metal! Só mesmo no Second Life.

7. Decida se quer que o conteúdo do seu prim de armazenamento seja particular: selecione as caixas adequadas no menu Editar (aba Geral).

Como se pode notar, armazenar itens em prims é um processo simples, bastante praticado entre os cidadãos do *SL*. No entanto, também há soluções mais elegantes, como caixas especiais de segurança. Se você não tiver a habilidade necessária em construção e programação para construir uma dessas caixas, pode comprá-las em lojas como a THiNC, mencionada no quadro "Armazenando conteúdo do Inventário", ainda neste capítulo. As caixas não são caras — para ter uma idéia dos preços, veja uma seleção de produtos e preços da THiNC:

- **Organizador de Caixas do Inventário — 215 Linden dólares (copiável)**. Armazena todos os tipos de itens, de roupas a marcadores, com exceção dos scripts. Permite que você navegue pelo conteúdo e localize rapidamente os itens desejados. O nome que você dá ao organizador é mostrado na caixa, o que permite guardar várias caixas dentro de uma principal sem problemas de identificação. Esse organizador tem recursos de segurança e privacidade total; somente o dono pode acessar as funções. O modo "Sleep" altera a aparência do organizador: os botões e o texto desaparecem, deixando o objeto com a aparência de um baú comum.

- **Organizador Multitextura — 650 Linden dólares (copiável)**. Esse organizador permite que você armazene, busque e gerencie texturas por meio de um display com nove painéis. Todas as funções só podem

ser acessadas pelo dono. Os recursos de privacidade e segurança incluem o modo "Sleep". Um modelo mais barato, o Organizador Único de Textura, custando 115 Linden dólares (copiável), oferece as mesmas funções, mas com um display de painel único para navegação e gerenciamento de texturas.

- **Livro THiNC 2.0 — 75 Linden dólares (versão única)**. Esse livro versátil pode ser usado como um álbum de fotografias, um romance ou um catálogo. Ele vem com um conjunto completo de animações e efeitos sonoros (abertura do livro, fechamento do livro, páginas virando). Pode ser transferido e modificado pelo dono.

- **Impressora THiNC — 895 Linden dólares (versão única)**. O equipamento com o qual você pode produzir cópias exatas e ilimitadas do livro THiNC 2.0, para distribuição ilimitada. Cada livro publicado tem direitos de cópia e transferência modificáveis pelo dono (o editor).

A loja THiNC é uma das muitas especializadas em oferecer ótimos equipamentos de auxílio ao gerenciamento do Inventário. Há uma grande variedade de produtos. Além disso, quem iria querer guardar capturas de tela numa pasta chata chamada Álbum de Fotografias podendo armazenar e ver as mesmas num aparelho de TV copiável? Pense na possibilidade de gastar algumas centenas de Linden dólares em ferramentas de gerenciamento do Inventário; você provavelmente concluirá que elas são seu melhor investimento.

O RESIDENTE FALA
GERENCIAMENTO DO INVENTÁRIO

"Utilize a caixa de pesquisa, na parte superior do painel do Inventário, para localizar rapidamente itens através de palavras-chave associadas. Por exemplo, digitar 'WORN' na caixa de pesquisa gera uma lista de todos os itens que seu avatar estiver usando no momento, assim como as localizações dos itens no Inventário. A palavra-chave que você inserir na caixa de pesquisa agirá como um filtro, independentemente do nome ou da propriedade do item. Por exemplo, se você digitar 'NO MODIFY', verá uma lista de todos os itens do Inventário que não podem ser modificados. Digitando 'HAIR', você verá uma lista de todos os cabelos no seu inventário.

Para fazer uma verificação nos itens do Inventário adquiridos desde sua última sessão on-line, selecione a aba Itens Recentes no painel do Inventário. Observe também que você pode classificar todas as pastas e todos os itens do Inventário por nome ou por data de aquisição.

Quando você quiser reorganizar seu Inventário, selecione Nova Janela no menu Arquivo. Você verá um outro painel de

Inventário aberto — é mais fácil acompanhar o que se está fazendo quando há dois Inventários idênticos, lado a lado. Arraste itens e pastas do Inventário que quiser mover para novos locais no painel equivalente do Inventário.

Além disso, há recursos on-line que você pode usar para aprimorar suas habilidades de gerenciamento de Inventário."

— Torley Linden

DA LINDEN LAB:
TRANSFERINDO PASTAS PARA O INVENTÁRIO DE UM OBJETO

Quando uma pasta é arrastada até o inventário de um objeto, todos os seus itens são transferidos individualmente ao objeto. Observe que os scripts transferidos que usam esse processo são desativados (cada script deve ser arrastado separadamente ou através da seleção de Shift ou CTRL + mouse e arrastado como uma seleção em massa. Um número UUID é automaticamente atribuído a itens sem nomes únicos (o UUID, ou Identificador Único Universal, é o número único de 128 bits atribuído a cada bem no Second Life).

GERENCIANDO INVENTÁRIOS MÚLTIPLOS

A vida real é cheia de paradoxos, e no *Second Life* acontece o mesmo. Você acabou de aprender que deve se esforçar para manter o Inventário no menor tamanho possível; agora vai descobrir que deve ter *dois* Inventários: infelizmente, nenhuma tecnologia é perfeita e às vezes os Inventários têm algum defeito. Em outras palavras: você pode perder tudo que tem no *Second Life* por causa de alguns elétrons preguiçosos localizados em algum lugar qualquer, assim como você pode perder tudo que tem na vida real por causa da ressaca dos deuses do tempo ou de um terremoto.

Depois de se certificar de que seu Inventário não contém lixo de qualquer espécie (lembre-se de esvaziar a lixeira com freqüência!), faça uma cópia dele. Você pode copiar tudo que for replicável para um único prim e armazená-lo na sua propriedade, alugada ou comprada.

Se a sua conta é gratuita e você não pode comprar terras, pense em alugar. Você deve conseguir negociar o aluguel de um terreno para armazenar prims a um preço menor que 250 Linden dólares por semana; provavelmente

> **NOTA — INFORMAÇÃO ADICIONAL**
> ## O TERRENO DE 16m²
>
> Há muitos terrenos pequenos, de 16m², disponíveis para venda ou locação. Neles você pode armazenar até três prims (figura 6.4). O tanto de coisas que você armazena nos prims é só da sua conta, claro.

até por menos de 100 Linden dólares você já consiga algo. Também há outra solução, não muito elegante, mas eficiente: criar um avatar alternativo. Faça a cópia de segurança do seu Inventário copiando-o para o de outro avatar.

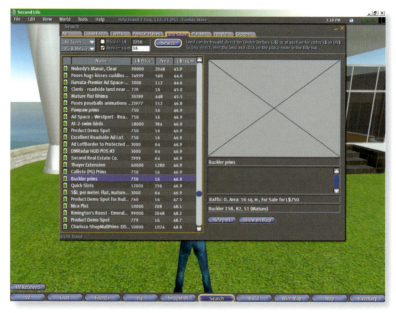

Figura 6.4: O terreno de 16m² é perfeito para armazenar prims.

CRIANDO UM *ALTER EGO* PARA CÓPIA DO INVENTÁRIO

Primeiro você deve criar um novo avatar. A rota óbvia é abrir uma nova conta gratuita e criar um personagem sem privilégios de posse de terras. No entanto, lembre-se de que pode ser mais vantajoso criar uma segunda conta Premium. Você pode comprar os terrenos da Primeira Terra lado a lado e juntá-los para criar um grande terreno, ou pode vender um terreno e ficar com outro — como foi observado no capítulo 2, quase toda Primeira Terra pode ser vendida imediatamente, gerando um bom lucro.

Depois de criar um *alter ego*, leve-o para o continente principal e transfira ao Inventário do avatar todos os itens replicáveis que você não gostaria *mesmo* de perder. Claro que você pode fazer isso por meio de um prim de armazenamento — apenas certifique-se de que o outro avatar tem os direitos adequados para abrir o prim e copiar o conteúdo para o seu próprio Inventário! No entanto, você também pode fazer uma transferência direta de itens e pastas, de Inventário para Inventário, usando as funções de Pesquisa:

1. Clique no botão de Pesquisa no menu principal do Second Life, selecionando depois a aba Pessoas.
2. Digite o nome do seu personagem alternativo e certifique-se de que a caixa "On-line" *não* está marcada.
3. Clique no botão de Pesquisa, próximo ao nome que você digitou. Assim você verá o painel do Perfil do seu outro personagem, na aba padrão do *SL*. Você verá um espaço marcado com "Dar item", próximo à parte inferior do painel.
4. Arraste e solte as pastas e os itens do Inventário para esse espaço, um a um. Um painel azul lhe informará que o *alter ego* está off-line e que os itens serão salvos para entrega.
5. Quando você entrar no mundo virtual com a conta do seu *alter ego*, verá um painel azul perguntando se você deseja aceitar os itens; depois que aceitá-los, estarão disponíveis no seu Inventário (figura 6.5). Observe que transferir um item do Inventário através do painel do Perfil a alguém que está on-line não gera confirmação até que o destinatário aceite a entrega.

Figura 6.5: Se outro habitante do SL lhe der algo enquanto você estiver off-line, você receberá uma mensagem assim que voltar ao Second Life.

QUADRO 6 · O RESIDENTE FALA
ARMAZENANDO CONTEÚDO DO INVENTÁRIO

"É possível colocar itens em caixas de prim para reduzir a bagunça e a complexidade do Inventário.

Depois de ter feito uma dessas coleções de armazenamento, você pode armazenar uma cópia da caixa em algum lugar do mundo ou entregá-la a algum amigo (ou um avatar alternativo), para que essa pessoa tenha a cópia em seu próprio Inventário, em caso de você ter problemas. Recomendo enfaticamente que faça isso, já que os inventários são apenas coleções de registros na base de dados do servidor e a Linden Lab não é responsável pela restauração de conteúdo perdido!

O lado ruim é que não é possível fazer pesquisas no Inventário para achar qualquer um daqueles itens sem olhar dentro do conteúdo de cada caixa e ver o que há lá! Já abriu uma caixa que ficou guardada durante anos? Já ficou surpreso ao descobrir que tinha muito mais do que imaginava? Aqui, isso vai acontecer muitas vezes. Faça um prim chamado 'ZZZ — O Sótão' e coloque todas as outras caixas dentro dessa.

Alerta: se quiser guardar coisas não-copiáveis dessa forma, como roupas compradas que você não usa com freqüência, certifique-se de nomear a caixa antes de colocar o primeiro item nela. Recomendo guardar os itens não-copiáveis separadamente dos que podem ser copiados, já que quando há um item não-copiável numa caixa, o conteúdo de toda a caixa não pode ser duplicado."

— Ceera Murakami

"Vou contar o segredo do meu sistema perfeito de Inventário. Em primeiro lugar, toda combinação recebe sua própria caixa de prim, e esta é marcada de acordo com a primeira. Então coloco as caixas de prim em caixas organizadoras copiáveis e não-transferíveis da THiNC. E por que as caixas da THiNC são tão sensacionais? Elas têm setas que permitem que você pesquise nos conteúdos e recupere rapidamente aquilo que estiver buscando.

Minhas mais de 4,5 mil texturas estão organizadas por tipo. As máquinas copiáveis e não-transferíveis da THiNC me deixam criar, por exemplo, um compartimento do tipo "castelo" e guardar todas as as texturas com esse perfil lá dentro. Minhas texturas de telhados vão para outro lugar, e assim por diante.

> *Todo o meu Inventário é organizado desse modo, principalmente porque a Library do meu Inventário tem, em média, 2 mil itens. Sim, você leu isso mesmo: meu Inventário tem 2 mil itens e mesmo assim eu sempre quero melhorar algo. Tento manter o menor número de itens possível, assim o Inventário não fica lento."
>
> — Tyci Kenzo

CAPÍTULO 6 — AS CINCO REGRAS DE OURO PARA O GERENCIAMENTO DO INVENTÁRIO

Para resumir: ter um controle firme do seu Inventário desde o início é um fator determinante — para alguns, é *o* fator determinante — a fim de se aproveitar ao máximo a vida virtual. Com organização, você se livra do trabalho penoso da vida real, onde a tirania das coisas materiais faz com que as pessoas enlouqueçam. Para aumentar suas chances de liberdade e felicidade eterna no *Second Life*, aqui vão alguns dos principais pontos relativos ao gerenciamento do Inventário:

1. Organize o conteúdo do Inventário antes de sair da Ilha da Ajuda em direção ao continente e não guarde duas cópias do mesmo item copiável no seu Inventário. Como já discutimos neste capítulo, isso inclui todos os itens da sua Library.

2. As subpastas são suas amigas. Não deixe itens soltos em pastas principais do Inventário.

3. Não carregue coisas que você não usará no futuro próximo. Mande para a lixeira tudo que você provavelmente não usará e guarde coisas raramente usadas em prims de armazenamento. Guarde os prims de armazenamento fora do seu Inventário, exceto pelo prim único que contém itens não-replicáveis.

4. Faça uma cópia de segurança do seu Inventário. Coloque-a num prim de armazenamento externo ao seu Inventário ou copie pastas e itens para o Inventário de um personagem alternativo.

5. Lembre-se de esvaziar a lixeira ao concluir cada sessão do *SL*. Os itens na lixeira ocupam a mesma quantidade de espaço que ocupavam em suas pastas originais. Sempre há algum lixo a ser excluído ao fim de cada sessão. Se não houver, você só pode ser um gênio ou um desligado com relação ao gerenciamento do Inventário.

Acumular coisas que poderiam encher todo um museu é mais fácil do que você imagina. Uma grande parte da atividade no *SL* se concentra em volta da criação de novos objetos para o mundo virtual — o que não é de se surpreender, já que o mundo do *SL* foi quase todo construído por residentes. Sendo assim, o próximo capítulo trata da construção de coisas novas.

CAPÍTULO 7
CONSTRUINDO

Ao contrário de outros ambientes virtuais, quase tudo que se vê no *Second Life* é criado dentro do próprio metaverso — não pela empresa responsável pelo mundo virtual, mas pelos usuários. Você não precisa de muitos programas ou treinamentos especiais para construir coisas no *SL*, só de uma conta. Construir é fácil e divertido — é como brincar com blocos de Lego. Neste capítulo, falaremos de como esses simples blocos de construção podem ser usados para erguer tudo, de casas a veículos.

SUMÁRIO

CONCEITOS BÁSICOS 134
PRIMEIROS PASSOS 136
GERANDO SEU PRIMEIRO PRIM 136
EDITANDO SEU PRIM 137
USANDO A CÂMERA 143
LIGANDO PRIMS 144
USANDO A GRID 148
COLABORAÇÃO COM OUTROS RESIDENTES .. 150
ACESSÓRIOS 152
PAISAGENS 154
APLICAÇÃO DE TEXTURAS 155
UPLOAD DE TEXTURAS 160

CONCEITOS BÁSICOS

As seções a seguir apresentam a terminologia básica usada na construção do *Second Life*:

PRIMS

Nos gráficos em 3D do *Second Life*, um primitivo (ou prim) é um objeto geométrico básico de três dimensões. O termo "prim" se refere a uma unidade mínima de "matéria" que compõe todos os objetos do *Second Life*. Prims são blocos de construção irredutíveis no *SL* — os átomos indivisíveis de que são feitas as coisas do mundo virtual.

No *Second Life*, um prim pode ter as seguintes formas: caixa, cilindro, prisma, esfera, toro, tubo ou anel. Além desses, há dois outros tipos de objetos que não são feitos de primitivos: grama e árvores. Esses dois últimos obviamente não são formas básicas, mas são construídos no *Second Life*, portanto são tratados como prims.

OBJETOS

Objetos são grupos de prims individuais interligados. Os objetos podem conter uma quantidade de prims que vai de 1 a 255. Sim, isso quer dizer que um único prim pode muito bem ser um objeto.

MODELAGEM PARAMÉTRICA

Diferentemente da maioria dos programas que trabalham com tecnologia 3D, as ferramentas de construção do *SL* usam modelos paramétricos. A modelagem paramétrica reduz a quantidade de dados transmitidos entre seu computador e o servidor do *SL* porque descreve os objetos usando alguns parâmetros simples em vez de descrever explicitamente cada parte de cada objeto, como acontece com outras técnicas de modelagem.

Os prims no *SL* existem como uma forma bidimensional moldada ao longo de um caminho. O que isso significa? Pense num quadrado: ele tem uma forma bidimensional, que existe numa superfície plana. Imagine que você pode esticar esse formato para cima, para a terceira dimensão, formando primeiramente uma caixa achatada, depois um cubo, depois uma coluna mais alta. É isso que a modelagem paramétrica faz.

MODELOS

No mundo dos gráficos 3D, um modelo é a representação 3D de um objeto, independentemente de ele representar ou não algo existente no mundo real. Modelos são construídos a partir de vários polígonos bidimensionais agrupados.

Os prims no *Second Life* são modelos, mas não são muito complexos. No entanto, sua simplicidade é o que permite tamanha flexibilidade durante o uso dos construtores.

Os tipos de prim usados na grama e nas árvores são exemplos de modelos 3D mais complexos. Como mencionamos antes, eles não são primitivos no sentido clássico de gráficos 3D, mas tratados como outros prims dentro do *Second Life*. Outro exemplo é o modelo do avatar, mas você não pode usá-lo como pode usar um prim. Esses modelos mais complexos foram introduzidos para possibilitar os tipos de construções apreciados pelos residentes do *Second Life*. Sem eles, o mundo teria um aspecto muito mais sintético e menos orgânico.

REDES

O termo "rede" vem do padrão de triângulos que geralmente compreendem um modelo 3D. Por exemplo, o objeto do avatar no *SL* é uma rede. (Nesse caso, são primitivos do *SL*, mas no mundo virtual os designers usam a palavra *prim* para todos os prims).

CRIAR OBJETOS

Em inglês, usa-se o termo "rez" para designar a criação de um prim ou objeto. O termo faz referência ao filme *Tron*, lançado pela Disney em 1982, no qual os habitantes antropomórficos de um computador são forçados a disputar jogos eletrônicos até "de-rez", ou seja: morrer, ou "o contrário de rez".

PRIMEIROS PASSOS

Se você estiver acostumado com outros softwares de modelagem 3D, ajustar-se ao sistema do *Second Life* pode levar uns minutos. É um pouco diferente. Não há a função de importar redes. Tudo dentro do *Second Life* é feito a partir de primitivos, que podem ser deformados livremente, assim como acontece com softwares profissionais 3D, como o Maya ou o LightWave. A diferença, como dissemos antes, é que esses limites permitem que os dados dos objetos sejam transferidos do servidor de maneira bastante rápida — simplesmente porque não há muitos dados para o envio.

Se você nunca usou softwares de gráficos ou de modelagem antes, tudo bem. A maioria dos residentes aprende a lidar com as ferramentas do *Second Life* bem rapidamente. Mas não desanime se não conseguir dominar tudo no início. Alguns novos construtores precisam tentar vários métodos antes de descobrir o que funciona para si. Se você sentir que ainda precisa de orientação após ler este capítulo, experimente freqüentar uma aula de construção.

GERANDO SEU PRIMEIRO PRIM

Primeiro, clique com o botão direito do mouse no chão ou em outro objeto (mas não no céu nem num avatar!).

Ao clicar com o botão direito, você verá um menu circular, de onde se pode selecionar a opção Criar (figura 7.1). Isso abrirá a janela de ferramentas de construção (que também pode ser aberta se você pressionar a tecla B). Essa janela será usada para criar e editar objetos. Ela também colocará você no modo Criar. Agora tudo que você precisa fazer é escolher o tipo de prim a ser criado, clicar na posição desejada para ele e *voilà!*: você acaba de criar um prim (figura 7.2).

Figura 7.1: O menu circular aparece quando você clica num objeto.

Figura 7.2: A aba Criar, na janela Construir.

EDITANDO SEU PRIM

Você pode editar um prim logo depois de criá-lo. Durante a criação, você automaticamente será levado para o modo Editar. Se desativar a seleção do prim depois de criá-lo, basta clicar nele novamente durante o modo Editar para voltar a alterá-lo. Se sua janela Construir também tiver fechada, clique com o botão direito do mouse ou clique ao mesmo tempo em que pressiona a tecla Ctrl no seu objeto e selecione Editar; você voltará para a edição do objeto.

MANIPULADORES DO OBJETO

O jeito mais simples e flexível de manipular seus prims e objetos é através do uso dos manipuladores, que servem justamente para isso: manipular os objetos. Ao editar um, você verá vários cones e triângulos vermelhos, verdes e azuis anexos a ele. São os manipuladores, codificados em cores de acordo com os seguintes eixos e direções do mundo real:

- **X**: leste-oeste (vermelho)
- **Y**: norte-sul (verde)
- **Z**: cima-baixo (azul)

Quando passar o cursor do mouse sobre um manipulador, ele ativará um brilho. Isso é sinal de que você pode selecioná-la. Pode-se clicar nele e movê-lo para os lados. Dependendo do manipulador escolhido, os efeitos serão diferentes.

MANIPULADORES DE MOVIMENTO

No modo normal Editar, você verá os manipuladores de movimento. Essas três linhas interseccionadas permitem arrastar o objeto por um determinado eixo. Esse eixo pode ser relativo ao resto do mundo ou ao objeto em si. Os planos triangulares permitem mover um objeto em dois eixos simultaneamente, e ele é tratado como se possuísse eixos em planos tridimensionais.

MANIPULADORES DE ROTAÇÃO

Ao manter a tecla Ctrl pressionada, você entra no modo Rotação, que substitui os manipuladores de objetos com uma esfera dentro de três círculos. Ao clicar e arrastá-la, você manipula a rotação do objeto nas três

dimensões simultaneamente, enquanto clicar e arrastar um dos círculos roda o objeto somente naquele determinado eixo.

MANIPULADORES DE EXPANSÃO

Ao manter pressionadas as teclas Ctrl e Shift, você entra no modo de Expansão. Um manipulador branco aparece nas oito arestas do seu objeto, assim como um outro, colorido, em cada um dos seis lados. (Lembre-se: mesmo que seu objeto não seja um cubo, as ferramentas de edição o tratarão como uma caixa.) Ao clicar e arrastar os manipuladores laterais, você expandirá todo o objeto pelo eixo associado, alargando-o ou estreitando-o, fazendo-o ficar mais alto ou mais baixo. Ao clicar e arrastar os manipuladores das arestas, você expandirá todo o objeto de maneira proporcional.

Se deixar marcada a caixa Expandir Todos os Lados, no modo Editar da janela Construir, seu objeto continuará em um local; arrastar um manipulador só fará com que o objeto seja escalado como se fosse manuseado tanto pelo manipulador selecionado por você quanto pelo manipulador do lado oposto.

No caso de objetos ligados, você não poderá expandir o objeto em algum eixo, mas poderá escalá-lo e expandir prims individuais no objeto.

JANELA CONSTRUIR

Agora que está editando seu prim, você ampliará a janela Construir clicando no botão Mais, para acessar as outras opções de edição. Essas opções são o que há de mais importante nas ferramentas de construção.

ABA GERAL

A aba Geral (figura 7.3) contém as seguintes opções:

Nome: é uma boa idéia nomear seus objetos de acordo com o que eles são. Assim, você pode identificá-los facilmente no Inventário. "Porta da frente" e "Telhado" são nomes aceitáveis, mas você pode ser mais descritivo. Por exemplo, com o nome "Casa de alvenaria — porta vermelha" você saberá tanto a natureza do objeto quanto o projeto ao qual ele pertence. Além disso, pesquisar num Inventário cheio de coisas nomeadas como "Objeto" não é nada divertido!

Descrição: você pode guardar informações adicionais sobre seus objetos neste campo. Não há como pesquisar descrições de objetos no Inventário, mas o campo Descrição permite a você obter informações mais específicas sobre um objeto.

Criador: a conta usada para a criação do prim. Independentemente do quanto você modificar o prim, ele ainda terá o nome do criador original nesse campo. Num objeto ligado, somente o criador do prim-raiz aparecerá como tal.

Dono: quem é o atual dono desse objeto? Lembre-se: o dono atual do objeto geralmente não é o criador.

Grupo: Isso não tem a ver com objetos ligados, mas com o grupo de residentes para o qual um objeto é disponibilizado. Por padrão, o grupo é aquele a qual pertencia o dono do objeto no momento da criação. Para alterar o grupo, clique no botão Definir e escolha um dos seus grupos. Essa forma é bastante útil para filtrar objetos na sua terra. Se apenas os membros de determinado grupo podem guardar prims ali, você não precisará se preocupar com outras pessoas deixando prims na sua terra.

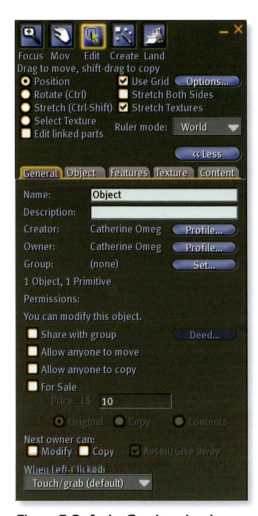

Figura 7.3: A aba Geral, na janela Construir.

ABA OBJETO

O lado esquerdo da aba Objeto é sempre o mesmo. A metade direita da aba se altera de acordo com o tipo de prim editado. Diferentes primitivos usam parâmetros diferentes.

Bloqueado: você pode bloquear seus objetos no local dentro da região, evitando que alguém com permissões de modificação reposicione ou edite os objetos. A opção Selecionar Somente Objetos Móveis, no menu Ferramentas, permite que você selecione um grupo de prims sem escolher objetos bloqueados. Isso pode ser útil para garantir que você não ligará os prims errados.

Físico: isso modifica a maneira como seu objeto vai interagir com a física do *Second Life*. Deixar um objeto físico permite que ele seja chutado (como uma bola), jogado de prédios e assim por diante. Objetos físicos têm sua utilidade, mas você não precisará deles com freqüência (o que é bom, já que eles geram lentidão). No entanto, podem ser legais para brincadeiras!

Temporário: ativar essa opção e então recriar o objeto fará com que ele desapareça depois de aproximadamente sessenta segundos. Isso não é muito útil para a construção, mas é um bom recurso para programadores.

Fantasma: essa configuração permite que você defina se objetos físicos ou avatares poderão penetrar o prim. Um objeto fantasma pode ser atravessado por uma pessoa ou por outro objeto, como uma bola, por exemplo. Quando você liga prims fantasmas, o objeto resultante assumirá as propriedades do prim-raiz. Se esse prim for fantasma, todo o objeto também será.

Posição: objetos dentro de uma certa região podem ser posicionados em qualquer lugar entre os valores 0 e 255 nos eixos X e Y, e até 512m no eixo Z.

Tamanho: Os prims no *Second Life* podem ter um tamanho máximo de 10m e mínimo de 0,01m (1cm) em qualquer eixo. Embora muitos construtores considerem os valores como restritivos, o limite de 10m garante que os prims não avancem para outras regiões.

Rotação: os objetos podem ser rodados entre os valores 0 e 360 graus, em qualquer um dos três eixos. Os prims podem ser rodados em eixos múltiplos e manterão sua rotação quando ressurgirem do Inventário.

Material: a configuração Material permite que você alterne entre as partículas de colisão e os sons que você ouve quando um avatar bate num objeto. Você pode escolher uma das várias configurações — Rocha, Metal, Vinho, Madeira, Carne, Plástico e Borracha. Cada uma tem suas propriedades exclusivas de colisão.

ABA RECURSOS

A aba Recursos (figura 7.4) combina o controle de dois recursos especiais de edição: Caminho Flexível e Iluminação. Com eles, você pode obter alguns dos efeitos mais impressionantes e realistas do *Second Life*.

CAMINHO FLEXÍVEL

Prims flexíveis, popularmente conhecidos como *flexiprims*, têm efeito único para o cliente. Isso significa que eles não parecem flexíveis da perspectiva do servidor, já que não interagem com nada dele. É claro que todo mundo verá os flexiprims como flexíveis, mas não necessariamente na mesma posição (figura 7.5).

Como eles descrevem um tipo de comportamento e não uma mera informação de forma ou cor, os efeitos das configurações de caminho flexível não são facilmente documentados. Em vez disso, necessitam de um pouco de experimentação para se entender o que acontece. Não fique frustrado se a coisa não fizer muito sentido no começo.

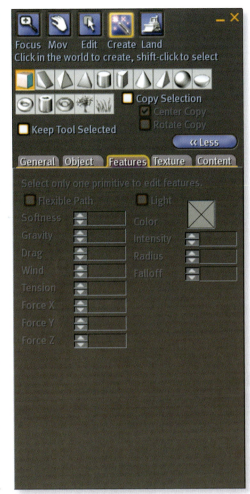

Figura 7.4: A aba Recursos.

Figura 7.5: Prims flexíveis.

> *"Os flexiprims me permitiram dar um significado totalmente diferente às roupas, tanto do ponto de vista criativo quanto do ponto de vista de usabilidade dos meus clientes. Eles permitem que as bainhas flutuem e, com suas várias configurações físicas, eu posso simular tanto materiais pesados quanto os mais leves, como chiffon e seda.*
>
> *Uso flexiprims para tudo, desde fitas em bainhas ou laços de vestidos até ondulações em blusas; uso também como drapeados em todas as saias e vestidos que faço. Fiz até mesmo capuzes flexíveis e tecido retalhado em combinações. Uso os flexiprims sempre que os componentes equivalentes na vida real incluiriam materiais soltos, pendurados, cobertos ou dobrados."*
>
> — Ginny Talamasca

ILUMINAÇÃO

O *Second Life* possibilita a iluminação emissiva em OpenGL. O que isso significa? Simples: você pode definir um objeto como fonte de luz e iluminar os outros objetos em volta.

Você pode ter até oito fontes de luz por cena. O visualizador no *Second Life* absorverá somente as que estiverem mais próximas ao seu avatar. Use as fontes de luz com moderação, já que as luzes irão tremer quando entrarem e saírem do campo de visão. Efeitos luminosos podem ser controlados com as seguintes opções:

- **Cor:** a cor da luz emitida pelo seu prim.
- **Intensidade:** a capacidade de brilho da sua luz, de 0.0 a 1.0.
- **Raio:** o raio dos efeitos de sua luz.
- **Declínio:** a maneira com que o alcance da sua fonte de luz cessa.

ABA TEXTURA

A aba Textura permite que você defina a cor, a textura e o brilho de um objeto. Discutiremos técnicas avançadas de aplicação de texturas ainda neste capítulo.

ABA CONTEÚDO

No capítulo anterior, você aprendeu coisas sobre o Inventário do seu avatar. Assim como os avatares, os objetos têm inventários, onde você pode colocar quaisquer itens. Colocar coisas no inventário de um objeto geralmente é mais útil quando você lida com scripts, mas falaremos mais sobre isso no capítulo 8.

DUPLICANDO PRIMS

Você pode duplicar um objeto editando-o e usando o comando Ctrl + D. Se você não tiver permissão de cópia para o objeto, não poderá duplicá-lo.

EXCLUINDO PRIMS

Você pode excluir múltiplos prims selecionando-os e pressionando a tecla "Delete" no seu teclado, mas não há como desfazer uma exclusão. Prims excluídos são apagados permanentemente do servidor, então tenha cuidado ao excluir mais de um prim de uma única vez.

USANDO A CÂMERA

A câmera do *Second Life* é muito mais adaptável do que as câmeras encontradas na maioria dos jogos ou softwares de edição 3D. Com algumas poucas teclas e seu mouse, você pode reposicioná-la em qualquer lugar, obter qualquer nível de zoom ou detalhes e fazer uma rotação na cena a uma distância de centenas de metros.

A maneira mais fácil de usar a câmera é com o mouse e com os comandos a seguir.

- **Zoom:** Alt + clique com botão esquerdo
- **Órbita:** Ctrl + Alt + clique com botão esquerdo
- **Panorama:** Ctrl + Shift + Alt + clique com o botão esquerdo

No modo Foco (que pode ser acessado a partir do menu Ferramentas), a câmera age enquanto a tecla Alt estiver pressionada. Você pode clicar nos objetos para aplicar o zoom; pressione Ctrl e clique para girar ao redor e pressione Ctrl + Shift e clique para obter o panorama (figura 7.6).

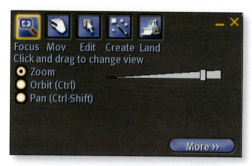

Figura 7.6: O modo Foco, na janela Construir.

QUADRO — O RESIDENTE FALA
APRENDENDO A USAR A CÂMERA

"É absolutamente necessário aprender e entender o uso da câmera quando se quer construir. Depois que alguém aprende a usar a câmera como auxílio na construção, verá que quase todos os problemas desaparecem. A frustração reduz e a imaginação vai a mil.

Muitos parecem saber usar a câmera depois de receberem algumas lições, mas a maioria pula essas lições na Ilha da Orientação."

— Mera Pixel

CAPÍTULO 7 — LIGANDO PRIMS

Você pode ligar múltiplos prims em um único objeto. Isso permite mover e manipular o objeto mesclado de maneira simples.

Para ligar um grupo de prims, basta selecionar todos os prims que você deseja ligar. Clique neles individualmente enquanto estiver pressionando a tecla Shift, ou clique no chão ou no céu no modo Editar e abra uma caixa que envolva todos os prims que deverão ser ligados (figura 7.7).

Você pode ter alguns problemas ao selecionar ou ligar prims por alguns dos seguintes motivos:

- Você pode ter selecionado prims de outras pessoas juntos com os seus. Experimente marcar a opção Selecionar Somente Meus Obje-

Figura 7.7: Múltiplos prims juntos numa caixa de seleção.

tos, no menu Ferramentas, ou manipule o panorama da sua câmera para obter um ângulo melhor.

- Você pode ter perdido alguns dos seus prims se estiver selecionando-os individualmente com a opção Shift + Seleção em vez de selecioná-los através de uma caixa de seleção aberta em volta de todos.

- Se você já tiver diversos prims selecionados, pode ter que pressionar a tecla Shift ao clicar no próximo prim.

- Você pode ter tentado ligar prims demasiadamente afastados uns dos outros. Além de uma certa distância (que varia de acordo com o tamanho dos prims envolvidos), os prims não podem ser ligados. Isso significa que você pode ligar dois prims grandes a uma distância maior do que a que se aplicaria se os prims fossem muito pequenos — a distância máxima também é proporcional ao tamanho do prim.

Depois de selecionar todos os prims desejados, ligue-os selecionando a opção Ligar no menu Ferramentas, ou usando o comando Ctrl + L no teclado (figura 7.8).

Viu como o destaque mudou na sua coleção de prims? Isso significa que ela

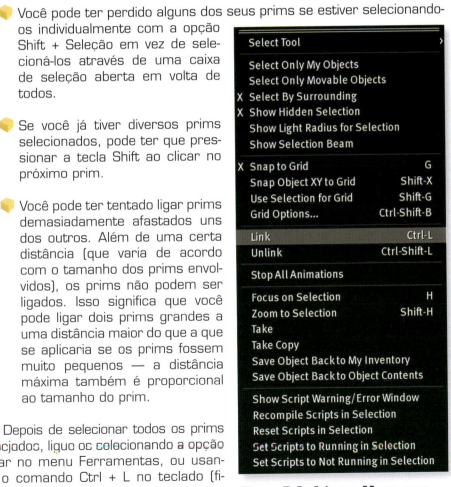

Figura 7.8: A barra Menu, com o menu Ferramentas aberto e a opção Ligar selecionada.

agora é um objeto ligado. O último prim selecionado por você está destacado em amarelo, indicando sua condição de prim-raiz. Os prims destacados em branco são chamados de prims filhos. Todos agora compõem o mesmo objeto. Ao desfazer a seleção do objeto e selecioná-lo novamente, você verá que todos os prims ainda estão destacados em branco e amarelo. É possível mover o objeto inteiro como se ele fosse um único prim (figura 7.9).

Figura 7.9: Comparação do halo de seleção em prims ligados e não ligados.

INFORMAÇÃO ADICIONAL
DESLIGANDO OBJETOS

Fique atento! Se você tentar desligar um objeto físico, os prims que compõem o objeto continuarão físicos após o desligamento. Se isso acontecer, os prims podem explodir em todas as direções quando você tirar a seleção deles. Certifique-se de desmarcar a caixa Físico (na aba Objeto, da janela Construir) antes de fazer o desligamento.

Para remover um único prim de um objeto ligado, faça o seguinte:

1. Selecione o objeto.

2. Desligue-o como foi descrito aqui, mas mantenha selecionado o grupo de prims desligados.

3. Com a tecla Shift pressionada, clique no prim que você deseja remover do grupo; isso removerá a seleção do prim.

4. Religue os prims selecionados. Eles serão ligados na mesma ordem de antes, à exceção do prim que você acabou de remover. Você agora pode mover o objeto religado e o prim extra de maneira independente. Também pode desligar vários prims ao mesmo tempo clicando em mais de um prim na etapa 3.

TRABALHANDO COM OBJETOS LIGADOS

Posicionar e rodar um objeto funciona sempre da mesma maneira, independentemente de quantos prims o objeto contenha. No entanto, escalar objetos ligados é um pouco diferente do que escalar um prim comum. Edite o objeto e arraste os manipuladores para deixá-lo maior e menor. Você poderá escalar o objeto inteiro proporcionalmente, mas não poderá expandi-lo no eixo X, Y ou Z.

NOTA — INFORMAÇÃO ADICIONAL

ENCOLHENDO UM PRIM NUM OBJETO LIGADO

Você não poderá encolher um prim num objeto ligado a um tamanho menor que o mínimo permitido, de 1cm, em qualquer eixo. Isso significa que um objeto mais complexo pode não ter um tamanho tão pequeno quanto o desejado. Tente desligar aquele único prim para reposicioná-lo e escalá-lo individualmente.

Infelizmente, não há como escalar um objeto ligado sem o uso do mouse. Você não pode simplesmente digitar a nova escala, assim como acontece com um prim individual.

Quando a caixa Expandir Todos os Lados estiver selecionada, você pode escalar o objeto no local: ele aumentará ou reduzirá de tamanho nas três dimensões. Mesmo com esse nome de função, você não poderá expandir para os eixos X, Y ou Z. Você só pode aumentar ou reduzir objetos ligados (figura 7.10).

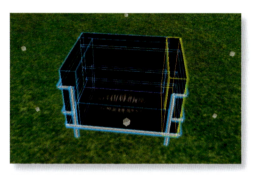

Figura 7.10: Escalando um objeto ligado.

ADICIONANDO PRIMS A UM OBJETO LIGADO

Os prims e objetos ligados podem ser unidos a um objeto existente assim como um grupo de prims individuais podem ser ligados. Basta selecionar os prims ou objetos ligados e clicar em Ferramentas > Ligar no menu, ou usar o comando Ctrl + L.

Lembre-se de que o último prim selecionado se tornará o prim-raiz no novo objeto ligado. Se o último objeto selecionado tiver sido um objeto ligado, o prim-raiz do objeto também se tornará o prim-raiz do novo objeto ligado.

TRABALHANDO COM PRIMS INDIVIDUAIS NUM OBJETO LIGADO

Você pode querer manipular prims individuais dentro de um objeto ligado. Para fazer isso, marque a caixa Editar Partes Ligadas no modo Editar, da janela Construir. Assim você poderá editar cada prim num objeto ligado como se ele fosse um prim individual, sem ter que desligá-lo primeiro (figura 7.11).

Figura 7.11: A caixa Editar Partes Ligadas.

Lembre-se de que todo prim no seu objeto ligado ainda é um prim separado. Ele tem seus próprios parâmetros e propriedades, assim como seu inventário. Ao editar prims individuais num objeto ligado, tenha em mente que seus prims ainda terão os limites dos objetos ligados. Você não poderá escalar ou reposicionar um prim além dos limites com os quais você trabalha normalmente (figura 7.12).

Figura 7.12: Escalando um prim único dentro de um objeto ligado.

USANDO A GRID

Os Lindens usam o termo *grid* para descrever tudo que há no *Second Life* (ou, como alternativa, as grids Principal e Teen) porque as diferentes regiões que compõem o mapa formam um padrão de grids. Em termos de construção, a grid é uma ferramenta de alinhamento que permite posicionar mais facilmente os prims de uma região. Cada uma delas é um quadrado de 256m por 256m. (Claro que há uma terceira dimensão com centenas de metros para cima, mas o *SL* segue o mapa bidimensional).

Às vezes você poderá ter a sensação de que o comando Pôr na Grid não funciona tão bem conforme você se afasta do ponto original da região, <0,0,0>. Ao usar o comando Pôr na Grid quando estiver no ar ou em direção ao canto nordeste da região, você ainda verá os prims demarcados, mas eles não mais estarão alinhados precisamente. Quando se lida com decimais (quando construímos, por exemplo), quanto maior o número, menos preciso ele é. A razão disso está na maneira como o *Second Life* guarda os dados de posicionamento dos prims.

Isso não parece grande coisa em termos práticos, mas alguns construtores se frustram. Se você realmente tiver uma obsessão pelo seu posicionamento na grid, tente limitar suas construções mais precisas a locais próximos do ponto de origem da região, seu canto sudeste.

PONDO NA GRID

O recurso Usar Grid permite que você alinhe facilmente seus objetos em determinados pontos. Trata-se de uma ferramenta prática, já que permite que os construtores criem e dupliquem objetos facilmente, sem ter que alinhar os prims — eles caem no lugar automaticamente.

Figura 7.13: A janela Opções da Grid.

Para ativar a grid, selecione a caixa Usar Grid, no modo Editar da janela Construir (ela deve estar selecionada automaticamente). Ao clicar no botão Opções, próximo a ela, você pode abrir o menu de Opções da Grid (figura 7.13), no qual você pode alterar várias propriedades da grid:

Unidade da Grid (metros). Definir a unidade da grid permite que você coloque os objetos numa grid menor. Em construções grandes, como casas, vários construtores optam por uma linha de grid a cada 0,25m ou 0,125m. Isso permite que você arraste prims ao lugar adequado com facilidade, tendo a flexibilidade de alinhamento dos prims a 0,25m com precisão. Como as medidas no *Second Life* usam o sistema métrico, alguns construtores optam pela grid de 0,1m. Você decide o que é melhor.

Extensão da Grid (metros). Essa opção define a que distância do centro do objeto a grid aparece. Alterar o padrão de 12m geralmente é desnecessário.

Ativar Colocação em Subunidade. Marque essa caixa para obter divisões menores na grid quando a câmera estiver com zoom aplicado. O recurso depende muito da câmera e da posição de um objeto na região, podendo não fazer a divisão com precisão. Para melhores resultados, use a Colocação em Subunidade apenas quando estiver editando objetos próximos ao local onde a região se origina.

Opacidade da Grid. Esse ponteiro permite que você defina a transparência da grid mostrada quando você move, roda ou escala um prim ou objeto. Lembre-se: você poderá ver a grid somente quando estiver lidando com um objeto através dos manipuladores. A maioria dos construtores prefere uma opacidade baixa ou média.

Para trabalhos detalhados (principalmente objetos pequenos, como utensílios), o recurso Usar Grid se torna desvantajoso. Quando ele se tornar um obstáculo, é só desativá-lo.

COLABORAÇÃO COM OUTROS RESIDENTES

Uma das melhores características do *Second Life* é a forma como ele permite que você colabore com outros residentes. Juntos, vocês podem trabalhar em projetos maiores e mais complexos, contar com as forças alheias para construir e fazer coisas que talvez não fossem possíveis quando se trabalha sozinho. No entanto, colaborar com outros residentes pode ser difícil, e não apenas quando há um relacionamento envolvido.

Há quatro opções para construção colaborativa. Esta seção discute as vantagens e desvantagens de cada uma.

DIREITOS DE MODIFICAÇÃO

A melhor maneira de se construir em colaboração é ceder a outro residente os direitos de modificação dos seus objetos. Basicamente, você permitirá que o outro residente edite todos os seus objetos. Para ceder tais direitos a alguém, você deve primeiro ter essa pessoa na sua lista de Amigos. Não basta ter o cartão de visita; o nome do residente deve estar na janela Amigos. Para abri-la, selecione Amigos na barra de ferramentas (se você tiver desativado a barra, ative-a em Visualizar > Barra de ferramentas) ou pelo comando Ctrl + Shift + F.

Se quiser ceder a alguém a permissão para editar seus objetos, selecione o nome dessa pessoa na sua lista de Amigos e escolha Ceder Direitos de Modificação. Você verá uma caixa de diálogo pedindo confirmação; após clicar em Sim, você verá as palavras "direitos cedidos" próximas ao nome do residente, na lista de Amigos.

Depois de ceder direitos de modificação a alguém, esse residente poderá editar qualquer uma de suas coisas, em qualquer lugar do mundo. Se você não confia no residente com relação a tudo que é seu, pense em colaborar com ele usando uma conta alternativa.

Para *revogar* os direitos de modificação, selecione o nome da pessoa na sua lista de Amigos e clique em Remover Direitos de Modificação. Ao remover alguém da sua lista de Amigos, você revogará os direitos de modificação automaticamente.

Ao receber os direitos de modificação, a outra pessoa receberá a mensagem "você recebeu o privilégio de modificar os objetos de [nome do seu avatar]".

Depois da mensagem inicial, no entanto, só é possível saber se alguém cedeu direitos de modificação a *você* tentando modificar os objetos do residente envolvido.

TERRA DO GRUPO

Ao construir com outras pessoas, pode ser uma boa idéia formar um grupo e atribuir terras a ele. Definindo então todos os objetos como pertencentes ao mesmo grupo, qualquer membro poderá editar os objetos; você pode devolver objetos particulares ou mesmo proibir que os objetos de outras pessoas existam na terra do seu grupo. Atribuir terras a grupos também permite que se ganhe 10% a mais em terreno.

A Terra do Grupo permite que você colabore com outros usuários em construções grandes, mas para ligar seus objetos em conjunto você precisará transferir a propriedade a uma pessoa e fazer com que ela ligue os objetos. Para tanto, você precisa mexer com as permissões de bens, que exploramos a seguir.

PERMISSÕES DE BENS

As Permissões de Bens são definidas na aba Geral, da janela Construir. Elas definem a maneira como futuros donos do objeto (ou cópias desse objeto) poderão usá-lo. As permissões são relativamente fáceis de usar. Ao colaborar com outros construtores, certifique-se de que as permissões são cedidas em todos os prims, texturas e itens de Inventário. Caso contrário, seus companheiros não poderão fazer as ligações.

TRANSFERÊNCIA EM GRUPO

Ceder um objeto transfere sua propriedade a um grupo — o que significa que um objeto codificado pode não funcionar adequadamente. Vários scripts dependem da propriedade de um único dono. Esses scripts terão variadas falhas no caso de transferência a um grupo. Também é um processo imperfeito. No geral, é melhor não transferir os objetos para um grupo em si, mas ceder permissões de modificação a cada membro do grupo. Isso permite que a taxa de transferência seja mínima e também facilita o controle das permissões dos seus prims.

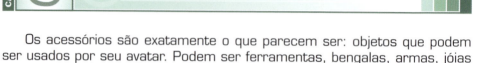

ACESSÓRIOS

Os acessórios são exatamente o que parecem ser: objetos que podem ser usados por seu avatar. Podem ser ferramentas, bengalas, armas, jóias e até mesmo cabelos e sapatos.

Diferentemente dos prims normais, os acessórios são sempre fantasmas, não importa sua finalidade. Isso significa que eles irão cruzar seu avatar e quaisquer objetos que não estiverem em você. Podem haver alguns problemas quando se fizer acessórios que tiverem possibilidade de se cruzar. Então você precisará sempre trabalhar com os limites. Você verá uma quantidade maior de avatares com cabelos de prim mais curtos do que com cabelos compridos por essa razão — o cabelo longo freqüentemente entra nas costas e fica estranho.

FAZENDO ACESSÓRIOS

Na maior parte do tempo, você trabalhará com prims pequenos, pelo menos em comparação aos prims que você usa ao construir casas ou castelos. Como o *Second Life* não permite que se faça um prim menor que 1cm em qualquer dimensão, você precisará usar as ferramentas Recortar e Cavar com freqüência. A função Recortar permite que você tire um pedaço do seu prim, como cortar um pedaço de uma torta. A função Cavar é limitada ao prim de esfera e permite que você crie uma cavidade no topo da mesma.

Deixar seu avatar parado é muito importante enquanto você estiver trabalhando com acessórios. No geral, seu avatar fica se mexendo pelo menos um pouco, e mesmo os movimentos pequenos podem dificultar o posicionamento correto dos acessórios.

Uma boa ferramenta para imobilizar seu avatar é o Pedestal Tipo R, de Rickard Roentgen, disponível em sua loja, localizada na região da Midnigth City. Ele permite que você deixe os braços e as pernas do seu avatar na posição parada para que então possa construir e editar acessórios sem ter que se preocupar com a mudança de posição do seu avatar.

Ao trabalhar com objetos pequenos, como brincos ou outras jóias, você poderá ter a sensação de que os objetos se "enterram" no avatar. Você pode resolver isso de algumas formas. A melhor maneira é ligar os prims do seu acessório; depois adicionar um prim maior (não muito maior; um cubo de 0,125m deve ser suficiente) ao objeto existente como prim filho. Certificando-se de que o prim maior não é a raiz do objeto ligado resultante, você pode usar o prim maior como um manipulador temporário e excluí-lo posteriormente, sem se preocupar com o fato de estar excluindo o prim que determina a posição do objeto. Isso permitirá que você anexe o objeto ao seu avatar e mova-o através do prim "manipulador". Depois de alcançar a posição desejada, desanexe o acessório, crie-o no chão, desligue o manipulador do restante do acessório, leve o objeto até seu inventário e vista-o novamente. Ele será anexado ao seu ponto original, na posição correta.

Outra opção é usar o modo Debug para desligar temporariamente a presença do avatar no seu computador. Você poderá aplicar o zoom e editar seus acessórios sem que seu avatar os bloqueie.

Para fazer isso, certifique-se de que as opções de Client e Servidor no menu estão disponíveis à direita do menu Ajuda, na parte superior da sua janela. Se elas não estiverem funcionando, ative o modo Debug com o comando Ctrl+Shift+Alt+D. Em seguida, selecione Client > Geração > Tipos > Personagem. Depois de posicionar seu acessório fora do corpo de seu avatar, você pode executar o avatar e ver os resultados.

O RESIDENTE FALA
O PRIM DOS UTENSÍLIOS CONTA

"Os acessórios podem ser construídos sem preocupação com a contagem dos prims. Claro que sempre haverá reclamões e resmungos de amantes do cabelo tosco, mas se o cliente usa o item, isso não entra na contagem de prims da terra. Mas ainda é possível evitar o uso de prims através das texturas."

— *Wynx Whiplash*

Você pode ter problemas com alguns pontos dos acessórios. Ao anexar um objeto, ele fica posicionado em relação ao esqueleto do seu avatar — sim, o avatar tem esqueleto! —, e não com relação à pele. Isso pode dar a impressão de que o acessório está flutuando através de seu avatar em vez de estar anexo a ele.

PAISAGENS

Há muito mais do que manipulação de prims na construção do *Second Life*. Vários residentes gostam de adicionar paisagens às suas criações. Você pode criar prims de plantas somente em terras que lhe pertencerem ou em terras de grupos dos quais você é membro, mas os resultados podem ser impressionantes.

Além dos primitivos comuns, o *Second Life* permite que você use vários modelos predefinidos de árvores como primitivos. Embora haja muitas opções, suas ações para criação de vida vegetal são de certa forma limitadas.

Na linguagem do *Second Life*, árvores são plantas afetadas pelo vento, ao passo que a grama é um modelo complexo de ramos individuais que aderem ao solo. Um prim de grama sempre ficará no nível do solo, mesmo que você tente posicioná-lo num local muito alto.

Ainda que pareçam ser grama, a Grama de Praia e a Erva Marinha são classificadas como prims de "árvores" e se movem com a brisa. Não se confunda com os nomes!

O tipo e a dimensão específica de um modelo de grama ou árvore são escolhidos aleatoriamente, quando você cria um novo item. Isso é para dar a impressão de aleatoriedade, mas pode gerar florestas estranhas se você escolher manter a criação sem alterações. A variedade de árvores disponibilizada vai de palmeiras a pinheiros cobertos de neve. Por sorte, todos os modelos de planta existem na pasta Library do seu Inventário, em Library > Objetos > Árvores, Plantas e Grama.

Criar uma árvore com as ferramentas de construção faz com que ela seja gerada com a base no nível do solo. Não importa que você a tenha criado no ar, a árvore mesmo assim aparecerá no chão. Para evitar isso, tente gerar árvores que já existam no seu Inventário — na pasta Library, por exemplo.

Para dar o efeito de uma cena mais natural, você poderá rodar e escalar as árvores se usar um grupo de árvores idênticas juntas. Introduzir uma leve variedade é o segredo. Ajuda a dar a ilusão de natureza.

Ao usar geradores de plantas com scripts, você pode pegar algumas árvores diferentes e outros objetos vegetais e automaticamente cobrir sua terra com folhagens da maneira que preferir.

APLICAÇÃO DE TEXTURAS

Criar primitivos sem texturas é o que em grande parte se considera "construção" no *Second Life*, mas para produzir conteúdos realmente impressionantes, você precisará delas. As texturas são arquivos comuns de imagem aplicados às superfícies dos objetos. Elas podem ter vários aspectos, desde padrões simples usados como papel de parede na sua casa virtual até roupas meticulosamente desenhadas à mão. Nessa seção, discutiremos como manipular texturas, assim como algumas idéias para que você crie seu próprio material.

Para começar, abra a aba Textura, na sua janela Construir (figura 7.14).

TEXTURA

Ao clicar na caixa Textura, você verá a caixa do Seletor de Texturas. Uma parte dele é um visualizador de texturas e outra parte é um filtro especial

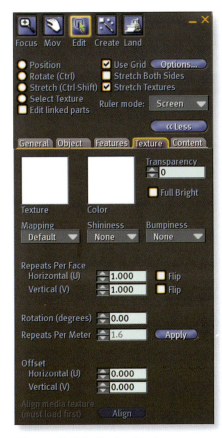

Figura 7.14: A aba Textura.

do Inventário. Esta parte funciona como seu Inventário normal, mas com um filtro aplicado que lhe permite ver todas as texturas e capturas de tela do seu Inventário, independentemente de onde se localizem. Você pode selecioná-las a partir do Inventário do Seletor de Texturas; elas aparecerão no visualizador do Seletor de Texturas.

Se o visualizador de texturas de 160 x 160px for muito pequeno, dê um duplo clique em qualquer textura do Inventário do Seletor de Texturas e abra a textura como se estivesse no seu Inventário normal.

Depois de ter selecionado a textura desejada, clique em Selecionar; se tiver marcado a caixa Aplicar Imediatamente, basta fechar a janela.

Outra ferramenta de seleção é o Conta-gotas. Ao clicar no ícone do Conta-gotas, o ponteiro do mouse muda e permite que você clique em qualquer textura ou objeto para os quais você tenha permissão de edição e copie a textura para o Seletor de Texturas. Assim, pode-se aplicar a textura que acabou de pegar às suas superfícies selecionadas (figura 7.15).

Figura 7.15: A janela do Seletor de Texturas, no modo Conta-gotas.

COR

Ao clicar na caixa Cor, você verá o Seletor de Cores. Ele permite selecionar a cor que se deseja aplicar às superfícies selecionadas.

Você verá duas áreas multicoloridas: o estreito Seletor de Cor/Tom à direita, e o grande quadrado do Seletor de Gradação/Saturação/Luminosidade à esquerda. Ao clicar e arrastar seu cursor a diferentes posições nessas áreas, você seleciona rapidamente uma cor. Outra opção é inserir manualmente os valores RGB (vermelho, verde e azul) que você tiver selecionado de softwares gráficos, como o Adobe Photoshop. Ao trabalhar com as texturas, pode ser que você já tenha algum esquema de cores em mente.

Se você tiver problemas ao escolher uma cor ou acertar o equilíbrio, experimente clicar em uma das muitas caixas prontas na parte inferior do Seletor de Cores. Fazer isso carregará automaticamente a cor selecionada e lhe dará um bom ponto de partida. Você também pode simplesmente clicar em Selecionar para fechar o Seletor de Cores e usar uma opção predefinida como sua nova cor.

Se quiser salvar alguma cor selecionada, clique na caixa Cor Atual e arraste-a aos quadros prontos na seção inferior da janela. As quatro caixas na parte inferior direita do Seletor de Cores estão vazias, mas você pode substituir qualquer cor pronta com suas cores personalizadas.

Depois de ter alterado suas caixas prontas, você não poderá ter as cores de novo sem reinstalar o **SL**; então, antes de substituir suas caixas, certifique-se de que nunca mais vai querer as cores das caixas de novo!

Assim como o Seletor de Texturas, o Seletor de Cores (figura 7.16) permite que você use o Conta-gotas. A única diferença dos Conta-gotas dos dois Seletores é que você não precisa de permissões de edição para selecionar cores dos objetos dos outros residentes. Isso pode ser especialmente prático quando se trabalha em colaboração.

Figura 7.16: A janela do **Seletor de Cores.**

TRANSPARÊNCIA

Ao definir a transparência de um prim, você pode facilmente produzir janelas translúcidas e efeitos para todos os tipos de objetos, de cachoeiras a lâmpadas, de cristais a garrafas. Usando as ferramentas da função Construir, você não pode aplicar uma transparência de mais de 90% a um objeto

— isso o tornaria muito difícil de ser encontrado. No entanto, você *pode* deixar o objeto totalmente invisível através de scripts, que são abordados no capítulo 8.

BRILHO TOTAL

Essa configuração permite que você declare uma superfície como imune a todos os efeitos de luzes e sombras. Ela aparecerá completamente sem tom, de todos os ângulos, e ficará brilhando durante a noite. Por causa disso, o Brilho Total pode ser um recurso útil quando se está fazendo coisas como sinais ou caixas numa loja. Lembre-se de que um prim de Brilho Total pode emitir luz se você escolher Luz na aba Recursos. Assim você pode criar coisas como lâmpadas ou sinais em néon — objetos emissores de luz completamente iluminados, como seriam no mundo real (figura 7.17).

Figura 7.17: Um cubo de Brilho Total próximo a um cubo normal.

ESPECIFICAÇÕES DE APLICAÇÃO DE TEXTURAS

Ao fazer mais do que objetos básicos, você provavelmente vai querer texturas diferentes para superfícies diferentes. Isso se faz mais facilmente a partir do uso da opção Selecionar Textura, na parte superior da aba Editar, no menu Construir.

Arrastar uma textura para fora do seu inventário, para a superfície de um prim, fará com que a textura seja aplicada somente àquela superfície. Para aplicá-la a todas as superfícies do prim de destino, pressione a tecla Shift ao soltar a textura. Por questões de segurança, não há como aplicar uma textura a todos os prims de um objeto dessa forma; o comando Desfazer não funciona quando se arrasta e solta texturas!

ROUPAS

As roupas no *Second Life* são criadas da mesma forma com que se aplica textura a um objeto normal: colocando-se uma imagem bidimensional em volta de um formato tridimensional. Diferentemente do que ocorre com as texturas normais, no entanto, você não pode simplesmente fazer upload de qualquer textura velha e querer que ela caia bem. Partes específicas de uma textura de roupa ou pele correspondem a locais no seu avatar. O processo de criação é chamado de mapeamento UV, e as texturas são usadas como mapas UV.

Como mencionamos antes, a modelagem 3D usa as coordenadas X, Y e Z para determinar a posição de um objeto. Os mapas UV têm esse nome porque adicionam duas outras dimensões: U e V. A dimensão U corresponde à direita/esquerda na imagem que envolve o modelo; a dimensão V corresponde à parte de cima/baixo na imagem.

A Linden Lab criou um conjunto de *templates* que você pode usar para fazer suas próprias texturas, mas a maioria dos designers usa modelos bem mais detalhados e precisos, criados por Chip Midnight ou Robin Wood.

O software mais popular para a criação de texturas é o Adobe Photoshop, embora muitas pessoas também usem o Paint Shop Pro, o Corel Photo-Paint da JASC/Corel ou os softwares gratuitos de edição gráfica GIMP. Usuários experientes podem até usar softwares de geração 3D como o LightWave ou o Maya para auxiliar na criação de roupas.

QUADRO — O RESIDENTE FALA

ESCOLHENDO AS FERRAMENTAS CERTAS PARA O TRABALHO

"Para fazer texturas, uso o Photoshop CS2 e o Eye Candy. O Photoshop é tudo para mim. Uso-o desde a versão 2 e é bem provável que eu só saiba usar a metade do que ele tem a oferecer, mas mesmo assim uso para tudo de que preciso. Principalmente porque gosto de peles e escalas no lugar do visual plano de um prim sem texturas. Também sou usuário do Adobe Illustrator, que utilizo em vários trabalhos detalhados."

— Wynx Whiplash

"Uso um sistema meio estranho, que combina o Photoshop CS2 e o LightWave, quando mexo com trabalhos em redes e prims. Utilizo objetos e mapas UV aplicados no LightWave para trabalhar com primitivos. Mas meu sistema é imperfeito. Tenho que fazer várias coisas no Photoshop para diminuir os remendos entre redes e prims."

— Ginny Talamasca

"Faço todas as minhas texturas no Corel Photo-Paint — acho que ele é uma ferramenta superior ao Photoshop, principalmente quando se lida com camadas e transparências em alfa a um custo bem inferior. Também acho que o software é muito mais intuitivo para se aprender a operar, principalmente para usuários novatos."

— Francis Chung

QUADRO — O RESIDENTE FALA:
QUEIMANDO EFEITOS LUMINOSOS NAS SUAS TEXTURAS

"Produzir efeitos realistas de luz e sombra em tempo real não é possível com os equipamentos de hoje. O processo chamado de acompanhamento de raios, que produz sombras realistas, é muito lento e praticamente anularia a diversão do Second Life. Para compensar, eu "queimo" sombras e luzes diretamente nas texturas de todas as minhas construções. Faço isso pintando as sombras e luzes ou usando ferramentas como o Maya para criar uma cena dramática. Se tenho um banco pronto, simplesmente desenho a sombra debaixo dele e o efeito visual geralmente é impressionante."

— Aimee Weber

UPLOAD DE TEXTURAS
CAPÍTULO 3

Para que suas texturas sejam usadas no *Second Life*, você precisará enviá-las do seu servidor para os servidores do mundo virtual. O *SL* aceita texturas nos formatos Targa (.TGA), Windows Bitmap (.BMP) e JPEG (.JPG/.JPEG). Se a textura que você quiser enviar estiver em outro formato, será preciso convertê-la antes.

As texturas são dimensionadas de acordo com a regra dos "pares". Para resultados ideais, as texturas devem ter 32, 64, 128, 256, 512 ou 1024 pixels de largura ou altura. Elas não precisam ser quadradas, mas a maioria é porque o quadrado é o melhor formato para a maioria das aplicações. Isso significa que você poderia ter uma textura de 512x256 pixels, por exemplo. Mas não se preocupe com a adaptação dos pixels a um prim! Você pode escalar uma textura para que ela se adapte a qualquer prim ou até mesmo mostrar uma pequena parte dela.

Por causa da regra dos "pares", uma imagem de 640x480 será automaticamente redimensionada para 512x512 no momento do upload. As texturas serão arredondadas para o número da regra mais próximo, acima ou abaixo, e podem parecer distorcidas quando visualizadas na janela de Upload de Textura ou colocadas num prim que não tenha as proporções da textura original.

O termo usado para descrever as proporções de uma imagem é *proporção do aspecto*. É a comparação entre largura e altura de uma imagem. Por exemplo, as televisões e os monitores normais têm uma proporção de aspecto de 4:3. Isso significa que a largura da imagem é 1,333 vezes maior que a altura.

Ao enviar uma textura de foto para compartilhá-la no tamanho de um cartaz com seus amigos, estique um prim para que ele tenha 4m de largura e 3m de altura e depois cole a textura na superfície. Independentemente da resolução da imagem, o *Second Life* escalará a textura para que ela apareça em sua resolução original.

JANELA DE UPLOAD DE TEXTURA

Para enviar uma textura, selecione Arquivo > Enviar Imagem. Isso abrirá um Seletor de Imagens do sistema operacional parecido com qualquer outra janela de Abrir Arquivo do seu computador. Você terá que pagar 10 Linden dólares para fazer o upload de uma textura. (Essa restrição é para inibir o envio excessivo de texturas aos servidores do *Second Life*). A janela contém as seguintes opções:

Nome: O nome da textura que aparecerá no seu inventário.

Descrição: O campo de descrição é útil para inclusão de informações adicionais sobre a textura, mas esta deve ser aberta para se visualizar a descrição.

Visualizar imagem como: O menu suspenso de visualização de imagem permite que você altere o modo de visualização, selecionando entre Imagem, Cabelo, Cabeça Feminina, Estrutura Feminina Superior, Estrutura Feminina Inferior, Cabeça Masculina, Estrutura Masculina Superior, Estrutura Masculina Inferior e Saia. Dependendo da sua opção, você verá uma imagem plana (no caso da opção Imagem) ou uma parte tridimensional do corpo com sua textura em volta dela.

Embora o *Second Life* use o mesmo modelo de avatar para ambos os sexos, as texturas de pele e roupas se adaptarão de maneira diferente às características do avatar. Se você estiver projetando uma peça de roupa a ser usada por um sexo específico, é bom estar certo de que a peça ficará bem em tal sexo.

Depois de ter certeza de que sua imagem está na forma desejada, pressione o botão Enviar. O envio da textura pode levar um minuto ou mais, dependendo do tráfego no *Second Life* no momento do upload.

Se a sua textura não tiver a aparência desejada quando chegar de fato no mundo do *Second Life*, não desanime. A maioria dos designers precisa enviar várias versões até ficarem totalmente satisfeitos.

CAPÍTULO 8

USANDO A LINGUAGEM DE SCRIPTS DA LINDEN

Chegou a hora de conhecer o funcionamento interno, mergulhando de cabeça no mundo da Linguagem de Scripts da Linden (a LSL). Ela permite que você adicione comportamentos e interatividade aos objetos pertencentes ao *Second Life*. "Fazer scripts" é só um sinônimo para "programar", então, ao saber mais sobre a LSL, você também aprenderá a programar. Mas não precisa ter medo: com esse capítulo e com os muitos recursos disponibilizados na internet e no *SL*, você logo pegará o jeito dos scripts. Não é preciso escrever scripts para se divertir no *SL*, mas acontece que os scripts são responsáveis por toda a magia do metaverso: seja nos veículos, nas armas, nas vendas ou nas solicitações de elementos através do protocolo HTTP.

Este capítulo leva você a criar seu primeiro script e trata da sintaxe da LSL e de recursos de linguagem mais avançados. Ele também ensina a maneira como scripts LSL podem interpretar o resto do mundo do *SL* e se comunicar com ele, e como a LSL pode aplicar forças físicas e mover objetos com scripts para sua tela na forma de anexos de exibição no campo de visão (HUD, *heads-up display*). Por último, abrange as muitas fontes disponíveis para o momento em que você quiser saber mais sobre o assunto.

SUMÁRIO

A ORIGEM DA LSL 164
SEU PRIMEIRO SCRIPT 164
APROFUNDANDO-SE NA LSL 167
RECURSOS AVANÇADOS DA LINGUAGEM ...178
CONEXÕES COM O MUNDO 183
FÍSICA E OUTROS 187
CONTROLES E MOSTRADORES 188
COMO SABER MAIS 190

A ORIGEM DA LSL

Bom, de onde veio a LSL? Quando o *Second Life* ainda se chamava *LindenWorld* e tinha pequenas aeronaves e globos oculares voando por aí no lugar de avatares, ainda não havia uma linguagem de scripts. O que acontecia era que todas as coisas geradas no mundo eram construídas através de criações e valores físicos estáticos. Graças a uma rígida dinâmica de corpos, os objetos no *Second Life* agiam de forma semelhante aos objetos do mundo real, colidindo entre si, caindo por causa da gravidade e assim por diante. Isso permitia que as criações fossem bem variadas, mas ainda faltava muita coisa.

Os aviões, por exemplo. Dentro de alguns anos (graças à Lei de Moore), poderemos simular um vôo em tempo real, resolvendo as várias equações complexas para modelar adequadamente as interações entre vôo, turbulência, fluxo de fluido, Princípio de Bernoulli, etc. No entanto, os computadores ainda não são capazes de fazer isso. Sendo assim, uma simulação completa não é a resposta. O que a LSL faz é oferecer aos residentes a possibilidade de criar conteúdos que não podem ser simulados atualmente no sistema físico do *SL*.

Tecnicamente, estamos lidando com a LSL2, já que a linguagem adicionada ao *LindenWorld* em agosto de 2002 era a LSL. No entanto, como são poucos os usuários que chegaram a construir usando a LSL original, a linguagem atual é chamada só de LSL. A linguagem de hoje é muito mais eficiente e fácil que a original, então fique feliz por não ter que lidar com a primeira versão!

SEU PRIMEIRO SCRIPT

Certo, então quer dizer que você está pronto pra dar o primeiro passo. Ótimo! Abra o *Second Life* e vá para algum lugar que lhe permita construir, como uma Sandbox, ou uma terra de sua propriedade. Crie uma caixa no chão e selecione-a. Escolha a aba Conteúdo, na janela Construir, e clique no botão Novo Script. A janela Edição de Script aparecerá com o script padrão "Hello, Avatar!" (figura 8.1). Trabalharemos nesse script depois. Por hora, clique no botão Salvar na parte inferior direita da janela. Duas linhas aparecerão na parte de baixo. Primeiro, "Compilação realizada com sucesso, salvando..."; depois, "Salvo". A caixa então diz a você: "Hello, Avatar!" Se você fechar a janela Construir e clicar com o botão direito na caixa, o script responderá com um "Touched".

Parabéns! Você acaba de criar seu primeiro script no *Second Life*! Você sabe exatamente o que fez?

Figura 8.1: O script "Hello, Avatar!".

Vamos destrinchar o script. Clique com o botão direito na caixa para abrir o menu circular e selecione Editar. Clique na aba Conteúdo. A caixa agora conterá um item chamado Novo Script, e com um duplo clique nele você reabrirá a janela de edição de script. Agora podemos vê-lo:

```
default
{
   state_entry()
   {
      llSay(0, "Hello, Avatar!");
   }
   touch_start(integer total_number)
   {
   llSay(0, "Touched.");
   }
}
```

Mesmo que você já tenha programado, pode não conhecer algumas das palavras-chave, então vamos analisá-las uma a uma.

A palavra-chave `default` indica o estado em que o programa da LSL será executado. Ainda neste capítulo você aprenderá o que são estados e que os programas da LSL podem ter múltiplos estados, mas por hora é importante saber que todo programa de LSL deve ter pelo menos um, que recebe o nome de `default`.

As chaves — {} — que seguem o `default` envolvem os manipuladores de evento em tal estado — nesse caso, `state_entry` e `touch_start`. O evento `state_entry` é ativado sempre que uma execução entra nesse estado, então, em nosso exemplo, assim que você clicou em Salvar para enviar o script para o simulador e o anexou ao objeto, o programa da LSL começou a ser executado e entrou no estado padrão. Isso ativou o evento `state_entry`, o que significa que um código qualquer dentro do `state_entry` foi executado.

Em nosso exemplo, o único código foi a função da library `llSay`, que permite que um script envie texto através de chat, como se fosse um avatar, num canal de sua escolha. O Canal 0 é o que todos os avatares usam para chat, então, ao dizer "Hello, Avatar" no Canal 0, o script garante que qualquer avatar próximo receberá a mensagem. O que é feito por `llSay` é controlado pelos argumentos contidos nos parênteses que seguem a `llSay`, nesse caso o número 0 e a linha `Hello, Avatar`. Trataremos de argumentos posteriormente.

Claro que surge a dúvida: e se você esquecer os argumentos de `llSay`? Uma opção é visitar a Wiki da LSL (htto://lslwiki.com/lslwiki/wakka.php?wakka=HomePage) ou pesquisar "llSay" no Google. Por sorte, há uma forma ainda mais fácil, que é passar o mouse sobre a palavra "llSay", na janela do Editor de Scripts. Isso abrirá a seguinte dica e lhe lembrará o que faz a `llSay`:

```
llSay(integer channel, string msg)
Say msg on channel
```

O segundo manipulador de evento é o `touch_start`. Lembra que quando você tocou na caixa, ela exibiu a mensagem "Touched" como resposta? É isso que faz o manipulador de evento `touch_start`. Ele é ativado quando um avatar começa a clicar no objeto. Aqui, novamente, o único código existente dentro do manipulador de evento é a função `llSay`, da qual tratamos agora há pouco.

Agora vamos fazer nosso próprio script. Se você não estiver com o Editor de Scripts aberto, abra-o selecionando a caixa, indo para a aba Conteúdo e depois dando um duplo clique em Novo Script. Quando você clica em qualquer lugar da janela, pode editar o texto do script, então vá em frente e troque o "Avatar" da mensagem "Hello, Avatar" pelo seu nome. No meu caso, seria "Hello, Cory!". Assim que você alterar o texto, o botão Salvar se ilumina com o objetivo de indicar que o script na janela de texto não corresponde ao script que foi carregado na sua caixa. Clique no botão Salvar para recompilar e salvar o script.

Você deverá ver a mesma seqüência de "Compilação realizada com sucesso, salvando..." e "Salvo" mostrada na parte inferior do editor; em seguida, a caixa deverá dizer seu nome. Perfeito!

Mas e se você quisesse voltar para o "Hello, Avatar!"? Por sorte, o editor de texto tem as funções "desfazer" e "refazer". Clique na janela do editor de texto e depois tecle Ctrl + Z para desfazer sua alteração. Você verá seu nome substituído pela palavra "Avatar" e o botão Salvar vai se iluminar, já que você modificou de novo o script. Se quiser refazer as alterações, use o comando Ctrl + Y.

Lembre-se de que, antes de clicar em Salvar, as alterações só existem no editor de texto e não foram enviadas ao *Second Life*. Ao trabalhar em scripts complicados ou críticos, pode ser uma boa idéia usar um editor de texto fora do *SL* e depois copiar e colar o texto *in-world*, já que assim você sempre terá back-ups. A Wiki da LSL tem uma lista de editores externos que se destacam em sintaxe para a LSL (http://www.lslwiki.net/lslwiki/wakka.php?wakka=HomePage).

É importante perceber que um script, quando adicionado a um objeto, permanecerá aplicado ao objeto, mesmo que você o tire de seu inventário e o recoloque lá. Se quiser remover o script permanentemente, a melhor forma de fazer isso é excluí-lo do inventário do objeto.

Para entender integralmente a conexão entre o texto digitado por você e o que é de fato executado no *Second Life*, é preciso se aprofundar um pouco mais na LSL.

CAPÍTULO 8 — APROFUNDANDO-SE NA LSL

Agora vamos nos focar na compilação, no envio e na execução (figura 8.2). A LSL é uma linguagem de scripts que trabalha com o servidor, num software chamado de simulador. Este faz justamente o que o nome indica — simula o mundo virtual do *Second Life*. Cada simulador gera todas as coisas de 65.000m^2 de terra virtual — construções, física e, claro, scripts. Enquanto você manipula o texto do script de um jeito relativamente fácil de ler, o código que de fato é executado no servidor é compilado. Um compilador é um aplicativo que pega a versão em texto do script e a converte em algo executável. No caso da LSL, o compilador existe dentro da visualização do próprio *Second Life*. No futuro, provavelmente o compilador passará da visualização para os simuladores do *SL*, mas o local onde o código é compila-

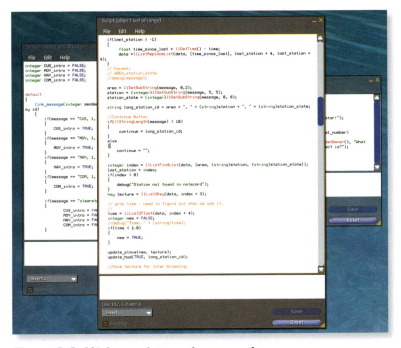

Figura 8.2: Vários scripts mais avançados.

do não tem muita importância. O que importa é que o texto é convertido de forma que possa ser executado nos simuladores.

Os compiladores também detectam erros no código que você acaba de digitar. Embora eles não possam detectar todos os erros, enganos comuns são apontados, como erros de sintaxe (figura 8.3). Voltemos ao nosso script "Hello, Avatar!". Podemos introduzir um erro de sintaxe de várias formas, mas tomemos como exemplo a remoção da chave "}" do fim do evento `state_entry`. Já que modificamos o texto, o botão Salvar se acende; clique nele para tentar compilar o texto. Em vez da mensagem de confirmação de compilação e gravação à qual nos acostumamos, vemos a mensagem "(7,4): ERRO: Erro de sintaxe" e o cursor do mouse vai para a primeira letra do evento `touch_start`.

Figura 8.3: ERRO: Erro de sintaxe.

O que isso significa? A expressão "(7,4)" nos informa que o erro está na linha 7 e na coluna 4 ou num local próximo no script, o que também é indicado pelo cursor do mouse, posicionado em tal ponto. A expressão "Erro de sintaxe" indica que provavelmente tivemos um erro relativamente simples de digitação. Se examinarmos nosso script, veremos que as chaves não combinam. O compilador estava esperando uma chave de fechamento quando chegou ao evento `touch_start`, então percebeu que havia um erro e parou de compilar o script.

É importante notar outra coisa. Se você sair da ferramenta Construir e clicar na caixa, ela não responderá com "Touched". Quando um script não é compilado, o *Second Life* pára de executá-lo no objeto almejado. Isso acontece para evitar confusão e também que scripts defeituosos continuem operando no *Second Life*. Basta adicionar a chave de fechamento de volta e salvar a alteração para consertar o erro e recompilar o script.

Quando um script é compilado adequadamente, ele gera o código em bytes da LSL. O código em bytes é um formulário simples, relativamente fácil de se executar. No futuro, a LSL poderá ter uma compilação num formulário diferente para execução, mas isso não alterará a maneira como você escreverá scripts. Por que há a possibilidade de implementação desse tipo de mudanças? Primordialmente: desempenho. A LSL atualmente tem uma execução bem lenta, então continuaremos fazendo alterações para melhorar sua usabilidade.

De qualquer forma, quando um código compilado vai para um simulador, ele pode ser executado. A execução é simplesmente o processo de se conferir se o script deverá fazer algo. Em nosso exemplo, quando um avatar clica na caixa, o *Second Life* confere se existem manipuladores de evento `touch`. Como existe um (`touch_start`), o código de dentro do manipulador é executado. Depois que tal código é completado, o script repousa até o momento de fazer alguma outra coisa.

Esse processo de operação somente sob necessidade é essencial tanto para a estrutura da LSL quanto para a boa escrita de scripts. No entanto, você precisa entender o que são estados e eventos. Como tratamos anteriormente, todos os scripts em LSL precisam ter pelo menos um estado, denotado pela palavra-chave `default`. Um estado é uma coleção de códigos entre as chaves de abertura e fechamento. Em sua forma mais simples, um script tem um único estado, que abriga todo o seu código. Por exemplo: você está criando um script para gerenciar uma porta bastante simples que deve ser tocada para se abrir ou se fechar. O uso dos estados pode esclarecer a função do seu código:

```
// default state is closed
default
{
    touch_start(integer tnum)
    {
        // insert code to open the door here
        // . . .
        state open;
    }
}

state open
{
    touch_start(integer tnum)
    {
        // insert code to close the door here
        // . . .
        state default;
    }
}
```

Observe que há uma diferença entre a forma tradicional e essa forma de escrita, onde você decide se a porta estava aberta ou fechada numa variável global, algo parecido com isto:

```
// default state is closed
integer is_closed = TRUE;

default
{
    touch_start(integer tnum)
    {
        if (is_closed == TRUE)
        {
            // insert code to open the door here
            // . . .
            is_closed = FALSE;
        }
        else
        {
            // insert code to close the door here
            // . . .
            is_closed = TRUE;
        }
    }
}
```

Nesse caso simples, a opção de variável global pode parecer mais fácil, mas quando outro comportamento também tem que ser alterado entre os estados `open` e `closed`, dividir o código em múltiplos estados é muito mais simples do que ter que colocar tudo nos enunciados do `if`.

Esses exemplos de códigos ilustram alguns outros conceitos básicos da sintaxe da LSL. Em primeiro lugar, a expressão "`//`" indica um comentário. Nele você pode adicionar texto ao seu script para se lembrar do motivo de ter escrito o código de determinada forma, para preparar o terreno para codificações futuras (algo como "inserir o código para abrir a porta aqui") ou para facilitar o acompanhamento que outra pessoa fará do seu trabalho. Observe que somente o texto à direita da "`//`" é parte do comentário, permitindo que os demais sejam adicionados a uma linha que contenha códigos. Por exemplo, na linha

```
state open // this is entered when the door opens,
```

`// this is entered when the door opens` é o comentário.

Em seguida, introduzimos variáveis globais e o tipo de variável "inteiro". Variáveis globais, como `is_closed`, estão disponíveis em qualquer ponto do código. Elas são semelhantes às variáveis globais de outras linguagens de programação, como a C, e podem ter qualquer um dos tipos disponíveis na LSL (veja a seção "O que são tipos?"). A LSL é estática e fortemente tipificada. Isso significa que, ao serem criadas, as variáveis recebem tipos e geralmente necessitam de atribuição de tipos para que se obtenha conversões entre eles.

DA LINDEN LAB:
UMA VISÃO GERAL DAS ANIMAÇÕES

As animações são a personalidade de um avatar. São os toques finais dados depois que se tem cabelo, roupa e corpo da maneira que se desejou. Claro, você pode usar as animações padronizadas para se achar in-world, *mas com paciência, softwares e um pouco de sorte, pode trazer seus movimentos favoritos do mundo real para o Second Life.*

A primeira coisa que você precisa é de um software que crie a animação fora do Second Life. Há várias opções gratuitas; por exemplo: Avimator, Slat, DAZ Studio, Blender e QAvimator, assim como softwares comerciais, como Poser, Maya e Posemaker. Cada sistema tem suas próprias vantagens, mas todos fazem animações fantásticas. O SL usa o formato de movimento BVH, então não se esqueça de exportar nesse formato.

O jargão relacionado a animações é sempre o mesmo, independentemente do software. Um quadro-chave, na

seqüência da animação, tem uma ligação com localização específica. O programa preencherá todos os quadros entre os quadros-chave para criar um movimento suave. Uma ranhura é o conjunto de equações que o programa usa para gerar esse movimento suave; se você notar que sua animação está se movendo além do quadro-chave ou de outros modos estranhos, desfazer a ranhura nos quadros-chave geralmente resolve o problema. A cinemática inversa (IK, inverse kinematics) é uma opção que move todo o braço ou toda a perna através do movimento da mão ou do pé pelos três eixos, mas se você ativar e desativar essa opção, é importante verificar suas ranhuras novamente. Mexer com IK pode gerar efeitos sensacionais, mas também pode ter conseqüências dificilmente previsíveis, então sempre salve seu trabalho antes de alterar as configurações de IK.

Agora que você tem o software, veja se o avatar carregado nele é compatível com o usado no Second Life. O SL não aceita informações de dedos, genitálias ou traços faciais, então você pode precisar de um avatar importado ou de uma versão diferente. Você também pode editar os quadros-chave depois de criar a animação para excluir as informações dessas ligações.

Vamos animar! Todas as ligações usadas na sua animação devem estar numa posição diferente entre o primeiro e o segundo quadro. O segundo quadro é o primeiro quadro que você verá no SL, e um bom primeiro quadro sempre dá uns pontos a mais para o avatar. Se você quiser excluir algo da animação para que somente parte dos movimentos no SL seja substituída, as ligações excluídas devem estar na mesma posição, tanto no primeiro quanto no segundo quadro.

No segundo quadro, o avatar deve aparecer na posição inicial do movimento. Dependendo do software, cada ligação pode ser arrastada pelo mouse até a posição ou selecionada e depois movida pelos parâmetros inseridos.

Os próximos quadros-chave serão as diferentes posições pelas quais o seu avatar se movimentará para completar a animação. Lembre-se de que as pessoas raramente coordenam os movimentos com precisão, então, ao mover seu avatar de uma posição para outra, defina a chegada das partes do corpo à sua posição almejada com algumas pequenas diferenças de segundos entre elas.

⬅ *Também há outras formas de finalizar sua animação. A forma mais comum é finalizar com a mesma posição do segundo quadro (permitindo assim o envio de uma volta perfeita) ou finalizar numa posição única, a partir da qual o avatar voltará às animações comuns do SL. Você também pode criar animações com um começo, uma parte de correspondência de quadros-chave em cada finalização que possa ser usada como* loop *e uma animação de encerramento. Se estiver pensando em criar esse tipo de animação, anote os números em que o* loop *começar e terminar.*

Depois de terminar sua animação, exporte-a como movimento BVH e entre no SL. O processo de envio ao SL permite finalizar a personalização da animação. Aqui você define um nível de prioridade para sua animação. Quanto maior o número, maior a prioridade. As animações normais têm um valor dois, então, para substituir completamente o padrão do SL, use um valor três ou quatro.

Definir o tempo de duração de seu loop *pode ser bom ou ruim para sua animação. Com um pouco de matemática você pode evitar que ela fique muito rápida. Cada finalização da seção de* loop *deve ter o mesmo quadro-chave e, ao dividir o número do quadro-chave pelo número total de quadros, você terá as porcentagens de entrada e saída dentro de um ou dois graus. Visualize a animação algumas vezes, com diferentes percentuais de entrada e saída, para verificar o* loop. *E não tenha receio de colocar os quadros-chave correspondentes em dois ou três quadros estáticos para ganhar mais controle sobre a animação.*

As posições das mãos e expressões faciais podem ser definidas nessa fase; depois, as configurações de entrada e saída definem a velocidade com que seu avatar transitará entre animações. Agora você pode enviar sua animação e começar a testá-la. O servidor de testes é um ótimo lugar para se praticar. Lá você não precisa gastar seus sofridos Linden dólares só para arrumar os movimentos das mãos.

Há alguns limites. Movimentos súbitos não são sempre captados pelo SL e as animações são limitadas a trinta segundos. Embora você possa enviar uma animação com sessenta quadros por segundo, os usuários provavelmente só verão algo entre quinze e vinte quadros por segundo, motivo pelo qual as animações geralmente ficam melhores quando têm essa faixa de quadros. Movimentos totais dos corpos ➡

> *devem partir da ligação do quadril, não da ligação do corpo; avatares menores ou maiores que o normal necessitarão de animações personalizadas para manter o movimento. O jeito mais rápido de se acostumar com os trejeitos do sistema é cair de cabeça e começar seus próprios testes. Logo seu avatar poderá fazer seu passo de dança favorito ou desenvolver um andar exclusivo, assim como o que você tem na vida real.*
>
> — Kiari Lefay e Leslie Havens

O QUE SÃO TIPOS?

Um tipo determina a espécie de dados que poderão ser armazenados. A LSL tem sete tipos diferentes:

INTEIRO

Um inteiro é um número inteiro entre -2.147.483.648 e 2.147.483.647. Estes são alguns exemplos de inteiros em uso:

```
integer int = -23; // in the language C, integers are called int.
    Don't be confused by this!
integer foo = 235632;
integer blar = 0;
```

FLUTUANTE

É um número de ponto flutuante (ou decimal) com sete dígitos significativos, que podem ser positivos ou negativos. O maior número positivo ou menor negativo que podem ser representados são +/- 3,4028235E38, enquanto o menor positivo ou maior negativo quem podem ser representados são +/-1,17549351E-38. Veja alguns exemplos de flutuantes:

```
float e = 2.718128; // the decimal point indicates that this is a
    float
float f = 0.f; // a trialing ".f" can also be used
float one = 1; // even though the literal "1" is an integer, this
    assignment will work.
integer i_one = 1; // note: if (one == i_one) is a BAD idea! More
    on this later.
```

LINHA

Uma linha é uma coleção de caracteres, como no caso seguinte:

```
string name = "Exposition Linden";
string character = "c"; // single characters in LSL are just string
string number = "1"; // note: "1" != 1
```

VETOR

Um vetor é composto de três flutuantes, representando os componentes x, y e z. O vetor é geralmente usado em posição, velocidade, aceleração ou cor. Os três valores podem ser definidos simultânea ou individualmente:

```
vector pos = <123.3, 54.f, 32>; // vectors will promote entries
    into floats
vector vel;
vel.x = 12.f; // this is much
vel.y = 23.f; // slower than initializing via a
vel.z = 36.f; // vector!!
```

LISTA

Como a LSL não tem ordens ou estruturas, o método primário para armazenar coleções de dados é o das listas. Todos os outros tipos de dados podem ser inseridos nelas (mas uma lista não pode ser colocada em outra). Há muitas formas diferentes de se trabalhar com listas; esse capítulo cobrirá algumas delas e a Wiki da LSL (http://www.lslwiki.net/lslwiki/wakka.php?wakka=HomePage) tem exemplos excelentes. Falaremos mais sobre as listas posteriormente.

ROTAÇÃO

Uma rotação é composta de quatro flutuantes, que representam os componentes x, y e z de uma rotação de quatérnion. Embora os quatérnions sejam extremamente complicados e no geral confusos, a LSL permite que eles sejam usados sem que você domine a teoria que os sustenta. Falaremos mais sobre rotação posteriormente; você também pode conferir a página http://www.lslwiki.net/lslwiki/wakka.php?wakka=HomePage. Estes são alguns exemplos de rotações:

```
rotation rot = <0.f, 0.f, 0.f, 1.f>; // Rotations in LSL are
    internally normalized
rotation rot = <32, 2, -9, 128>; // even if your initialization is
    not
```

CHAVE

Um UUID — ou Identificador Universalmente Único — é usado para identificar diversos objetos no *Second Life*. Assim como as rotações, as chaves permitem que os UUIDs sejam usados sem ter que escrever muitos códigos de apoio. Trataremos dos detalhes posteriormente, mas você também pode consultar a página http://www.lslwiki.net/lslwiki/wakka.php?wakka=HomePage.

```
// you almost never need to initialize keys with literals like
   this.
key object_id = "00000000-0000-0000-0000-000000000000";
```

A definição de tipos é usada quando as variáveis de diferentes tipos são atribuídas entre si. A LSL suporta duas conversões implícitas: inteiro para flutuante e linha para chave. Elas fazem com que os argumentos a seguir funcionem corretamente:

```
float my_float = 4; // although you really should write this as 4.f
// data between " and " can be either a string or a key.
key object_id = "00000000-0000-0000-0000-000000000000";
```

Para quaisquer outras conversões, uma definição de tipos explícita é necessária. Assim como na linguagem C, isso significa que você precisa especificar o tipo que deseja colocar dentro dos parênteses:

```
integer bad_pi = (integer)3.1425926; // bad_pi == 3
float good_pi = (float)"3.1415926"; // good_pi == 3.1415926
```

Agora vamos discutir os enunciados de if. O if é o mais simples dos enunciados condicionais, ou de controle de fluxo, na LSL. Se o código contido nos parênteses declarar TRUE, então o código de dentro das chaves será executado. O enunciado if é um mero tipo de fluxo de controle na LSL. Este permite tomar decisões sobre quais partes do código serão executadas (para mais detalhes, consulte a página http://www.lslwiki.net/lslwiki/wakka.php?wakka=HomePage). As declarações de fluxo de controle são exemplificadas a seguir:

```
integer expression = TRUE; // TRUE is an integer constant in LSL.
   TRUE == 1
if (expression)
{
   // do something if expression == TRUE
}
else
{
   // do something else if expression == FALSE
}

if (expression)
   // do something in one line
else
   // do something else in one line

while(expression)
{
   // do something until expression == FALSE.   FALSE == 0
```

```
    }
    do
    {
        // do something until expression == FALSE.   FALSE == 0
    } while(expression);

    integer i; // an iterator

    for (i = 0; i < 100; i++)
    {
        // do something 100 times, where i starts at 0 and counts up to
           99
              // this code will exit when i == 100
    }


    @again; // this is a label
// this code will be executed forever
jump again; // move execution to the @again label
```

Temos dois mecanismos adicionais de controle de fluxo. O primeiro é a transição `state`, da qual já tratamos. O segundo é o comando `return`, que trataremos na seção "Recursos avançados da linguagem".

Em todos os exemplos de controle de fluxo, a decisão sobre qual caminho tomar foi determinada pelo valor de uma expressão. Na LSL, uma expressão é a combinação de operadores e funções. As funções serão explicadas com mais detalhes na seção "Recursos avançados da linguagem". Os operadores são divididos em várias categorias amplas. Assim como as outras categorias, a Wiki da LSL abrange o assunto com detalhes (http://www.lslwiki.net/lslwiki/wakka.php?wakka=HomePage).

TIPOS DE OPERADORES

UNÁRIO

Operadores unários são operadores aritméticos que modificam um valor, como no caso a seguir:

```
integer   count = 1; // create a new integer variable and assign it
    the value of 1
count++; // the "++" operator adds 1 to "count" and assigns the
    result to "count"
llSay(0, (string)count); // says "2"   -- note the type conversion
```

BINÁRIO

Os operadores binários são operadores aritméticos que agem sobre dois valores para produzir um terceiro, como demonstramos aqui:

```
integer a = 5;
integer b = 2;
integer c = a % b; // compute a modulo b, so c = 1
```

BOOLEANO

Operadores booleanos sempre geram resultados TRUE (1) ou FALSE (0):

```
integer a = 5;
integer b = 2;
integer c = a != b; // "!=" returns TRUE if its arguments are not
    the same.
```

BITS

Operadores de bits agem nos campos dos bits para gerar inteiros. Veja alguns exemplos:

```
integer a = 5; // 0x101 in binary
integer b = 2; // 0x010
integer c = a | b; // a or b = 0x111, so c = 7
```

ATRIBUIÇÃO

Por último, temos os operadores de atribuição, que pegam o resultado de uma expressão e lhe atribuem uma variável. Além disso, a LSL suporta diversas variações do operador de atribuição que com ela realizem uma operação aritmética, como acontece no exemplo seguinte:

```
integer a = 5; // assigns 5 to a
a += 5; // adds 5 to a, then assigns the result, so a = 10
```

RECURSOS AVANÇADOS DA LINGUAGEM

Assim como outras linguagens que usam a sintaxe similar à usada na C, os blocos e escopos são fundamentais para se entender como escrever com código de LSL. Falando de maneira generalizada, na LSL, um bloco de código é qualquer código delimitado por chaves dentro de uma função global ou de um manipulador de evento, como mostramos aqui:

```
string GlobalString = "Hi!";     // this global variable is
                                 // visible anywhere
                                 // in the LSL program

integer factorial(integer n)     // this is a user-defined
                                 // function more on them
                                 // below
{                                // this brace begins the code
                                 // associated with
                                 // the function factorial

    string local = "Bye!";       // a local variable is
                                 // visible in the block it is
                                 // created in and any new
                                 // blocks created within that
                                 // block

    llSay(0, GlobalString);      // global variables can be
                                 // used anywhere in the LSL
                                 // program

    llSay(0, local);             // local is available anywhere
                                 // inside the factorial

    if (n < 3)
    {           // the if statement creates another code block

        float pi = 3.14;         // pi is only available
                                 // inside the if block

        llSay(0, local);         // local is available
                                 // anywhere inside factorial
                                 // including inside new
                                 // blocks created within it

        llSay(0, (string)pi);    // this works since we're
                                 // still inside the block

        return n;                // the return statement
                                 // jumps back to the calling
                                 // function or event handler

    }           // end of the if block
    else
    {           // the else clause creates another block
        float e = 2.71828;       // e is only available inside
                                 // the else block

        llSay(0, (string)pi);    // ERROR!! We aren't in the
                                 // block that made pi
                                 // so this is an error!
```

```
            return n*factorial(n - 1);    // this is recursion,
                                          // more later
    }           // end of the else block

    llSay(0, local);                 // local is available
                                     // anywhere inside factorial

}           // end of the factorial block

default
{       // states create scope in the sense that they
        // determine which event handlers will
        // be called

    state_entry()
    {           // this starts a block in state_entry()

        integer num = 1;    // the variable do_something
                            // is a local

        if (num)
                num = 4;    // even though there are no braces,
                            // this line is actually a code block

        llSay(0, GlobalString); // global variables may
                                //be used anywhere in the
                                // LSL program
         llSay(0, (string)factorial(num));
                            // user-defined functions may be
                            // called form any event handler.
                            // This will say "24".
    }            // end of the state_entry block
}           // end of the default state
```

Há muita coisa acontecendo nesse simples programa de exemplo. Embora seja um código bem bobinho, ele mostra onde os blocos começam e terminam e introduz a idéia de escopo. Para variáveis e funções, o escopo define onde elas podem ser solicitadas ou usadas. Na LSL, também há dois níveis de escopo: global e local.

O escopo global se aplica a funções definidas pelo usuário e a variáveis globais. Tanto as variáveis globais quanto as funções definidas pelo usuário podem ser usadas em qualquer lugar de um programa em LSL; assim são consideradas "globalmente acessíveis" e, portanto, ficam dentro do escopo global. No exemplo anterior, a função factorial e a linha GlobalString são globais.

O escopo local se aplica a variáveis criadas dentro de blocos de códigos (não há funções locais na LSL). Como mostra o exemplo, as funções, os manipuladores de evento e o controle de fluxo criam blocos que podem ter dentro de si blocos adicionais. O escopo de uma variável local é o bloco de código no qual ela foi criada, assim como quaisquer novos blocos criados dentro de tal bloco. Veja este exemplo:

```
    {                     // a code block
        integer true = TRUE;
        list foo = ["I", "am", "a", "list"];    // a local list
        if (true)
        {                 // a new code block
```

```
        foo = [];       // we can still see foo,
                        //so assigning an empty
                        // list to it
    }
}
```

Observe que essas regras de escopo podem gerar alguns hábitos de codificação bem ruins, como os presentes no exemplo seguinte:

```
{
    float pi = 3.14;
    if (pi)                     // if a floating point value
                                // is used in an
                                // expression, it is FALSE
                                // if it is exactly
                                // equal to 0.f,
                                // and TRUE for any other value
                                // This is a bad habit,
                                // since floating point
                                // values are often near to 0.f
                                // but not exactly
                                // equal to 0.f.
    {                           // start of if code block
        integer pi = 3;         // this local pi has the same name
                                // as pi from
                                // the earlier scope and
                                // is said to "shadow"
                                // the other variable.

        llSay(0, (string)pi);   // Which pi will be used?
    }                           // end of the if block
    else
    {                   // start of the else block
        string pi = "3.1415";   // Ack!  Another pi
        llSay(0, (string)pi);   // Now which pi will be
                                // used?
    }
}
```

Nunca escreva desse jeito! Embora o código possa ser compilado e (se você tiver sorte) talvez até funcione, ele causará dor de cabeça e confusão a você e a qualquer pessoa que estiver trabalhando com você.

Agora que o conceito de escopo já foi entendido, vamos passar para as funções. Na última seção, introduzimos as funções globais, o primeiro dos dois tipos de funções do *Second Life*. O segundo tipo, funções da library, será discutido mais adiante.

As funções definidas pelo usuário permitem que você crie blocos de código que realizem uma tarefa ou conta específica. Elas são colocadas acima do estado padrão, seja antes ou depois das variáveis globais, e são escritas da seguinte forma:

```
type  function_name(type parameter1, type parameter2, . . .)
{
    // do something in here
}
```

Temos aqui um tipo de função de retorno, o que significa que se você quiser que a função devolva um valor uma vez que ele já tenha sido solicitado, será preciso especificar o tipo. Por exemplo: se você quisesse o valor absoluto de um flutuante, poderia escrever a seguinte função:

```
float fabs(float num)
{
    if (num > 0.f)      // already a positive number, just return it
        return num;     // the return command returns the value of
                        // the expression that follows it
    else
        return -num;    // the negation operator returns the -1*num
}
```

Isso seria usado da seguinte forma:

```
float negone = -1.f;
float posone = fabs(negone); // passes -1.f to fabs, returns 1.f
llSay(0, (string)posone);    // will say "1.f"
```

Observe que `fabs` só assume um parâmetro do tipo flutuante. As funções podem ter qualquer número de parâmetros (inclusive zero). Então, os formatos a seguir são permitidos para se nomear uma função:

```
do_something()
string do_something_else()
vector do_something_too(string target)
list do_something_now(integer number, rotation rot1, rotation rot2)
```

Duas características importantes das funções da LSL: seus parâmetros são valores passados e eles suportam reajustes. Para entender o conceito de valor passado, veja a função a seguir:

```
integer add_one(integer n)
{
n = n + 1;
return n;
}
integer number = 10;
number = add_one(number);
```

Qual é então o valor de `number`? Como você deve ter imaginado, o valor é 11. Isso porque quando `number` passa para `add_one`, é passado com seu valor, 10. Assim, quaisquer operações no n de dentro da função estarão agindo numa cópia local, não na variável `number`. De forma geral, esse será seu objetivo, mas isso significa que, para que sua função devolva um valor, você precisará usar o comando `return`. Se você tivesse escrito `add_one`, o número ainda seria 10:

```
add_one(integer n)
{
n = n + 1;
}

integer number = 10;
add_one(number);
```

As funções definidas pelo usuário são tratadas com detalhes importantes no endereço http://www.lsl-wiki.net/lslwiki/wakka.php?wakka=HomePage.

O segundo tipo de função na LSL é o da library (figura 8.4). São funções integradas que servem para desempenhar tarefas comuns ou fornecer funcionalidades que seriam difíceis de alcançar numa escrita direta em LSL. Mais de trezentas funções estão integradas na LSL e outras são adicionadas regularmente. Para uma descrição completa de todas as funções, confira o endereço http://www.lslwiki.net/lslwiki/wakka.php?wakka=HomePage. É importante reconhecer que as funções da LSL operam da mesma forma que as funções definidas pelo usuário. Elas estão disponíveis em qualquer manipulador de evento ou função gerada, seus argumentos passam por valores e elas podem ou não devolver um valor. Outro aspecto é que algumas estão associadas a um valor de atraso. Esse atraso existe para proteger o *Second Life* contra certos tipos de abuso.

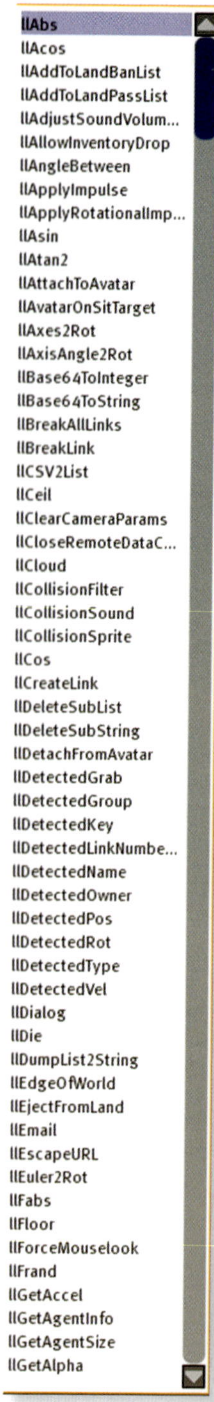

Figura 8.4: Lista de funções da library.

CAPÍTULO 8 — CONEXÕES COM O MUNDO

O verdadeiro poder da LSL é sua capacidade de permitir que um objeto se comunique e interaja com o resto do mundo. Para tratar de tudo que você pode fazer, precisaríamos de outro livro só sobre o assunto, mas nas seções seguintes você pode obter alguns conhecimentos iniciais.

CHAT

Em nosso primeiro exemplo, mostramos que um objeto pode conversar com o resto do mundo através da função `llSay`. Isso é muito útil para comunicação com as pessoas próximas ao objeto, e pode também ser útil para comunicação de objeto a objeto.

```
default
{
    state_entry()
    {
        llListen(0, "", llGetOwner(), "");
    }
    listen(integer channel, string name, key id, string message)
    {
        llSay(0, message);
    }
}
```

O script anterior é um simples reprodutor de conversas que ilustra os conceitos básicos de chat programado. Tudo que ele faz é repetir o que o dono do objeto diz. Quando o script é iniciado, `llListen` define o evento `listen` para que o objeto possa "ouvir" a conversa. Com `llListen`, você pode filtrar o que deseja ouvir por canal, nome, UUID e mensagem.

```
integer llListen(integer channel, string name, key id, string
    message)
```

No exemplo, o script ouve no canal 0, o canal público de chat no qual todos os avatares estão. Há bilhões de canais para que os objetos possam se comunicar sem receio de colisão de mensagens. Os parâmetros de nome e mensagem são deixados vazios nesse caso, para que o script possa ouvir todos os nomes e mensagens. A função `llGetOwner` informa o UUID do dono, então o script acaba ouvindo a conversa pública mantida pelo dono do script.

Quando o script "escuta" algo que é compatível com os requisitos definidos em `llListen`, o evento `listen` será ativado. Nesse caso, passamos a mensagem que foi ouvida para o `llSay`.

As mensagens enviadas com o `llSay` podem ser ouvidas num raio de 20m; como alternativa, as conversas podem ser enviadas com o `llWhisper` (10m) ou com o `llShout` (100m).

Como haverá vezes em que você desejará usar o chat de maneira particular, há também o `llOwnerSay` — um chat especial que só pode ser ouvido pelo dono do objeto.

MI

Às vezes você quer mandar uma mensagem a alguém que não está no raio de Sussurrar (Whisper), Dizer (Say) ou Gritar (Shout) ou então quer que sua mensagem seja transmitida de maneira particular. O jeito mais fácil de fazer isso é por meio da mensagem instantânea (MI). As MIs podem ser "ouvidas" em qualquer lugar do *Second Life*, mas só pelo destinatário previsto. Para mandar uma MI, você precisa saber o UUID do destinatário.

```
llInstantMessage(key uuid, string message)
```

Se o residente estiver off-line, a mensagem será salva e entregue na próxima vez em que ele estiver on-line. Objetos não podem mandar mensagens instantâneas para outros objetos.

SENSORES

Os sensores permitem que você obtenha informações sobre avatares e objetos quando estiver próximo ao alvo. Definir um sensor é parecido com o processo de definir uma escuta de chat. Quando a expressão `llSensor` é solicitada, os parâmetros filtram os resultados e, se houver quaisquer correspondências, um evento de `sensor` será solicitado. A principal diferença é que enquanto o `llListen` é contínuo, o `llSensor` é uma solicitação única. O script a seguir é um exemplo de uso de sensor:

```
Default
{
    state_entry()
    {
    //Set up a repeating sensor, that once a second looks for any
    //avatars within a sphere with a 20 meter radius.
llSensorRepeat("", "", AGENT, 20.0, PI, 1.0);
}

sensor(integer detected)   //A sensor returns the first 16 items
    detected.
{
    // Say the names of everyone the sensor detects
    for(i=0;i<detected;i++)
{
llSay(0, llDetectedName(i));
}
    }

    }
```

PAGAR

Os scripts também podem dar e receber Linden dólares (figura 8.5). Isso é útil para criação de vendas e muito mais. Para que um objeto aceite dinheiro, o script deve ter um evento `money`:

```
default
{
    money(key giver, integer amount)
    {
        llSay(0, "Thanks for the " + (string)amount + "L$ donation!");
    }
}
```

Dar dinheiro por meio de um objeto com scripts é um pouco mais complicado. O script precisa pedir permissão do dono do objeto para debitar Linden dólares da respectiva conta.

Figura 8.5: Dando e recebendo dinheiro.

```
default
{
    state_entry()
    {
        llRequestPermissions(llGetOwner(), PERMISSION_DEBIT);
    }

    touch_start(integer number_touching)
    {
        llGiveMoney(llDetectedKey(0), 1);
    }
}
```

O script anterior dá 1 Linden dólar a qualquer pessoa que clicar no objeto que estiver usando o `llGiveMoney`. Esse script não funcionará se, quando a função `llRequestPermissions` for solicitada, o dono não ceder permissão para que o objeto dê dinheiro.

INVENTÁRIO

Um objeto tem um inventário (figura 8.6) e é lá que está o script, mas esse inventário também pode ter a maioria das coisas que há no Inventário de um residente. O script pode dar, aceitar e usar o inventário. Por exemplo: uma arma precisaria da função `llRezObject` para atirar. Uma venda usaria a função `llGiveInventory` para dar um único item, ou `llGiveInventoryList` para entregar uma pasta.

Figura 8.6: Inventário do objeto.

A seguir, temos o exemplo de uma caixa suspensa que mostra como dar e aceitar um inventário:

```
default
{
    state_entry()
    {
        //Allows anyone to drop inventory
        llAllowInventoryDrop(TRUE);
    }

    touch_start(integer number_touched)
    {
        //Only the owner can take it out.
        if(llDetectedKey(0) == llGetOwner)
```

```
{
    //Make a list of all the objects in the inventory
    list contents = [];
integer I;
    for(i=0;i<llGetInventoryNumber(INVENTORY_OBJECT);i++)
    {
        contents += llGetInventoryName(INVENTORY_OBJECT, i);
    }

    //Give all the objects in a folder
    llGiveInventoryList(llGetOwner(), "Drop Box", contents);
}


}
```

FÍSICA E OUTROS

O *Second Life* tem uma simulação de física no servidor, o que significa que os objetos cairão, pularão e colidirão corretamente. Um script pode mudar a maneira como a física normal afeta um objeto.

Como padrão, um objeto no *Second Life* é "preso por um alfinete". Isso significa que, se você levantá-lo e soltá-lo em seguida, ele não cairá. Para fazer com que ele caia, você pode definir o status como físico:

```
default
{
    state_entry()
    {
        llSetStatus(STATUS_PHYSICS, TRUE);
    }
}
```

Um objeto também pode mudar seu status de colisão ao se tornar "fantasma", com a função `llSetStatus`:

```
llSetStatus(STATUS_PHANTOM, TRUE);
```

APLICANDO FORÇAS

Ao alterar as forças de um objeto físico, você pode controlar os movimentos resultantes. Há várias formas de se fazer isso; o jeito mais fácil é usar as funções `llSetForce` ou `llApplyImpulse`. Elas trabalham exatamente da maneira que você aprendeu no colegial: uma força é uma pressão contínua e um impulso é uma pressão única, instantânea. Veja um exemplo simples:

```
default
{
    touch_start(integer touched)
    {
        // bounces the object up in the air.
        llApplyImpulse(<0,0,100>, FALSE);
    }
}
```

VEÍCULOS

Para maior controle, existe um conjunto de funções que permitem a você alterar vinte parâmetros capazes de mudar os movimentos de um objeto físico, desde a capacidade de flutuação até a fricção (figura 8.7). O código de veículo é mais complexo, mas também mais poderoso. Para obter mais informações, confira a página de veículos, no endereço http://www.lsl-wiki.net/lslwiki/wakka.php?wakka=vehicles

Figura 8.7: Um avião com script em vôo.

CONTROLES E MOSTRADORES

Você provavelmente não quer que sua capacidade de interação com um objeto seja limitada a textos e cliques. Voar por um jato num sim será difícil se você tiver de digitar o tempo todo. Da mesma forma, ninguém desejaria assistir a uma exibição de slides que apenas descrevesse figuras textualmente.

ASSUMINDO O CONTROLE

Um objeto codificado pode assumir os controles normais de um avatar. Isso facilita a criação de armas que atiram quando você clica no mouse ou de carros que andam quando você usa as setas do teclado.

Um script deve solicitar permissão para assumir os controles do avatar. No caso particular de veículos e acessórios, as permissões são cedidas automaticamente, mas o script precisa fazer a solicitação mesmo assim.

O exemplo a seguir é uma parte de um script de uma arma bem básica:

```
default
{
   // If we attach the gun, request permissions; if we detach,
   release control.
   attach(key attachedAgent)
   {
          if (attachedAgent != NULL_KEY)
          {
llRequestPermissions(llGetOwner(), PERMISSION_TAKE_CONTROLS);
          }
   else
   {
      llReleaseControls();
   }
   }

   // When permission is granted, the run_time_permissions event
   is triggered
   // Use this as a cue to take controls.
   run_time_permissions(integer permissions)
   {
        if (permissions == PERMISSION_TAKE_CONTROLS)
        {
   //We want to take the left mouse button in mouselook.
          llTakeControls(CONTROL_ML_LBUTTON, TRUE, FALSE);
        }
   }


   control(key name, integer levels, integer edges)
   {
       // After taking controls, if those controls are used, take
   the appropriate action.
         if (  ((edges & CONTROL_ML_LBUTTON) == CONTROL_ML_LBUTTON)
            &&((levels & CONTROL_ML_LBUTTON) == CONTROL_ML_LBUTTON)
   )
         {
             //  If left mouse button is pressed, fire
             fire();
         }
   }
}
```

DISPLAY

Os scripts também podem controlar a aparência de um objeto. Provavelmente o exemplo mais usado seja a alteração de texturas para coisas como exibição de slides. Para alterar uma textura, é mais fácil usar uma textura do inventário do objeto. Se você tem um grupo de instantâneos muito bons, pode colocá-los numa caixa com o script a seguir para assistir a uma mostra das imagens:

```
integer i;

default
{
    state_entry()
```

```
{
    // Change image every 10 seconds
    llSetTimerEvent(10.0);
}

timer()
{
    if(i<llGetInventoryNumber(INVENTORY_TEXTURE))
    {
        i++;
    }
    else
    {
        i = 0;
    }
    // set the texture on the "0" face of the object.
    llSetTexture(llGetInventoryName(INVENTORY_TEXTURE, i), 0);
}
```

COMO SABER MAIS

Se essa breve introdução à LSL tiver deixado sua cabeça em parafuso, não se preocupe! Caso nunca tenha programado antes, a promessa e a possibilidade de se adicionar códigos — de comportamento — a objetos do *Second Life* pode fazê-lo se sentir sobrecarregado. Mesmo que você seja um experiente desenvolvedor de software, os trejeitos e aspectos únicos da LSL podem demorar para fazer total sentido, mas assim que você começar a entender um pouco mais, terá aberto a porta para outros mundos. Você vai sempre querer mais — conhecimentos, exemplos, pessoas para lhe ensinar. Por sorte, tudo isso existe no *Second Life* e em outros lugares da internet.

Vamos começar pelo que está disponível no *Second Life*. O Calendário de Eventos é ótimo para se começar a procurar ajuda sobre a LSL. Há muitas aulas toda semana sobre LSL que oferecem uma boa variedade de programas, desde o Scripting 101 até o Advanced Vehicles. Além de fornecer informações concretas sobre o funcionamento dos scripts no *Second Life*, essas aulas também podem conectar você à comunidade de programadores do *SL*. Ao encontrar outros estudantes e instrutores, você poderá construir uma forte rede de amigos e companheiros programadores para fazer perguntas e oferecer colaboração. Sempre haverá novos desafios.

Há diversas comunidades de programadores no *Second Life*, desde os desenvolvedores profissionais com grandes projetos do mundo real até os iniciantes que se preparam para brincar. Você certamente encontrará uma comunidade adequada aos seus conhecimentos e interesses. Assim como outras formas de criação no *Second Life*, a programação é muito mais divertida quando feita em conjunto com outras pessoas. Portanto, use seu tempo de aprendizado de LSL para encontrar outras pessoas e outros grupos.

As aulas no *Second Life* são apenas uma fonte de conhecimento sobre scripts. Existem dois fóruns do *Second Life* que oferecem recursos para os programadores: o fórum The Scripting Library (http://forums.secondlife.com/

forumdisplay.php?f=15) é uma espécie de repositório para vários scripts, novas idéias e os blocos básicos de construção que todo programador teria que reinventar. O fórum Scripting Tips (http://forums.secondlife.com/forumdisplay.php?f=54) permite que programadores compartilhem seu conhecimento diariamente.

Ambos os fóruns recebem contribuições diárias de muitos programadores e merecem ser visitados e receber contribuições. Eles colocarão você em contato com outros programadores de maneira rápida.

Uma opção mais especializada de suporte é a lista de e-mails Scripters (http://secondlife.com/community/mailinglists.php). Ela geralmente trata de dúvidas ou de problemas específicos da LSL, quase sempre antes de eles aparecerem nos fóruns ou na Wiki da LSL. A lista de e-mails é muito útil de ser lida quando se está no nível intermediário, mas é mais bem aproveitada por programadores experientes que querem se conectar com outros programadores avançados. No entanto, assim como a maioria das listas de e-mails, ela não é o melhor lugar para se buscar coisas gerais ou grandes dúvidas. Por sorte, há outra opção.

Trata-se da Wiki da LSL (http://www.lslwiki.net/lslwiki/wakka.php?wakka=HomePage), um recurso sensacional para todas as coisas do *Second Life*. Além da documentação extensa sobre todas as funções da LSL (http://www.lslwiki.net/lslwiki/wakka.php?wakka=functions), ela também apresenta os defeitos conhecidos (http://lslwiki.net/lslwiki/wakka.php?wakka=knownbugs) e as surpresas encontradas (http://lslwiki.net/lslwiki/wakka.php?wakka=annoyances). Além disso, ela tem vários tutoriais (http://lslwiki.net/lslwiki/wakka.php?wakka=LSLtutorials) e links para diversos grupos, mentores e professores de scripts (http://lslwiki.net/lslwiki/wakka.php?wakka=ScriptingMentors) no *Second Life*. E o que é mais importante: a Wiki da LSL é uma Wiki, então sempre recebe inclusões e atualizações por parte da comunidade do *Second Life*. Ao aprender sobre a LSL, você ficará familiarizado com a Wiki e poderá contribuir também. Essa é outra forma de conhecer outros programadores e se tornar parte da comunidade de LSL no *Second Life*.

Um recurso final é a Wiki de Educação do *Second Life* (http://www.simteach.com/wiki/index.php?title=Second_Life_Education_Wiki). Ela fornece informações atualizadas sobre projetos de educação e pesquisa em andamento no *Second Life*. Os educadores e pesquisadores fornecem tanto uma fonte para programadores quanto um mercado para scripts e construções especializadas. O Campus *Second Life* (http://www.simteach.com/wiki/index.php?title=Campus:Second_Life), assim como outros prédios de universidades e educação, freqüentemente conecta grupos à LSL, seja porque seus estudantes estão explorando a LSL, seja por causa de necessidades especiais. Ao ficar mais acostumado com a LSL, você perceberá que os educadores estão entre os programadores mais abertos e prestativos do *Second Life*. Se você estiver procurando projetos interessantes e diferentes para aplicar seus conhecimentos em programação e construção, a Wiki de Educação é o lugar certo.

E, claro, não teríamos formas de colocar em um livro todas as fontes que sempre aparecem na internet tratando da LSL. Então, no momento em que você ler este livro, novas opções terão aparecido. Não deixe de procurá-las!

PARTE III
SUCESSO NO SECOND LIFE

CAPÍTULO 9	**CAPÍTULO 10**	**CAPÍTULO 11**	**CAPÍTULO 12**	**CAPÍTULO 13**
QUEM É VOCÊ?	GANHANDO DINHEIRO	RESIDENTES REAIS	UMA LINHA DO TEMPO CULTURAL	O FUTURO E O IMPACTO DO *SECOND LIFE*
PÁGINA **194**	PÁGINA **212**	PÁGINA **250**	PÁGINA **274**	PÁGINA **298**

CAPÍTULO 9
QUEM É VOCÊ?

Qual é a melhor coisa do *Second Life*? Se você chegou até esse ponto, já sabe a resposta: é a possibilidade de ser quem você quiser. É como se quase todas as limitações da vida real não existissem. No mundo virtual, você pode ter a aparência que sempre quis através do seu *alter ego* no *SL*: o avatar. Com ele é possível se divertir, trabalhar, voar. Com exceção das poucas regras que se aplicam quando você está fora da sua casa virtual (veja o capítulo 1), no *SL* você pode buscar os sonhos que não seriam possíveis na vida real.

Este capítulo discute algumas das escolhas que você pode fazer no *Second Life*, escolhas que são quase tão numerosas quanto os residentes do *SL*. Ele descreve aspectos de uma existência virtual partindo da visão dos residentes. Suas vidas virtuais são uma ótima forma de se explicar o que acontece no *Second Life*; com elas, você poderá se divertir e ter novos paradigmas para pensar. As vozes aqui apresentadas são dos próprios residentes — pessoas da vida real que aceitaram compartilhar suas experiências e observações. Há uma pequena exceção: os primeiros três avatares apresentados pertencem a Michael Rymaszewski, o autor que está falando com você neste instante. As observações de Michael Control, Frank Freelunch e Delia Ellsberg apresentam uma idéia geral sobre o que é a vida no *Second Life*; os outros residentes oferecem perspectivas diferentes.

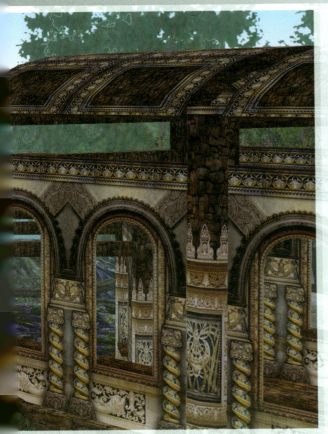

SUMÁRIO

APARÊNCIA, ESTILO DE VIDA E CARREIRA .. 196
MICHAEL CONTROL 197
FRANK FREELUNCH 198
DELIA ELLSBERG 199
DESMOND SHANG 200
FRANCIS CHUNG 201
TAO TAKASHI 203
BACCARA RHODES 204
TARAS BALDERDASH 205
ANGEL FLUFFY 207
IRIS OPHELIA 208
CHERI HORTON 209
FORSETI SVAROG 210

APARÊNCIA, ESTILO DE VIDA E CARREIRA

A maioria das escolhas que você faz no mundo virtual tem um impacto sobre sua aparência, seu estilo de vida ou sua carreira. No entanto, os limites desses impactos são definidos de maneira diferente da que acontece no mundo real:

- A aparência do seu avatar pode ser totalmente alterada em poucos segundos, com simples cliques do mouse. Tudo que você precisa fazer é arrastar uma nova forma e uma nova pasta de roupas para o seu avatar. E o que é mais importante: você pode fazer isso quantas vezes quiser.

- No mundo real, o estilo de vida é muito influenciado pela renda que você tem. Isso não acontece no *Second Life*. Todo residente é rico o bastante para viver do jeito que quiser, fazendo o que lhe der vontade. Nesse contexto, a noção de estilo de vida adquire um significado diferente: ela se aplica à maneira como você gasta seu tempo no mundo virtual.

- Uma carreira virtual é igual a uma carreira no mundo real, com uma única diferença: tudo acontece muito mais rápido. A noção de trabalho em tempo integral no *SL* ilustra bem esse conceito: no mundo virtual, tempo integral significa oito a dez horas de trabalho por semana, enquanto no mundo real essas horas são 35 ou mais. Quando o que está em jogo é a construção de coisas novas, a velocidade também é muito maior: um construtor experiente pode erguer, partindo do zero, uma casa para uma família (incluindo móveis, decoração e música ambiente) em um período menor do que o necessário para se preencher um pedido de permissão para construção na vida real.

Uma das maiores diferenças entre a vida real e a vida virtual é, no entanto, a quantidade de controle que você tem sobre sua existência. Na vida virtual, você controla tudo: pode até mesmo escolher quando entrar no mundo e sair dele, uma possibilidade que infelizmente não existe na vida real. Você é de fato o senhor do próprio destino.

CAPÍTULO 9
MICHAEL CONTROL

Sempre quis ser o Cara Comum. Sou escritor profissional na vida real e escritores não são pessoas normais — por isso são escritores, para o bem ou para o mal. E se, assim como eu, você também tem uma aparência que chama a atenção (não necessariamente pela beleza), essa vontade de se misturar às grandes massas pode se tornar uma obsessão.

O *Second Life* me deu essa chance: ganhei um avatar prontinho, sob medida, esteticamente agradável. Fiz alguns ajustes, principalmente por ter passado um bom tempo fuçando nas ferramentas de edição de avatar. Lição número um: se você quiser ser o sr. Desconhecido no *Second Life*, fique com o avatar padronizado e faça algumas mudanças. Se você não fizer *nenhuma* mudança, pode ter certeza de que vai "ouvir" coisas do tipo "Quem é o novato ali que ainda não sacou que dá para mudar a aparência do avatar?".

Embora tenha recebido os privilégios de uma conta Premium de um colega generoso da Linden Lab, eu quis sentir o *SL* como se fosse um náufrago numa ilha deserta: sem ajuda do mundo externo na forma de transferências monetárias generosas e sem comprar nada — tudo que eu vestisse ou tivesse deveria ser feito por mim. Com isso em mente, eu praticamente decorei os tutoriais de construção e me coloquei dentro de uma Sandbox vazia. Depois de algumas horas, eu já conseguia construir rapidamente objetos simples com animações também simples (basicamente copiava os scripts existentes em vez de criar scripts do nada). Fiquei muito orgulhoso. Foi quando apareceu uma mulher — uma mulher muito bonita, equipada com um par de asas que causaria inveja à maioria dos anjos. Dentro de mais ou menos cinco minutos, ela construiu uma bela cama de casal, com cabeceira e tudo. Ela não me convidou pra experimentar a cama, então fui embora, sentindo-me insignificante. "Então isso que é a vida de um Cara Comum", pensei. Nada muito interessante para quem busca um pouco de ação.

Por sorte, esse incidente me fez notar algo que tinha passado despercebido no início da minha vida virtual: você não precisa fazer algo que não ache divertido. É possível conseguir tudo o que se quiser de graça ou às vezes por um único Linden dólar. A única exceção é quando se deseja ter um lugar virtual próprio — seja através de compra ou aluguel. Eu pessoalmente não senti essa necessidade: para mim, uma das coisas mais empolgantes do *Second Life* é saber que no *SL* você não precisa das coisas de que necessita na vida real. Não precisa de uma casa, nunca chove — para falar a verdade, você pode definir a intensidade do sol do jeito que mais lhe agradar.

FRANK FREELUNCH

Bom, eu já tive uma vantagem: esse tal de Michael Control compartilhou comigo o que tinha aprendido, mesmo antes de eu chegar ao *Second Life*. Entre outras coisas, ele me disse que todo mundo era *tããão* bonito que quase ardia os olhos de quem observava.

Mas eu não quis ser galã, escolhi o caminho oposto. Dei uma mexida nas ferramentas de edição de aparência e pronto! Virei o simpático operário que fica no bar onde há cerveja barata. Peguei a camiseta branca padronizada, a calça jeans, a barriga de cerveja, a cabeça raspada e misturei tudo isso ao rosto amigável e definitivamente pouco inteligente para obter um efeito pleno. Primeira coisa que notei: eu era o único cara feio de todo o mundo virtual. Aquilo tornou-me notável! Mas as outras pessoas ficaram meio confusas; sempre que eu falava com alguém, aparecia a pergunta "Essa é a sua aparência do mundo real, né?".

Como operário, resolvi fazer umas construções. Peguei minha Primeira Terra e comecei a fazer uma casa. Primeiro tive que nivelar o terreno e, sabe, não é um trabalho fácil — acho que é por isso que os terrenos anunciados como planos e verdes são tão mais caros do que seu preço original. O negócio é arrumar primeiro uma área pequena, fazer com que ela fique plana e com a altura desejada. Depois de ajeitar o canto do meu terreno, foi fácil trabalhar a partir dali. Quando cheguei à metade do trabalho, parei para tomar uma cerveja — dá para comprar cerveja no *Second Life;* também existem geladeiras para manter as cervejas geladas. Quando voltei a trabalhar, algo chamou a minha atenção. Olhei para cima e vi uma bela casa que não estava lá antes, flutuando numa altura de algumas centenas de metros acima da região do meu terreno. Resmunguei algumas coisas para mim mesmo e peguei outra cerveja.

Minha atividade favorita no *SL*? Jogos. Encontrei o Space Invaders na Ilha da Ajuda, um dos meus jogos favoritos nos tempos de infância no mundo real. Então, depois de terminar minha construção, fui me divertir um pouco nos empórios de jogos. Você precisa pagar se quiser jogar a maioria dos jogos, mas quase sempre há cadeiras de acampamento e árvores de dinheiro. Você vai lá e joga. Aí, se ficar sem dinheiro, é só relaxar um tempo numa das cadeiras pagas. Ou pode também conseguir alguma coisa da árvore de dinheiro, se tiver sorte. (Tem sempre os fominhas que vão de árvore em árvore pegando dinheiro de graça, deixando as árvores quase sempre zeradas).

Eu também gosto de beleza, então andei muito e visitei vários lugares. O lugar de que mais gostei? Bom, isso pode surpreender um pouco. Não é uma ilha exótica ou uma vila japonesa, mas sim uma parte do continente central chamada Grignano. Lá há um serviço de bonde elétrico: só depois de esperar no ponto e sentar dentro de um bonde foi que me senti em casa no mundo virtual. Em vez de usar o teletransporte ou voar, o legal mesmo é andar, dirigir ou usar o bonde: a experiência fica muito mais realista.

CAPÍTULO 9

DELIA ELLSBERG

Deu vontade de saber como seria a vida de uma garota no *Second Life*. Não uma *mulher* virtual, mas a menina bonitinha que mora pertinho e faz sucesso com todo mundo. Vários caras usam avatares do sexo oposto e eu quis saber o porquê.

Descobri logo no começo. Ao entrar no *SL* como mulher, você é jovem e bonita, com um corpo de causar inveja mortal a muitas modelos. Vieram falar comigo logo nos primeiros minutos, eu ainda estava na área de chegada. Mesmo com a recepção positiva, odiei a cor original do meu cabelo e troquei para um preto azulado. Depois de experimentar as roupas de brinde na Ilha de Nascimento, e descobrir que não gostava delas — eram legais, mas não tinham a minha cara —, troquei a cor da calça jeans, dei uma mudada no rosto, passei uma maquiagem e fiz uma blusa legal, de manga longa e estampas em formato de zebra, além de um par de sapatos de salto alto para combinar. Pela experiência que tive, cheguei à conclusão de que fazer um par de sapatos que tenha uma boa aparência usando as ferramentas disponibilizadas é um problema: não importa o que você faça, o salto sempre fica feio. Mas há um monte de sapatos legais no continente central — os homens não têm nem um terço das escolhas. O ideal é manter os pés no tamanho 0: eles ficam bonitinhos e a maioria dos sapatos é feita para esse tamanho.

Voltando ao que eu queria dizer: esses dois caras que conheço — Michael Control e Frank Freelunch — reclamaram do fato de ninguém vir falar com eles. Sei o motivo. Um cara tem que ser muito original no *SL* para ser notado. É totalmente diferente de quando você é uma garota. Eu disse que vieram falar comigo logo na área de chegada da Ilha da Orientação. Bom, depois que comecei a usar a blusa de zebra com sapatos de salto alto e tornei as coisas mais legais, fui abordada várias vezes em diferentes lugares. Os caras caem por você no *SL* — essa é a minha experiência. Exemplo: eu quis trocar minha Primeira Terra por um terreno que pertencia a um chefão local dos negócios. Ele havia anunciado que compraria qualquer Primeira Terra por um bom preço. Um cara estiloso, ele: cabelo com topete, calças de samurai, peitoral nu e tatuado. Pois bem: ele me pagou pelo terreno 10% a mais do que havia anunciado.

Conseguir ajuda dos outros também nunca foi um problema, enquanto o Control e o Freelunch lamentaram o fato de as pessoas não dedicarem tempo umas às outras. Mas o que se podia esperar? Se você está lendo meu relato e é um cara, pense nisso: ao entrar no *SL*, você dá um passo para dentro do espelho. Aqui as coisas funcionam de forma diferente: os caras devem ser muito originais para serem notados. E esqueça as roupas que se consegue de graça — elas não são originais o bastante.

O que eu mais gosto de fazer no *SL*? Conhecer pessoas e conversar com elas. O *Second Life* me deu a oportunidade de usar meu francês logo no começo: há cada vez mais residentes de países que não falam inglês. (Claro que todo mundo se comunica em inglês, mas logo dá para perceber que alguns residentes não estão usando sua língua nativa).

DESMONG SHANG

Minha vida no *Second Life* é bem surpreendente, de verdade. Faço coisas antiquadas, que eram comuns no século XIX, só por diversão. Tudo segue a mesma linha: desde postes de iluminação até casas vitorianas.

Por algum motivo, isso parece fazer sucesso, algo que nunca imaginei. Talvez as pessoas tenham se irritado com a cultura do "qualquer coisa serve", que está meio impregnada na internet.

Então, em vez de tentar ganhar dinheiro com o *Second Life*, eu comprei uma ilha, também só por diversão. No começo, pensei que seria legal se umas três ou quatro pessoas quisessem morar numa vila do século XIX à beira-mar, assim eu teria com quem dividir parte das despesas. Fiz uma bandeira em xadrez, abri a ilha Caledônia e a vila foi povoada rapidamente. De uma hora pra outra, a lista de espera já tinha cerca de cinqüenta pessoas.

Não imaginei que a resposta seria essa. Concluí que o que eu tinha a fazer era comprar mais terras e alegrar outras pessoas. A experiência foi como acender fogos de artifício.

A comunidade começou a se sustentar sozinha e, pelo menos até o momento, o grau de participação não teve queda. Com poucos ajustes, já havia casas e lojas, sociedades vitorianas, festas formais e esse incrível senso de diversão e crescimento. A sensação de fazer parte de algo maior e maravilhoso parece estar impregnada em todo mundo.

Estou impressionado com as conquistas da comunidade. Temos um bonde criado por alguns residentes talentosos que se tornou uma espécie de ponto de referência. Além disso, a comunidade levantou milhares de dólares de verdade para a Sociedade Americana do Câncer nos eventos Relay for Life. É uma honra conhecer todas essas pessoas.

Meu cotidiano é parecido com o de um faz-tudo. Certifico-me de que a Caledônia está razoavelmente limpa, arrumo algumas coisas que precisam de conserto e respondo a perguntas. Há também muitas dúvidas dos clientes que adquirem antiguidades na West Trade Imports Ltd. Vez por outra eu adiciono mais terras, o que é sempre divertido. Tudo acontece de forma bem tranqüila. Ainda não tive problemas com as pessoas da Caledônia.

É bem provável que se, no começo, eu tivesse feito outra coisa, a situação seria diferente agora. Esse me parece um bom exemplo de como uma pequena decisão tem amplas conseqüências ao longo do tempo. Devo confessar: o *Second Life* tem sido muito mais recompensador do que eu imaginava.

CAPÍTULO 9

FRANCIS CHUNG

Você precisa saber duas coisas sobre mim para entender o que vou dizer.

Primeiro: eu amo carros. Tenho obsessão por eles. Há uma estrada entre São Francisco e Tahoe, localizada entre as montanhas, cujo asfalto é ótimo — uma experiência automotiva sensacional. Fiz essa viagem algumas vezes no meu Accord EX-R no ano 2000, nos tempos em que fazia economia, em plena era do Ponto Com. Desde então, tenho o sonho de fazer essa mesma viagem em algo que tenha tração nas rodas traseiras.

A segunda coisa que você precisa saber é que estou na faculdade e, como todo mundo sabe, diferentemente do que aparece nos filmes e na televisão, essa não é uma ocupação muito glamorosa e lucrativa. É algo parecido com fazer um voto de pobreza em nome da ciência. O que isso representa é, tragicamente, que meus meios de andar pela cidade são um par de tênis New Balance e o transporte público.

E é aqui que entra o *Second Life*. Mesmo com todas as falhas e limitações, o mundo virtual proporciona aquilo que você não consegue em nenhum outro lugar: as ferramentas com as quais você pode *fazer coisas*, uma forma de realizar seus sonhos, mesmo que num espaço virtual. Um dia resolvi que, se não podia ter um carro na minha primeira vida, eu teria um carro na minha segunda vida. Contentaria-me com a vida no *SL* até o dia em que pudesse ter meu próprio quatro rodas.

E já que era para ter um carro na segunda vida, eu só quis o carro mais legal do pedaço. Para mim, não há nada melhor que um possante dos anos 1960: V-8 na frente, tração nas rodas traseiras, manejo ligeiro e muita potência. Potência e luxo. Era nisso que eu pensava quando comecei a trabalhar no que se tornaria o Dominus Shadow.

Como eu estava lidando com o *Second Life*, seria inadequado apenas construir um carro e chamá-lo de pronto. Isso seria mundano demais. Desculpem o trocadilho, mas o meu palhaço precisaria fazer *todas as graças*. Fazer tudo que se pode imaginar e um pouco mais. Portas matadoras, supercarregadores enormes, modo flutuante e outras coisas. Acho que minha personalidade tem isso de não se dar por satisfeita até que eu tenha uma obsessão por alguma coisa. Por enquanto essa é minha relação com os carros e acho que isso mostra um pouco de quem sou.

TAO TAKASHI

Ouvi falar do *Second Life* pela primeira vez no outono de 2005, numa matéria do blog *Rocketboom*. Na época achei interessante e decidi participar, mas por algum motivo, só fui me inscrever quatro meses depois. Quando finalmente fiz minha assinatura, ficou evidente que *Second Life* era o meu lugar — tanto pela criatividade que paira no mundo e permite que você participe quanto pela grande comunidade.

Comecei então a fazer todo tipo de coisas criativas, como construir a primeira casa, desenhar a primeira camiseta, programar o primeiro script. Depois de um tempo, fiquei sabendo dos *machinima* e decidi que também experimentaria fazer algo. Como tenho um blog de vídeos na vida real, pensei em fazer o mesmo no *Second Life*. O *Tao Takashi on Air* foi concebido primeiramente como um experimento, mas agora já é uma série em progresso. Trata de vários assuntos, como shows de músicos do *Second Life* e da vida real, eventos da comunidade como o Relay For Life ou o aniversário do *Second Life*, além de outras coisas.

Fazer esses filmes é sensacional, mas também desafiador. Por um lado, é como quase tudo no *Second Life*: um novo campo no qual você tem grande liberdade para fazer o que quiser. Por outro lado, é preciso lidar com certas limitações, como não ter uma animação com fala ou ter que trabalhar com um sistema lento.

Embora eu provavelmente seja mais conhecido por fazer *machinima*, minha área de atuação não é restrita aos filmes. Já que trabalho como desenvolvedor de conteúdo da web e do Python na vida real, também tento combinar essas duas coisas no *Second Life*. Um dos projetos nos quais estou envolvido é relativo à criação da TV no *Second Life* — que lê feeds RSS de blogs de vídeo e mostra esses vídeos *in-world*. Mas o projeto é mais voltado para pesquisa, visando experimentar diferentes mecanismos de interação, motivo pelo qual talvez nunca seja finalizado.

Também estou envolvido na criação do `http://planet.worldofsl.com/`, um blog que agrega conteúdo relativo ao *SL* e mostra as postagens mais recentes de blogs relativos ao *Second Life* numa única página. Isso fornece ao leitor uma visão geral do que está acontecendo na blogosfera do *Second Life* no exato momento da leitura e também oferece a novos usuários uma lista de blogs dignos de citação. Dentre eles está, é claro, meu próprio blog, `http://taotakashi.wordpress.com`, onde eu escrevo sobre coisas que estou fazendo e que acontecem no *SL*, de acordo com o meu ponto de vista.

BACCARA RHODES

Desde que apareci pela primeira vez no mundo virtual, em julho de 2003, com o nome de Baccara Rhodes, as pessoas começaram a me chamar de "Reitora Social" do *Second Life*. Em primeiro lugar eu preciso dizer — até pra caracterizar minha condição no *Second Life* — que tentei definir um padrão de gostos, maneiras e boa vida ao construir uma comunidade pessoal da qual posso me orgulhar. Embora eu sempre tente falar dessa mulher elegante e eloqüente na terceira pessoa, ela é uma extensão do meu ser e aqui vou me referir a Baccara como "eu".

Uma resenha do *New York Times*, publicada em junho de 2003, me trouxe ao *Second Life*. Desde o começo, tive certeza de que ficaria aqui por um bom tempo, então comecei a trabalhar na mulher que gostaria de ser. Naqueles primórdios, todo mundo aprendia junto e compartilhava cada pedacinho de conhecimento — cada aventura ocorrida num dia, cada migalha de informação nova era compartilhada de bom grado entre os novos amigos.

Antes do *Second Life* se tornar uma parte tão vital da minha existência diária, eu era promotora de eventos na "vida real" e também atuava no ramo de floricultura, trabalhando com vendas no atacado durante muitos anos. Depois que me aposentei nessas atividades, tive todo tipo de idéia para a trajetória que estava à minha frente.

No entanto, a vida virtual tinha outros planos para mim e eu logo me vi transformada na "diva dos eventos". Conheci Fey Brightwillow, uma das designers mais antigas e talentosas do *SL*, e pouco tempo depois nós fundamos a Spellbound Events. No começo do *SL*, reunimos uma grande equipe de construção, programação e animação para agendar e realizar os primeiros programas de serviços sociais e comunitários. Na descrição da Spellbound, você encontra agradecimentos às histórias fantásticas de L. Fran Baum (autor de *O Mágico de Oz*) e J. M. Barrie (autor de *Peter Pan*), assim como relatos dos maiores casamentos construídos no *Second Life*. Hoje eu continuo fazendo grandes casamentos e eventos sociais no sim Stardust, assim como coordenando projetos corporativos e particulares.

Mash Mandala é uma querida amiga e parceira no *SL*. Juntas, operamos o Depoz Ink e o Stardust no *SL*. Inaugurado em abril de 2005, o Depoz se tornou o primeiro centro completo de construção no nosso mundo, onde os residentes podem comprar tudo que é necessário para uma casa. Dentro de pouco tempo, expandimos para um local composto de vários sims. Essa foi uma colaboração de sucesso e uma amizade extraordinária, mesmo com a distância de 4.000km. Juntas, operamos várias regiões e tomamos todas as decisões através de uma parceria "sem drama", aproveitando bons momentos e uma ótima amizade que já tem dois anos de duração.

No *Second Life*, qualquer pessoa estará sempre expandindo seu horizonte ao manter uma bateria de projetos simultâneos. Participo de diferentes arenas, e hoje em dia estou me preparando para alguns projetos bem legais, como o languagelab.com e a estréia do Eros Continent, que deve acontecer no fim do ano.

Atuei como coordenadora de projetos em algumas fases da elaboração do http://languagelab.com e conduzirei aulas através da interface do usuário para professores que começarão a usar o *SL* na preparação de ensino de inglês como segunda língua. Além disso, também ensinarei outros idiomas à distância para falantes de inglês. Estou bastante empolgada para participar da antiga associação da Stroker Serpentine no Eros Super Continent Project, onde serei anfitriã e gerente de um sim de eventos bastante especial para que grupos particulares tenham casamentos e festas no grande estilo pelo qual me tornei conhecida.

Como uma das residentes "mais velhas" do *SL*, olho para o meu mundo com uma alegria de dar lágrimas nos olhos toda manhã. É um mundo que ajudei a criar e que me deixa muito orgulhosa.

CAPÍTULO 9
TARAS BALDERDASH

Quando vim para o *Second Life*, não percebi que estava embarcando numa jornada espiritual. Também não sabia que seria um monge praticando caridade. Mas depois de uma semana olhando para a poluição dos cassinos e clubes misturados às casas, jardins e prédios, soube que o *SL* seria a próxima "grande descoberta". Tudo bem, talvez a coisa não fosse o *SL* em si, mas o metaverso em 3D, do qual o *SL* é o melhor representante.

Meu avatar evoluiu rapidamente: primeiro roupas pretas, depois uma barba, em seguida algo próximo de roupas clericais criadas com o editor de aparência integrado. O resultado foi um monge russo. Mas, depois de uma semana, o monge mudou outra vez, tornando-se o Taras que conhecemos hoje: um sacerdote baixo, calvo, gordinho, de 850 anos, nascido na Mongólia (às vezes se transforma num xamã ou dragão). Em um mundo de avatares de 20 e poucos anos e corpo malhado, procurando paqueras, foi natural que eu me destacasse como uma curiosidade antiga e celibatária. Fui morar no Elven Maiden Mausoleum, um lugar que ainda visito diariamente.

Comecei a desenvolver uma cultura exclusiva do *SL*. Essa cultura é o Caminho Avatariano; a organização formada para reunir os devotos é a Avatars of Change (AOC). Reescrevi o texto sacro chinês *Yi Jing* (*I Ching*) e criei uma versão dele no *SL*. Esse "Texto Sacro do *SL*" contém diversas instruções específicas do nosso mundo, como "Liberte-se voando para fora, teletransporte-se para o passado" ou "mude sua cabeça". Os textos estão armazenados numa Esfera de Textos, que os mostra em troca de doações de caridade.

Foi logo no começo que conheci Kami Akula. Ela se tornou madrinha da AOC, nos fornecendo terras para a construção do monastério. O grupo da AOC hoje tem sua própria terra, mas sempre seremos gratos a Kami.

A AOC agora está com setenta membros, mais de 10.000m de terras e envia contribuições para o Apoio da Cura no *SL* e o *Modest Needs* (http://www.modestneeds.org) na vida real. Temos oito espaços sagrados e mais de vinte Esferas de Textos no *SL*. Comecei a instruir os membros no Caminho Avatariano, dei a eles o Script Avatariano para que desenvolvessem e coloquei o primeiro Objeto Cristão Ortodoxo no *SL*, a Igreja Ortodoxa Antioquiana de São Nicolau. Estamos preparando a primeira "comunidade do espaço do bem" no *SL* e adicionando mais dois textos sacros ao *SL*: o "Texto do jardim amarelo do rei" e o antigo "Texto da floresta chinesa das mudanças".

Você encontra mais informações no meu blog: http://tarasbalderdash.blogspot.com.

ANGEL FLUFFY

Uso o *SL* pra várias coisas: negócios, educação, interação social, exploração e, claro, pra relaxar. Para mim, o *SL* é como um sonho compartilhado e livre de restrições perturbadoras, como as leis da física. O sonho é a soma de nossas escolhas e por isso nos encoraja a participar. Acredito que os sonhos a longo prazo tendem à bondade, já que a negatividade é autodestrutitva e, quando perde sua utilidade, fica feia. Meu sonho é poder entender os lindos sonhos que me cercam... realizar aqueles que só existem como idéias e melhorar os que já existem.

Para trazer os sonhos à realidade, busco pessoas que tenham boas idéias e trabalho junto com elas a fim de trazer essas idéias à realidade (virtual). Faço esse processo por diversão, por negócios, pelo desafio representado e simplesmente pela alegria de poder ajudar os outros. Melhoro os sonhos existentes da seguinte forma: primeiro entendo os sonhos, depois penso em como eles poderiam alcançar seus objetivos da melhor forma. Às vezes fico pensando em qual seria o objetivo do grande sonho que é o *SL* e em como eu poderia melhorá-lo.

Cada pessoa cria seu próprio objetivo, seja no *SL* ou na vida real. Acho que isso é, em grande parte, a proposta do *SL*: a possibilidade de definir seu objetivo sem as amarras da vida real. Acredito firmemente que ninguém nasce com um objetivo intrínseco, mas que cada pessoa pode fazer e escolher seu objetivo na vida. Afinal, se um objetivo existir para sua vida e não depender de você ou das suas escolhas, como ele pode ser o seu objetivo? Não seria somente o objetivo que outra pessoa teria atribuído a você? Acredito que cada pessoa deve chegar ao momento de aceitar o desafio de criar um objetivo na vida real e que alguns objetivos são melhores que outros. Para ser mais específica, os objetivos que ajudam os outros e melhoram o mundo são melhores que os objetivos que não visam esses fins. Todos somos convidados pela vida a escolher o lado dos anjos, a buscar a glória e assim encontrar uma forma de trazer as coisas boas de nossos sonhos para a realidade.

É por isso que estou no *Second Life*. Meu estilo de vida aqui é baseado nisso: realizar os sonhos e melhorar a realidade.

CAPÍTULO 9

IRIS OPHELIA

Um dos grandes problemas que ronda a internet desde o seu início é a falta de expressão. Os *emoticons* ajudam, mas sempre há um limite que não podemos cruzar: é onde as expressões, tonalidades e a linguagem corporal estão. O *Second Life* tem os meios de quebrar essa limitação, mas ao mesmo tempo continua distante, como qualquer serviço de mensagem instantânea.

A maioria de nós não pensa no *SL* como uma sala de bate-papo. O *Second Life* se tornou mais do que um instrumento para vendedores e compradores. Nasceram subculturas e até castelos do mundo real, além das criações exclusivas de coisas do mundo virtual; surgiram espaços de construção e comunidades independentes. Temos muito mais que empresas por entre essas comunidades: temos revistas, jornais e blogs e sites ao estilo "mercenário"; temos até mesmo celebridades exclusivas. Há um governo e uma polícia oficial, assim como grupos militares e de resistência. Há pregadores e criminosos, casamentos e divórcios, cães e gatos. O *Second Life* é um microcosmo da realidade. Não é a internet, não é um jogo gratuito; pare e pense no assunto. É algo completamente diferente. Com tudo isso que citei — que ainda é pouco, pensando nas possibilidades —, todo mundo tem muito mais poder e muito mais chances de fazer o bem ou o mal do que na vida real.

Isso é um pouco óbvio, então por que a pequena e voadora Iris gastaria seu espaço falando disso? O *Second Life* não é só um programa de mensagem instantânea com *emoticons* e figuras maiores. Temos gestos que podem mover todo o avatar, sons, mensagens, tudo dependendo da maneira como são empregados esses recursos. O problema é que, depois que todo esse mundo foi criado e, com tanta coisa pra ver e experimentar, ainda temos emoções muito pouco verdadeiras. O gesto de choro é usado como brincadeira em 90% do tempo. Se você estivesse realmente chorando, qual seria a forma de fazer isso no *Second Life*? O grande problema que isso gera é que você pode magoar alguém e nunca ficar sabendo que o fez... ou magoar alguém e nunca sentir a culpa merecida.

O que eu faço para garantir meu segundo sustento ou para gerar meu segundo visual não é o que mais importa na minha segunda vida. O que mais importa na interação com esse mundo virtual é a emoção. Tem um coração batendo por trás de todo avatar, inclusive do seu. Não estamos tão distantes do mundo real aqui e temos que fazer uma escolha, respeitar isso — ou ignorar. No *SL*, uma atitude ruim gera menos repercussão. A minha escolha é viver minha segunda vida de forma positiva, esperançosa e passional. Espero que essa escolha seja a sua, também.

CHERI HORTON

Cheri Horton pode parecer uma personagem e tanto — e talvez tenha algo de intimidante. Digo, ela tem mesmo um par de chifres diabólicos que, de qualquer forma, se tornou parte permanente de sua aparência logo depois que chegou ao mundo virtual, em setembro de 2005.

Mas a verdade é que ela é minha encarnação digital genuína — uma cópia pessoal, feita de pixels, mas que existe de forma mental, orgânica e sincera no espaço simulado pela tecnologia 3D, assim como meu mundo físico existe no que é tangível a mim. Os pontos que penetram facilmente o limite do espaço físico para o virtual incluem tudo, desde princípios filosóficos até a predisposição sexual. A única diferença é que nasci homem no mundo real. Mas como sou transexual e me identifico parcialmente como mulher no mundo físico, não foi difícil entrar num ambiente digital 3D como alguém do sexo oposto. Na verdade, a situação é muito confortável para mim, assim como os chifres diabólicos.

Os chifres têm um alto valor simbólico. Eles representam o individualismo e a independência, assim como um desafio aos valores didáticos e repressivos e aos costumes sociais oriundos de mentes fechadas.

E convenhamos: eles são extremamente sensuais, sem contar que se adaptam aos meus interesses, aos quais dou voz no *Second Life*, embora somente em ocasiões controladas e consensuais, assim como acontece fora da internet. Mas guardarei os detalhes curiosos do que faço no mundo físico para algum outro livro e voltarei ao mundo virtual, onde tenho um castelo enorme que abriga a Dashwood Dungeon, o lugar onde eu trato meus clientes como dominatrix.

Sério, eu ganho dinheiro para dominar meus clientes do mundo virtual, mas o dinheiro não é nem de longe o único incentivo para eu fazer isso.

Minha atuação como dominatrix no *SL* — e a interação com o *Second Life* no geral — também oferece um ponto privilegiado de observação para a escrita sobre sexo virtual e relacionamentos adultos entre avatares. O motivo para eu fazer isso é que um espaço virtual como o *Second Life* permite uma observação mais justa da verdadeira natureza humana.

Mas atenção: não deixe que os chifres e a queda por BDSM lhe passem uma impressão errada. Cheri não é uma besta estúpida e furiosa. E nem eu. Muito pelo contrário: fora do reino dessas atividades consensuais, a Cheri é composta, fala bem, é inteligente e educada, assim como você.

FORSETI SVAROG

Meu nome é Forseti Svarog, também conhecido como Giff Constable, vice-presidente de Desenvolvimento Comercial da Electric Sheep Company. Descobri o *Second Life* no fim de 2004, através de um *press release* da Linden Lab. A leitura me atraiu muito: um mundo gerado por usuários? Direitos abertos de PI (propriedade intelectual)? Economia virtual? Criar empresas a partir do talento criativo? Cara! Criei o nome do avatar Forseti Svarog num impulso e demorei a perceber que, depois de construir uma reputação com um determinado nome, não dá para mudar. Por muito tempo, o Forseti não foi humano, porque eu não gostava da aparência dos avatares masculinos humanos, preferia criar avatares partindo do zero. Em determinado momento, minha amiga Launa (Fauna) me deu uma pele para experimentar e Torrid (Midnight) fez para mim um cabelo legal. Forseti então evoluiu e se tornou humano.

Durante muito tempo, o *Second Life* foi basicamente um laboratório criativo para mim. Sou pintor e fiz dos prims e das texturas telas sensacionais. Na verdade, não pego em um pincel desde que descobri o *SL*. Também gostei do espírito empreendedor presente no *SL*. Tive diversos momentos de empreendedor durante minha carreira, mas na época eu aconselhava outros empreendedores de tecnologia em questões relativas a como vender suas empresas ou ações. O *SL* se tornou um *hobby* divertido, que mantinha acesa a minha chama empreendedora, mesmo que de uma forma pouco séria, o que era curioso.

Sempre me interessei muito por história da arte, mas o *SL* despertou em mim um amor pela arquitetura e marcou o início de um aprendizado incrivelmente divertido. Comecei a andar por Nova York traduzindo tudo que eu via para prims e texturas. Decidi que me tornaria um construtor realmente bom e percebi a importância de boas texturas. Devorei a *Photoshop CS2 Bible: Professional Edition*. Examinei as maneiras empregadas por construtores que eu respeitava, como Barnesworth Anubis, Cory Edo, Aimee Weber e Neil Protagonist, para resolver problemas.

No fim de 2005, decidi abrir uma empresa no *SL* e percebi que começaria pelo lado criativo, construindo uma reputação, e depois me dedicaria às questões administrativas. Na mesma época, conheci a equipe da Electric Sheep e percebi que seria bobeira criar minha própria empresa quando eu poderia trabalhar com pessoas inteligentes, talentosas e divertidas.

Meu fascínio pelo *SL* gerou idéias e conceitos. Eu nunca imaginei estabelecer tantas relações, como aconteceu na comunidade com o passar dos anos. Os amigos que encontrei pelos caminhos da vida — vocês sabem quem são — se mostraram a surpresa mais maravilhosa do *Second Life*.

CAPÍTULO 10
GANHANDO DINHEIRO

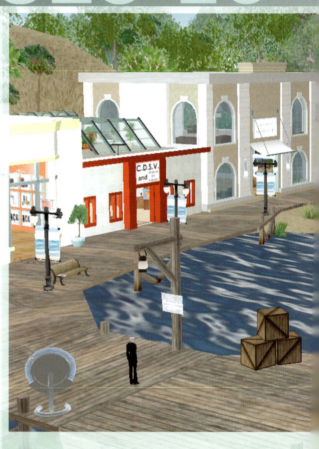

Nos últimos anos, as riquezas virtuais que se traduzem em riqueza na vida real se tornaram um assunto muito discutido. Há cada vez mais artigos e relatos de pessoas que têm uma renda confortável na vida real graças a suas atividades no mundo virtual. A grande maioria das pessoas que entra no *Second Life* espera ganhar algum dinheiro e muitos residentes recém-nascidos querem ganhar *muito* dinheiro. Afinal, alguns residentes conseguiram, e seus exemplos continuam a empolgar e motivar milhares de candidatos a milionários da internet.

É possível ficar rico no *Second Life*? Este capítulo lhe oferece uma resposta bastante detalhada a essa questão. Resumidamente, a resposta é sim, você pode ficar rico, mas só se empregar o devido esforço. De modo geral, ficar rico no *Second Life* é algo que exige muita dedicação, habilidade e sorte, assim como acontece na vida real. Surpreso? Contudo, é *realmente* possível, e este capítulo poderá aumentar suas chances.

SUMÁRIO

DINHEIRO: A DURA REALIDADE 214
DUAS FORMAS DE LUCRAR 216
EMPREITADAS LUCRATIVAS 219

DINHEIRO: A DURA REALIDADE

Você nunca pode se esquecer de uma coisa: para cada bom e velho dólar americano, há uma média de 250 a 320 Linden dólares. Isso quer dizer que, para comprar um chiclete do mundo real, você precisaria de algumas centenas de Linden dólares — masque essa informação. A taxa de câmbio varia, mas em 90% do tempo fica dentro dos limites citados. Ela pode subir ou cair repentinamente depois de uma atualização do *SL* que introduza uma nova fonte ou saída de dinheiro, como uma nova remuneração ou taxas mais altas para upload de som e texturas. No entanto, mesmo nessas condições, é bem provável que a taxa não saia da faixa 220/350 num futuro previsível.

A triste verdade é que, se você quiser ganhar algum dinheiro significativo no *Second Life* — dinheiro que faria uma diferença real na sua vida fora da internet —, precisa estar preparado para dedicar muito tempo e esforço. Simplesmente arrumar um emprego no *SL* não vai fazer com que você ganhe uma boa grana. No geral, você precisará ser um pouco mais habilidoso ou criativo e começar sua própria atividade lucrativa virtual (figura 10.1). As escolhas de empresa e empregos no *SL* são tratadas mais à frente, ainda neste capítulo.

Figura 10.1: Ter uma empresa virtual pode gerar várias emoções da vida real.

> **NOTA** — **INFORMAÇÃO ADICIONAL:**
> ## RECEBENDO DINHEIRO
>
> *Se você perguntar à maioria dos veteranos como eles conseguem Linden dólares, eles vão simplesmente dar de ombros e dizer que compram 10 Linden dólares de tempos em tempos. Essa é provavelmente a melhor coisa a fazer se você trata o* Second Life *basicamente como uma oportunidade de socializar e ter aventuras de todos os tipos e cores (veja o quadro "Realidades financeiras").*

> **QUADRO** — **O RESIDENTE FALA:**
> ## REALIDADES FINANCEIRAS
>
> *"É possível ganhar dinheiro no SL, mas a situação é como morar num país pobre onde a taxa de câmbio do dólar é terrível. O máximo que ganho por dia é algo por volta de mil Linden dólares, aproximadamente 3 dólares americanos. Seria melhor trabalhar durante o dia na vida real e receber 150 libras. Se você pensa em entrar de coração numa atividade no SL, provavelmente pode ganhar algo como 100 dólares por semana, mas isso vai exigir muito tempo e muito trabalho duro.*
>
> *O ideal é ver o metaverso como um local de diversão ou um hobby lucrativo. Não pense que ganhará milhões aqui, isso é muito improvável."*
>
> — stove Lu
>
> *"Quando você começar a desenvolver suas atividades, o melhor é comprar Linden dólares com cartão de crédito ou com o PayPal. Falo sério. O trabalho no SL paga menos por hora do que qualquer trabalho de salário mínimo na vida real."*
>
> — Ceera Murakami

DUAS FORMAS DE LUCRAR

Por sorte, você pode enriquecer de diferentes maneiras no *Second Life*. É possível ganhar dinheiro no *SL* e mais dinheiro da vida real através do *Second Life* ou em conseqüência dele. Uma coisa geralmente leva à outra. Ganhar dinheiro no *SL* significa lucrar direta e exclusivamente a partir de uma atividade no mundo virtual: um emprego ou uma empresa no *SL*. Também significa aplicar habilidades e conhecimentos adquiridos ou aperfeiçoados no mundo virtual a situações da vida real. Além disso, você encontrará empresas do mundo real lucrando no mundo virtual e atividades desenvolvidas no *Second Life* gerando dinheiro no mundo real.

A maioria dos membros do *SL* pensa em ganhar dinheiro exclusivamente no *SL* — afinal, isso é muito mais divertido. No entanto, os magnatas do *SL* tendem a ganhar dinheiro com suas atividades tanto no *Second Life* quanto na vida real. Além disso, a maioria dos profissionais usa seus conhecimentos da vida real no *SL*.

Uma residente que simboliza o sucesso no caminho virtual das riquezas é Anshe Chung, habitante mais rica do *Second Life* e dona de um império de terras virtuais estimado em 1 milhão de dólares no momento da composição deste livro. Diz-se por aí que a renda anual de Anshe Chung chega fácil aos oito dígitos. No entanto, essa renda é gerada tanto por vendas e aluguéis de imóveis quanto por um sistema de troca de moedas que converte euros e dólares americanos em Linden dólares e vice-versa. A operação de troca em reais ainda não estava iniciada em agosto de 2007, porém, segundo informações da empresa Kaizen Games, responsável por essa operação no Brasil, em breve residentes brasileiros também poderão trocar seus Linden dólares por sua moeda local. As comissões cobradas por esse serviço do mundo real indicam que Anshe Chung ganha dinheiro no *Second Life* e através dele.

Outro símbolo notável é o residente Kermitt Quirk. Seu jogo Tringo é um exemplo de como o *Second Life* pode se transformar em sucesso financeiro na vida real. Depois de criar o Tringo como um game que deveria ser jogado somente dentro do *Second Life*, Quirk decidiu vendê-lo para uma empresa de jogos do mundo real, que o desenvolveu para o Nintendo Game Boy Advance — e isso vendendo muitas cópias dentro do mundo do *SL* a 15 mil Linden dólares por cada exemplar.

INFORMAÇÃO ADICIONAL: JOGOS NO SL

Jogos de todos os tipos são um grande atrativo do SL. Você pode ter uma idéia já na Ilha da Ajuda — a versão de Space Invaders é sensacional. Quando chegar ao continente central, você terá diversas opções de jogos (figura 10.2). Para obter mais informações sobre jogos, consulte o capítulo 3.

Figura 10.2: O Second Life é o paraíso do jogador.

Esses dois exemplos representam aquilo que muitos novos residentes do *SL* esquecem: o mundo virtual do *Second Life* é parte do mundo real. Você não precisa ser um outro Kermitt Quirk para lucrar a partir dessa ligação. Por exemplo: se os seus conhecimentos limitados em vendas ou em negociação de salários estiverem atrapalhando o lucro no seu emprego da vida

CONTRATAMOS JORNALISTAS

Olá a todos,

Sou editor da **SL Business**, *que está procurando redatores e colunistas fixos e redatores freelance. Você me encontra no mundo virtual, é claro, e também pelo* `e-mail:` `highlyfocused@gmail.com`.

Veja uma lista de oportunidades disponíveis:

- **Redator fixo:** *trabalha juntamente com a equipe editorial na cobertura da pauta editorial do mês. Você terá assuntos para pesquisar, desenvolver e enviar aos editores. Trata-se de uma vaga assalariada e exige presença regular no SL. O salário será discutido no próprio mundo virtual.*

- **Colunista:** *cobre uma área em particular e geralmente é especialista em algum assunto.*

> Os artigos dos colunistas aparecerão na revista mensal e possivelmente nos suplementos semanais. O pagamento é feito por coluna, no valor de 1,5 mil Linden dólares/5 dólares americanos.
>
> ▪ **Redator freelance:** assume trabalhos que a equipe editorial não pode assumir ou trabalha destacando um tema. Os profissionais que buscam trabalho na revista receberão assuntos da equipe editorial para que pesquisem, desenvolvam o tema e enviem o texto. O pagamento é por artigo, com valor de 1,5 mil Linden dólares/5 dólares americanos.
>
> Aguardo respostas e espero apresentá-los em breve para a equipe da SL Business. Grato!
>
> Hunter Glass
> Editor
> Revista SL Business[1]

real, o *SL* pode servir como uma área de treinamento. Ou se você estiver com dificuldades para fazer uma carreira ligada às artes decolar — se a sua ambição for se tornar um escritor (uma escolha muito incerta, posso dizer) e a vida real não estiver proporcionando a você a oportunidade por falta de experiência, um emprego num dos jornais do *SL* poderia ser o primeiro passo para uma carreira literária (veja o quadro "Contratamos jornalistas").

O *SL* também pode ser muito útil na descoberta de um talento escondido. Se a sua vida cotidiana não permite que você desenvolva sua criatividade, no *SL* você pode encontrar uma nova e recompensadora situação. É possível que mais cedo ou mais tarde ganhe algumas centenas de Linden dólares fazendo algo de que goste. A diversão é a chave para a escolha da atividade lucrativa ideal!

INFORMAÇÃO ADICIONAL: GANHANDO DINHEIRO DA VIDA REAL NO SECOND LIFE

A Electric Sheep Company é um bom exemplo de empresa do mundo real que ganha dinheiro com o Second Life. Os serviços são focados no fornecimento de consultoria e soluções a empresas do mundo real interessadas na construção de um negócio real num ambiente virtual.

---

[1] Este anúncio foi feito no momento da produção deste livro, ou seja, as vagas já podem ter sido preenchidas.

CAPÍTULO 10
EMPREITADAS LUCRATIVAS

Figura 10.3: Essa coisa de dinheiro grátis na verdade não existe, mesmo num mundo virtual.

Dinheiro dá sim em árvore. O mundo virtual do *Second Life* tem as "árvores de dinheiro", de onde crescem frutos de dinheiro que podem ser colhidos. Você pode pegar até 20 Linden dólares de uma vez; as árvores são basicamente máquinas de distribuição de Linden dólares com o objetivo de ajudar novos residentes do *SL*. Elas podem ser carregadas com dinheiro através das doações do público em geral ou através de partes interessadas, como donos de lojas próximas a árvores. As árvores de dinheiro são usadas para atrair pessoas para um certo ponto (geralmente um local comercial) e o fazem muito bem: na maioria das vezes ficam vazias. Infelizmente, isso acontece também por conta do abuso de residentes do *SL*. Se você tiver decidido pegar um fruto de 10 Linden dólares ou algo do tipo, pode ter que esperar um tempo.

Você também pode receber dinheiro "grátis" através de uma remuneração. O sistema de remunerações passou por muitas mudanças. Em determinado momento, uma remuneração chamada de *dwell* era paga aos resi-

NOTA — INFORMAÇÃO ADICIONAL: DINHEIRO GRÁTIS

"Dinheiro grátis" é um bem muito anunciado no mundo virtual. No entanto, obter "dinheiro grátis" geralmente é algo que exige esforço semelhante ou superior ao empregado para se ganhar algo com trabalho (figura 10.3).

dentes com as maiores taxas de popularidade, medidas pela quantidade de tráfego de um lugar mantido por um residente (como lojas ou mesmo casas particulares). Em outro momento, tanto membros Básicos como Premium recebiam uma remuneração semanal. No momento em que escrevemos, somente os usuários de conta Premium recebem uma remuneração e já que elas custam dinheiro, os Linden dólares recebidos não são exatamente gratuitos. Quaisquer novas mudanças ao sistema deverão manter sempre *algum* tipo de remuneração.

É muito improvável que você consiga satisfazer todas as suas necessidades no *SL* com dinheiro "grátis". O apetite crescerá a cada mordida e mais cedo ou mais tarde você desejará um item superior, com preço de muitos milhares de Linden dólares. Com paciência e determinação ao guardar as remunerações, você poderá ter dinheiro para comprar coisas com valor equivalente a uns bons dólares da vida real.

No entanto, se você não quiser usar esse meio ou se realmente *quiser* ganhar dinheiro no mundo virtual por achar divertido, há muitas opções. Por enquanto, as profissões no *SL* não são tão numerosas quanto no mundo real — o *Second Life* não precisa de serviços de dentistas ou encanadores, por exemplo (no entanto, há vários psicólogos atuando). Mas não se preocupe: há muito mais do que profissões para escolher! As seções a seguir tratam das oportunidades de emprego e lucratividade no *Second Life*, com comentários sobre o poder lucrativo de cada possibilidade.

> Lembre-se de que você pode ter que prestar contas da sua renda no mundo virtual a autoridades tributárias do mundo real. As regras exatas podem ser diferentes de acordo com seu lugar de residência no mundo real, portanto busque informações sobre quais são as leis aplicáveis à sua área.

Como você já sabe agora, o dinheiro a ser ganho no *Second Life* representa muito pouco no mundo real. No entanto, o tempo que você passa ganhando dinheiro vale a pena, já que a moeda Linden lhe permite comprar muito mais coisas do que seria possível no mundo real.

De modo geral, os preços no *Second Life* são baixos. É um mundo onde se obtém as coisas bem rapidamente, se consegue casas e veículos gratuitos, sem falar das roupas e dos vários outros itens. Acima de tudo existe a possibilidade de adquirir toneladas de coisas legais gratuitamente ou pelo preço simbólico de 1 Linden dólar. E mesmo o que é "caro" não é tão caro assim: uma arma de alta linha com munições "inteligentes" pode custar menos de 3 mil Linden dólares, ou 10 dólares americanos. Destes, poucos dólares não compram muita coisa no mundo real, mas compram muita diversão no *Second Life* (figura 10.4).

Além disso, há um encanto que envolve a atividade de se ganhar dinheiro no mundo virtual. Ganhar o equivalente a 1 dólar é muito mais gratificante

Figura 10.4: O Second Life geralmente é gratuito ou barato.

que ganhar 50 dólares na vida real. Independentemente do esforço que você dedique, o dinheiro ganho no *Second Life* sempre parece um presente, e isso conta muito. Essa característica especial de rendimentos virtuais é um dos motivos mais importantes para que as pessoas desejem investir uma hora para ganhar o equivalente a 1 Linden dólar, gente que talvez se apavorasse com a idéia de ganhar 20 Linden dólares por hora de trabalho na vida real. Não é difícil imaginar empresas do mundo fazendo reuniões sérias para decidir a melhor maneira de lucrar com esse fenômeno.

O que importa mesmo é que ganhar dinheiro num mundo virtual é muito mais divertido que no mundo real. Para manter a coisa assim, não se foque exclusivamente no ganho do dinheiro, mas faça algo que você goste e que seja rentável.

QUADRO — O RESIDENTE FALA: A ALEGRIA DE GANHAR DINHEIRO

"Se você gosta de algo, o dinheiro é uma conseqüência natural."

— Kate Proudhon

"Uma das melhores formas de ganhar dinheiro é vendendo coisas. Descubra sua especialidade e paixão e depois aprenda a construir. Com tempo e prática, os residentes começarão

> a demonstrar interesse e se oferecer para comprar qualquer coisa que você fizer. É assim que vez por outra eu consigo comprar uma terra: projetando e vendendo aviões."
>
> — Dustin Pomeray
>
> "A maioria das pessoas deve ter mais facilidade pra ganhar dinheiro no mundo real, então o melhor é se divertir no Second Life, tomar esse como o primeiro princípio e o mais importante. Não estamos falando de uma ferramenta para se ganhar dinheiro; é um game, uma comunidade virtual, um ambiente criativo e muito mais."
>
> — Elgyfu Wishbringer

Além do fator diversão, outro ponto muito importante a ser pensado na sua escolha de atividade rentável é a quantidade de lucro desejada. Decida de antemão o quanto você precisa ou quer:

- Dinheiro suficiente pra comprar os itens que quiser no *SL* e se engajar em atividades desejadas. Aqui, suas necessidades de Linden dólares ficariam nos poucos milhares por mês. Você pode ganhar o bastante para cobrir necessidades como essas mesmo com empregos no *SL* de salários baixos e sem exigências de conhecimentos prévios.

- Dinheiro suficiente pra cobrir o mencionado acima, com o acréscimo dos custos da vida real relativos a uma assinatura Premium e talvez taxas baixas para a manutenção de terras: se quiser ganhar essa quantia, você precisará ter alguma habilidade específica num emprego do *SL* ou ter uma empresa com modesto sucesso.

- Dinheiro suficiente para cobrir todos os custos relacionados ao *SL*, inclusive taxas baixas para a manutenção de terras, além de uma quantia significativa de moeda do mundo real no seu bolso: a menos que você seja um gênio com idéias empresariais brilhantes, um objetivo financeiro desses exige um comprometimento equivalente ao de um emprego de meio período na vida real. Você precisa ter muitas habilidades e/ou ter uma empresa bem-sucedida, altamente lucrativa (figura 10.5).

- Dinheiro suficiente para viver no mundo real, independentemente dos gastos do *SL*. Sejamos francos: se esse for o seu objetivo, você deverá manter um compromisso semelhante a um emprego normal em período integral. E mais: você precisa ser uma pessoa com talento primoroso em negócios para fazer um grande investimento de tempo e dinheiro. Os melhores animadores do *SL* também podem chegar a essa faixa de rentabilidade.

Figura 10.5: Não é fácil fazer a coisa dar certo no Second Life.

Para resumir, as únicas pessoas que provavelmente terão a motivação para fazer do *Second Life* uma fonte regular de renda são aquelas que poderiam fazer isso na vida real, mas que preferem fazer no *Second Life* por ser mais empolgante e divertido. O número de pessoas vivendo com a renda gerada no *Second Life* está nos meros três dígitos enquanto o número de pessoas ganhando quantias consideráveis para a vida real está nos quatro dígitos. Isso não é muito se comparado ao número de 250 mil residentes ativos no *SL*.

> **NOTA**
>
> **INFORMAÇÃO ADICIONAL:**
> ## A VIDA IMITA O *SECOND LIFE*
>
> *Você pode encontrar um emprego da vida real no Second Life ou através dele. E isso não precisa acontecer na base da negociação de contatos ou algo do tipo. Por exemplo: uma empresa ou organização de serviços sociais pode estar à procura de funcionários para um programa on-line a ser realizado no mundo virtual do Second Life.*

Lembre-se: o nome do jogo é diversão. Se ganhar da concorrência no mundo virtual for algo que faça você se divertir, não deixe que nada o detenha. Porque se algo é possível, vai se concretizar — é assim que as coisas funcionam quando os objetivos são verdadeiramente ambiciosos.

Agora vamos dar uma olhada mais detalhada em como você pode ganhar dinheiro no *SL*.

INFORMAÇÃO ADICIONAL:
GASTAR PARA GANHAR

Vários empregos no SL exigem que você tenha certos itens; outros exigem um avatar com movimentos e visual de destaque. Adquirir esses itens pode envolver um grande investimento. Por exemplo: para se tornar modelo profissional, você precisará de corpo, pele, cabelo e animações sensacionais, que podem custar um bom dinheiro.

EMPREGOS

Trataremos agora dos empregos mais comuns no *Second Life*. Lembre-se de que há outros e que novas categorias de emprego aparecem a toda hora. No entanto, as profissões listadas aqui correspondem a mais de 90% dos empregos no *SL*.

ACAMPAMENTO

O "acampamento" no *SL* é uma gíria para um emprego que não exige nada além da sua presença. Geralmente consiste em ficar sentado numa cadeira em troca de 10 a 20 Linden dólares, e esse dinheiro é pago em intervalos que variam de cinco a quinze minutos. Esses empregos bastante, digamos, *virtuais* foram muito populares nos tempos em que remunerações *dwell* eram pagas; fazia muito sentido ter pessoas matando tempo nos lugares. Com o fim dessa remuneração, os empregos de acampamento continuaram a aparecer por causa de uma regra da vida real que se aplica ao *Second Life*: gente atrai gente. O *Second Life* não é um mundo muito denso em população. Quando você estiver nele e consultar seu mapa, verá que ícones verdes de "pessoas" tendem a formar grupos. Portanto, ainda faz sentido para os donos de empresas — principalmente os do ramo varejista — contratar avatares pelo preço equivalente a centavos da vida real por hora (figura 10.6).

RECEPCIONISTA

Um emprego de recepcionista está acima do emprego de acampamento. Além de simplesmente estar presente no local, você deve falar ou digitar uma simples saudação de tempo em tempo, talvez fazer um gesto simples, como

Figura 10.6: "Acampamento" tem outro sentido no Second Life.

uma reverência. Como você deve ter imaginado, não poderia ganhar uma fortuna mesmo com um avatar sensacional. O salário padrão fica em torno de 50 a 100 Linden dólares por hora, além das possíveis gorjetas. Claro que isso requer um avatar com nível de aparência mais elevado, conhecimentos sociais e charme. Você pode trabalhar temporariamente — algumas horas num evento específico — ou em tempo integral no *SL*, que costuma ser algo por volta de dez horas por semana. Não espere ganhar mais do que alguns milhares de Linden dólares por mês — 10 ou 12 dólares da vida real. Para ganhar alguns outros milhares, você terá que desenvolver habilidades sociais que se destaquem e investir na aparência do seu avatar.

No entanto, ser recepcionista pode ser muito divertido para quem gosta de conhecer novas pessoas e ver coisas acontecendo. Você certamente terá a oportunidade de fazer novos amigos. Essa pode ser a escolha certa caso seu objetivo máximo no *Second Life* seja socializar. Os empregos temporários ou fixos podem ser úteis para quem tem uma conta Básica. Com eles você poderá pagar o aluguel de um pequeno espaço no *SL* para guardar seus prims. Você também poderá ter um dinheiro guardado para aquelas ofertas de 1 Linden dólar, tão abundantes no mundo virtual.

SEGURANÇA

Empregos na área de segurança vão desde um simples vigia até uma guarda armada — como você deve ter imaginado, há muito mais vigias. Os empregos mais simples pagam algo como 50 Linden dólares por hora e

NOTA — INFORMAÇÃO ADICIONAL: REDE SOCIAL

Os empregos que envolvem muita socialização e encontros com novas pessoas — como o de recepcionista ou até mesmo de anfitrião — podem ser muito úteis para quem quiser turbinar uma empresa recentemente aberta. Você provavelmente conseguirá muitos clientes entre os residentes do SL que encontrar através do seu emprego. Mas não seja inconveniente! Algumas informações adicionais no seu perfil e um cartão de visitas personalizado são suficientes para chamar a atenção para sua outra atividade rentável.

geralmente não exigem nenhum equipamento especial ou que o residente se envolva em combate. Os empregos de guarda armada ou guarda especial são negociáveis, mas não espere ganhar muito mais do que um valor de três dígitos. Pouquíssimos guardas conseguem ganhar mais de 150 Linden dólares por hora.

É importante que você *não* veja um emprego de segurança como mera oportunidade de atirar nas pessoas abertamente. Como falamos no capítulo 2, isso é tão criminoso quanto os atos de qualquer infrator. Se você quiser atirar nas pessoas, vá para um sim de combate. Tendo isso em mente, é fato que o emprego lhe dará alguma autoridade virtual e pode ser uma ótima oportunidade de ver como as pessoas levam suas segundas vidas. Essas são praticamente as únicas razões para se trabalhar na segurança; o salário é baixo e você não tem as mesmas oportunidades de socialização de um recepcionista.

A maioria dos empregos de segurança e guarda exige um compromisso fixo de tempo, com algumas horas por semana. Não há muitos seguranças *in-world*, já que eles funcionam mais como propaganda. Sistemas automatizados de segurança são muito mais eficientes e há alguns gratuitos.

VENDEDOR EM LOJA / REPRESENTANTE DE VENDAS

A maioria dos itens que você pode comprar no *Second Life* é vendida diretamente por seus donos — através de anúncios no mundo virtual e publicações do *SL*, com vendedores automatizados ou lojas. A maioria das lojas emprega vendas automatizadas, mas há uma nova tendência com relação às equipes de vendas. Existem dois tipos de empregos nessa categoria. Ser vendedor em loja exige a presença física na loja e geralmente paga pouco por hora (dois dígitos), além de uma pequena comissão sobre o volume de vendas. Ser representante de vendas não exige presença programada dentro de uma loja — grosso modo, é o equivalente a representantes comerciais itinerantes. Nenhum dos empregos oferece oportunidade de grande renta-

Figura 10.7: Desenvolver uma rede social de contatos é essencial para o sucesso do negócio no Second Life.

bilidade. No entanto, esse setor de empregos em especial é um dos que devem sempre crescer com o *Second Life*.

ANFITRIÃO DE EVENTOS/ DJ

Anfitriões de eventos organizam e gerenciam eventos sociais dentro do mundo virtual: jogos, festas, desfiles de moda, etc. Entre todos os empregos do *SL* tratados até agora, esse é o que mais tem potencial para ser uma carreira séria. Para começar: os anfitriões de eventos ganham uma quantia decente e há um grande mercado para seus serviços: donos de empresas fazem muitos eventos para atrair novos clientes. Embora a remuneração por

INFORMAÇÃO ADICIONAL: FAZ-TUDO

Se você for um novo cidadão do SL ainda sem um talento definido para escolher uma das profissões do SL sem hesitar, pense em experimentar vários empregos ou ter mais de um emprego em diferentes profissões ao mesmo tempo. Isso lhe ajudará a descobrir seu verdadeiro talento no SL e também permitirá que você desenvolva uma rede social maior, o que talvez seja o pré-requisito mais importante para o sucesso em atividades rentáveis (figura 10.7).

hora não seja das maiores, a renda das gorjetas é maior que a dos recepcionistas. Além disso, os anfitriões de eventos sempre recebem uma parte do lucro dos eventos. No entanto, tenha em mente que o potencial lucrativo do emprego depende muito das suas habilidades e de sua experiência. É claro: um bom anfitrião do Tringo que faça o jogo ser mais divertido atrai mais jogadores, e um anfitrião experiente e bem conhecido aumenta em muito o público do evento pelo simples fato de estar lá. No entanto, estar presente é o grande lance. Para se alcançar uma renda de 10 mil Linden dólares por mês ou mais, é bem provável que você precise dedicar muito tempo.

Em troca, você ganha uma grande oportunidade de socializar no mundo virtual. Hospedar eventos facilita a construção de uma grande rede de contatos, o que pode ser muito bom e divertido — seus amigos virtuais

> **INFORMAÇÃO ADICIONAL:**
> **ANFITRIÃO: UM PONTO DE PARTIDA**
>
> *Um emprego de anfitrião de eventos é o começo ideal para quem quer abrir uma própria empresa de entretenimento. Depois de obter experiência nesse ramo, você só precisará de uma cópia do jogo desejado e de um espaço para realizar eventos de jogos, cujos fãs tendem a seguir os anfitriões de quem gostam. Então você sempre terá público. Você também pode alugar o jogo e o espaço ou até mesmo negociar um arrendamento por uma parte do lucro.*

Figura 10.8: Receba um treinamento básico em eventos comparecendo aos que você gostaria de gerenciar.

provavelmente aparecerão nos eventos realizados por você e lhe darão boas gorjetas. Os anfitriões de eventos do *SL* que também têm suas próprias empresas têm chances de lucrar ainda mais: algumas das pessoas conhecidas nos eventos acabam se tornando clientes.

Um anfitrião de eventos bem-sucedido deve ter muitas qualidades sociais. Senso de humor, habilidade de comunicação escrita e habilidade de digitar rápido também são essenciais. Uma aparência atraente para o avatar é necessária: quanto mais atraente, melhor. Adquirir pele e roupas personalizadas é algo altamente recomendado, também. Claro que, se trabalhar especificamente com eventos de jogos, você deve saber a maneira como funcionam (figura 10.8).

Um DJ é basicamente um anfitrião de eventos altamente especializado. Você precisa ter conhecimento sobre o funcionamento de fluxo de áudio em formato MP3. Naturalmente, você também precisa ter conhecimentos de DJ da vida real: perceber o que o público gostaria de ouvir e em seguida reagir de acordo. Os DJs são bem pagos e recebem uma grande demanda de serviços. Se você for bom, pode ganhar muitos Linden dólares por uma única sessão (de duas a quatro horas). Isso inclui a remuneração por hora paga pelo estabelecimento que o contratou e as gorjetas dos visitantes. Os DJs talentosos podem também fazer de seu emprego uma escolha de carreira no *SL*: os altos rendimentos por hora significam que trabalhar algumas horas por semana pode gerar uma renda confortável no *SL* (veja o quadro "Trabalhando como músico").

> **NOTA — INFORMAÇÃO ADICIONAL:**
> ## TRABALHANDO COMO MÚSICO
>
> *O Guia de Empregos da Wiki do Second Life contém uma opção viável de emprego para o músico que toque ao vivo. Tecnicamente, é algo possível — você é basicamente um DJ tocando sua própria música, exceto pela necessidade de um instrumento (um item anexo ao seu avatar), além de algumas animações personalizadas. No entanto, não espere viver disso; as chances de se dar muito bem como músico no SL são, grosso modo, as mesmas que se encontra na vida real.*

As atividades de anfitrião de eventos e músico são profissões, não apenas empregos para trabalhadores sem conhecimentos. Como você verá, isso também se aplica a vários empregos listados como "não exige habilidades" pelo Guia de Empregos do *SL*. Por sorte, não é difícil achar oportunidades iniciais para se ganhar experiência (veja o quadro "Estamos contratando: várias áreas").

QUADRO

INFORMAÇÃO ADICIONAL:
CONTRATAMOS: VÁRIAS ÁREAS

FEIRA DE EMPREGOS PARA INICIANTES E PROFISSIONAIS EXPERIENTES NESTE DOMINGO

Expansão e crescimento! Os Sims Two Island, de entretenimento virtual, precisam de mais funcionários para trabalhar em meio período. A Feira de Empregos acontece no pátio frontal do Black Dragon Pub, na Ilha VooDooLive. Os gerentes estarão no local para realizar entrevistas e contratações.

ESTES EMPREGOS NÃO EXIGEM QUALQUER EXPERIÊNCIA — FORNECEMOS TREINAMENTO:

- *Dançarino(a)/Modelo* — 30 Linden dólares por hora mais gorjetas para dançar/Roupas GRÁTIS para participar de desfiles mensais. Portfolio gratuito de fotos para perfil, com aplicação de Photoshop.
- *Anfitrião de Eventos* — Vagas diurnas e noturnas — 50 Linden dólares por hora, além das gorjetas.
- *Anfitrião de Slingo/Bingo* — Para depois da meia-noite, 50 Linden dólares por hora, além das gorjetas.
- *DJ (drum n' bass, hip-hop, rave, rock, salsa, anos 1940, anos 1980)* — Fornecemos o software e o treinamento necessários para você começar. Quatro salas de treinamento disponíveis o tempo todo. Quatro canais de rádio disponíveis.

ESTAS OPORTUNIDADES EXIGEM CERTA EXPERIÊNCIA:

- *Gerente local e gerente assistente* — Seis horas semanais, a serem cumpridas no local. Necessário conhecimento sobre publicação de eventos e ferramentas de administração de terras.
- *Editor sócio de revista* (necessário Photoshop).
- *Redator de revista* — 500 Linden dólares por um artigo de quatrocentas palavras.
- *Webmaster* — Temos os domínios e os servidores. Precisamos de sites simples desenvolvidos e mantidos para dar apoio à nossa venda de anúncios em banner — flexibilidade e alta lucratividade.

Se você não puder comparecer à feira de empregos, envie um e-mail para voodooisland@gmail.com

DANÇARINA/*STRIPPER*

O mundo virtual do *Second Life* tem casas noturnas aos montes (figura 10.9). Praticamente todos empregam dançarinas para atrair o máximo possível de residentes. A maioria dos empregos de dança tem horas definidas, mas seqüências isoladas de shows são uma possibilidade e geralmente pagam mais que empregos comuns, na base do tempo corrido. O pagamento varia grandemente e depende muito da habilidade e da aparência da dançarina. Como você deve ter imaginado, uma dançarina bem-sucedida deve ter aparência e movimentos sensacionais, o que requer grandes investimentos na aparência do avatar e em animações personalizadas.

Figura 10.9: Não há economia de boates no Second Life.

Além do pagamento por hora, as dançarinas recebem gorjetas. As realmente boas ganham a maior parte de sua renda com gorjetas, mesmo com os 20% que geralmente vão para o organizador do evento ou dono do ambiente. As dançarinas mais conhecidas podem ganhar um bom dinheiro, com ganhos por hora que chegam aos três dígitos.

No *Second Life*, a linha entre dançarinas e *strippers* é muito tênue: muitos residentes desenvolvem ambas as atividades. Se você gostar da idéia, deve investir em animações adequadas. *Strippers* ganham mais dinheiro que dançarinas e o investimento tem um retorno rápido.

Com tantos fatores envolvidos no emprego, não é de se surpreender que a renda mensal varie muito. Um iniciante precisa dar duro para ganhar 2 ou 3 mil Linden dólares por mês, enquanto uma dançarina ou *stripper* bem conhecida ganharia isso numa única sessão de trabalho (de duas a três horas). Para ficar no topo, você precisará sempre investir na atualização da aparên-

cia do avatar e em novas animações. É o emprego ideal para quem gosta de ser admirado e de ver demonstrações práticas de tal admiração.

MODELO/FOTOMODELO

Este é outro bom emprego para quem tem déficit de admiração na vida real. Mas empregos para modelos são relativamente raros. Se você quiser embarcar numa carreira de modelo, talvez seja melhor começar dançando e continuar a ganhar com essa atividade enquanto investe em todos os pré-requisitos para se tornar um bom modelo ou uma boa modelo. Esses pré-requisitos envolvem corpo, pele e animações sensacionais (incluindo posições especiais e animações para engatinhar). Além disso, você precisará mudar a aparência do seu avatar com freqüência; o campo da moda é muito competitivo. Se você tiver interesse em saber mais sobre o assunto e talvez ganhar uma ajuda para conseguir o primeiro emprego, visite uma das agências de modelos que operam no mundo virtual (use a função de Pesquisa).

Há dois tipos de atividades envolvendo modelos: ser modelo virtual em desfiles de moda e trabalhar como modelo em sessões de fotos. Os salários variam muito. Iniciantes ganham ninharias, mas isso geralmente é compensado com melhoras gratuitas na aparência (roupas, animações, acessórios). As principais modelos de ambas as categorias são profissionais qualificadas, que podem ganhar milhares de Linden dólares por hora e prêmios em competições (veja o quadro "Contratamos modelos").

Admitem-se Modelos

Pretendo abrir um estúdio de fotos próprias. Quero colocar exemplos do meu trabalho no estúdio, então basicamente sua foto seria colocada na parede juntamente com outras fotos. Pagarei oitocentos Linden dólares pelo tempo gasto, que deve ser algo em torno de dez minutos para achar a pose e tirar a foto. Você receberá uma foto gratuita.

Para quem tiver interesse, peço que me mande um cartão pelo SL contendo uma foto.

Preciso de seis pessoas para fazer isso, homens e mulheres. Todos os tipos de avatar. Confira meu perfil in-world *para ver exemplos do meu trabalho. Agradeço a atenção.*

— Sky Veloce

← **CONCURSO DE MODELOS DA ALLURE — INSCRIÇÕES ATÉ MEIA-NOITE DE DOMINGO**

Prêmio do primeiro lugar: 25 mil Linden dólares.

Participe dessa empolgante competição que determinará a Top Model Allure.

O Grupo de Modelos Allure tem o prazer de anunciar essa competição para reconhecer o trabalho duro e o esforço de muitos pela carreira de modelo.

Participar é simples: mande três fotos para Bruno Buckenburger. Uma das fotos deve ser de rosto. As outras duas ficam totalmente a seu critério.

No dia 21 de agosto, a Allure selecionará vinte participantes.

Essas vinte pessoas terão a oportunidade de desfilar e receber um portfólio gratuito da Allure; serão julgadas por alguns dos profissionais mais reconhecidos e admirados do setor:

- *Bruno Buckenburger — Presidente da BBVision e AllureNET Media*
- *Jenn McTeague — Vice-presidente do Grupo Allure*
- *Janie Marlow — Designer de roupas da Mischief*
- *Alyssa Bijoux — Designer de jóias e acessórios*
- *Sophie Stravinsky — Fotógrafa da Sophiesticated Photography*

Desse grupo de vinte, cinco finalistas serão selecionadas para voltar e competir pelo prêmio máximo e pelo título de Top Model Allure.

***** *Não se esqueça de pegar um cartão com todas as regras no escritório do Grupo de Modelos Allure, no 5º andar do The Offices, em Bareum Beach Towers: Bareum (150, 99, 67) ou na Socle, a Central de Exibição do Grupo Allure: Bareum (211,9,45). Boa sorte!*

ACOMPANHANTES

Como dissemos nos capítulos 2 e 3, o sexo virtual é uma atividade comum no *Second Life*. Como é de se esperar, há muitas pessoas ganhando dinheiro com isso no *SL*: não só acompanhantes, mas também aqueles que criam as animações e os gestos adequados e os construtores que criam órgãos sexuais.

Ganhar dinheiro com favores sexuais não é fácil num mundo virtual com tanto sexo sendo oferecido. Um acompanhante bem-sucedido deve investir muitos Linden dólares na aparência do avatar, incluindo os acessórios relacionados a sexo (seu avatar vem *sem* órgãos sexuais) e outros itens especiais (como uma casa Gensex). Se você tiver o dinheiro, não será difícil obter os gestos e as animações adequadas (figura 10.10).

Os "empregos" de acompanhantes em casas noturnas e em outros centros de entretenimento são anunciados com freqüência e com muito menos pudor do que no mundo real. O pagamento consiste quase sempre de "gorjetas", pagas por visitantes satisfeitos, geralmente com um decréscimo de 20% para o organizador ou dono do evento; às vezes há uma baixa remuneração por hora, também, para desencorajar as ausências. As acompanhantes mais bem-sucedidas trabalham assim como as garotas de programa do mundo real, recebendo clientes em ambientes luxuosos e arrumados. As remunerações chegam a 2,5 mil Linden dólares por meia hora, mas a média tende a ficar em um ponto entre os três e quatro dígitos a cada meia hora. De qualquer forma, os rendimentos mensais podem ser impressionantes, chegando facilmente aos cinco dígitos de Linden dólares.

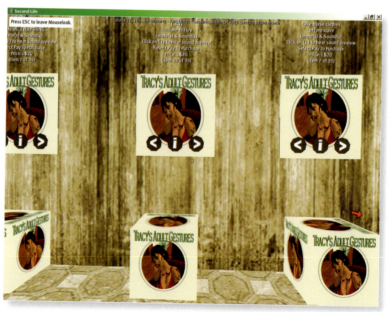

Figura 10.10: Hum, será que consigo dois gemidos pelo preço de um?

> **INFORMAÇÃO ADICIONAL:**
> ## A FONTE DA JUVENTUDE
>
> *Se você se interessou pelo assunto, saiba que ser acompanhante virtual é uma carreira com grande potencial. O dinheiro é bom e tende a melhorar com o tempo; acompanhantes não envelhecem no* Second Life. *Muitos dançarinos e strippers do SL ganham dinheiro paralelamente como acompanhantes.*

CRIADOR DE TEXTURAS

Um criador de texturas usa um aplicativo externo (como o Adobe Photoshop ou o Paint Shop Pro) para criar texturas originais, que em seguida são importadas para o *Second Life* e usadas *in-world*. As texturas são o que você aplica à superfície de um prim para que ele tenha uma certa aparência (madeira, metal, preto, amarelo, com sulcos, brilhoso, qualquer coisa). A criação de texturas é um conhecimento em alta demanda, mas há muita concorrência. Muitos construtores também são criadores de texturas; no entanto, se você tiver um talento que se destaque, pode certamente encontrar um emprego bem pago ao lado de um construtor ou designer de roupas bastante ocupado. Você também pode abrir seu próprio negócio — mas não espere ganhar muito dinheiro em cada venda de textura. Geralmente, as texturas personalizadas têm um preço razoável (abaixo de 100 Linden dólares) e você precisará vender muitas delas para ganhar uma quantia significativa. Um bom método é vender uma textura excepcional não-transferível num preço mais alto e manter um volume de vendas alto, pois ele determina seus lucros.

A criação de texturas paga mais para quem também é construtor e aplica texturas originais a produtos originais. Se você definitivamente não quiser construir, dê o melhor de si para encontrar um construtor habilidoso e firmar uma parceria rentável. Seus ganhos podem variar muito e dependerão exclusivamente de sua criatividade e habilidade comercial. Se você for um gênio mudo, acabará quase sempre dando as coisas de graça. Se for um gênio na negociação e um criador de texturas talentoso, pode esperar rendimentos mensais na casa dos cinco dígitos (em Linden dólares).

> **INFORMAÇÃO ADICIONAL:**
> ## INSPIRAÇÃO CRIATIVA
>
> *Caso tenha interesse na criação de novas texturas, pode ter uma boa iniciação ao baixar as texturas de alta qualidade disponibilizadas em* `http://secondlife.com/community/textures.php`*. Você poderá ver o que é possível de se fazer e ganhar um parâmetro para medir seus atos criativos.*

DESIGNER DE ROUPAS

Trata-se de uma das ocupações mais populares do *Second Life* (figura 10.11). Todo mundo experimenta uma pontinha da atividade ao mexer na aparência do avatar e muitos residentes do *SL* dão um passo a mais e baixam os modelos disponibilizados em http://secondlife.com/community/templates.php. Os modelos baixados vêm com um tutorial que explica os conceitos básicos do design de roupas. No entanto, se você estiver pensando em fazer da atividade uma carreira séria, deve procurar alguns dos cursos e tutoriais oferecidos no mundo do *SL*. Alguns deles estão listados no capítulo 2, inclusive cursos gratuitos. Para encontrar mais informações, procure nos Classificados do *SL*.

Um designer de roupas é um profissional habilidoso que dominou a arte da criação de coisas em 2D e sabe fazer com que a criação fique bem num ambiente 3D. Não é fácil projetar roupas com costuras, bolsos, botões e outros elementos que fiquem no lugar ideal mesmo com as mudanças de posição do avatar. Todo designer de roupas precisa de alguns manequins, avatares "congelados" em posições selecionadas. Isso possibilita uma previsão de como uma peça de roupa ficará quando vestida por um avatar que se mova, dance e gesticule. Além disso, algumas peças de roupa podem necessitar de scripts: um vestido cintilante de lantejoula, por exemplo.

A carreira de design de moda no *Second Life* não é para qualquer um. Se você decidir seguir esse caminho, esteja preparado para uma forte concorrência. Os residentes do *SL* não gostam de gastar dinheiro com peças inferiores às oferecidas de graça ou pelo preço simbólico de um Linden dólar; muitas peças podem ser obtidas dessa forma. Os rendimentos variam bastante: os principais designers ganham muito dinheiro; chegar a uma renda

Figura 10.11: No Second Life, *todo mundo mexe pelo menos uma vez com design de roupas.*

mensal de seis dígitos não é impossível. No entanto, a maioria dos designers de roupas ganha muito menos. Ganhar o suficiente para cobrir despesas padrão do *SL* e custos relacionados à atividade (aluguel de loja, envios de textura, publicidade) exige trabalho duro.

> **NOTA — INFORMAÇÃO ADICIONAL: ESPECIALIZAÇÃO EM DESIGN**
>
> *Muitos designers de roupas se especializam em peças selecionadas: vestidos, jaquetas, calçados, etc. Alguns se especializam em tatuagens — no SL, as tatuagens podem ser criadas como roupas totalmente transparentes, com exceção da parte coberta pela tatuagem.*

PROGRAMADOR

O programador (ou *scripter*) é quem escreve scripts em LSL — a linguagem de programação do *Second Life*. Muitos residentes do *SL* têm habilidades de programação provindas da vida real e as aplicam no *Second Life*. Há muitos tutoriais disponibilizados dentro do mundo virtual, assim como no endereço http://rpgstats.com/wiki/index.php?title=Main_Page. Como você deve ter imaginado, há bem poucos programadores no *Second Life*.

Não é fácil ganhar dinheiro vendendo scripts soltos; a maioria dos programadores é composta de residentes que também são construtores. A melhor maneira de maximizar a renda da programação é escrevendo scripts para objetos criados por você, desde que você tenha as habilidades de construção necessárias. Os programadores que não fazem isso tendem a trabalhar juntamente com construtores que não têm habilidades de programação.

Tendo tudo isso em mente, a renda derivada da programação pode variar muito. Os principais programadores que não constroem mas fazem parte de uma equipe conhecida podem ganhar algo em torno dos cinco dígitos mensais; no entanto, os rendimentos dependem das habilidades dos parceiros e do talento para os negócios. A dura realidade é que habilidades adequadas em programação somadas a boas habilidades de construção geralmente têm mais chances de gerar um bom dinheiro do que as meras habilidades de programação isoladas.

> **NOTA — INFORMAÇÃO ADICIONAL: PROGRAMADORES X ANIMADORES**
>
> *Não confunda programadores com animadores. Para ser breve e simples, os programadores animam os objetos dentro do Second Life, por meio da LSL; os animadores animam avatares a partir de aplicativos externos (quase sempre o Poser).*

CONSTRUTOR/PAISAGISTA

O termo "construtor" cobre uma boa variedade de empregos, dependendo da especialidade do construtor. Um marceneiro é um construtor, assim como um arquiteto, como os projetistas de jóias, construtores de veículos e armas.

Todo residente do *SL* pode ter uma idéia do que é ser construtor; com as ferramentas de edição de prim do *SL*, é fácil aprender a fazer objetos básicos, de um único prim. No entanto, nos estágios seguintes o aprendizado fica mais puxado. A experiência se mostra necessária na hora de decidir qual tipo de prim é melhor para uma tarefa a ser desempenhada. O capítulo 7 está cheio de conselhos para todos os interessados na criação de objetos do *Second Life*.

Um construtor é alguém que passou os estágios avançados do aprendizado e chegou ao nível de habilidade necessário para a criação de itens atraentes e úteis a partir de prims. Um construtor bastante habilidoso pode criar itens atraentes e úteis usando o menor número possível de prims. A densidade de prims é sempre uma preocupação, já que um simulador pode lidar com um número limitado deles.

Como mencionamos antes, muitos construtores também são programadores e alguns também são criadores de texturas. Os requisitos de conhecimentos em cada área variam muito. Por exemplo: um marceneiro deve ser um bom construtor e criador de texturas, mas a programação necessária é quase nula (um simples script "sentar" pode ser copiado da cadeira da Library). Por outro lado, um construtor de armas precisa ser bom programador para construir armas capazes de lidar com escudos e sistemas de segurança cada vez mais sofisticados. Conhecimentos adicionais são muito úteis, também — por exemplo: um arquiteto que construa casas prontas e inclua música ambiente e efeitos sonoros para abertura e fechamento de portas terá uma vantagem com relação a um concorrente menos versátil.

A maioria dos construtores tem suas próprias empresas — locais para vender suas construções. Assim, a quantidade de dinheiro que se pode ganhar como construtor no *Second Life* depende não somente da originalidade e das habilidades técnicas, mas também do talento de vendas e negociações. Construtores que são bons em todas as áreas mencionadas aqui podem alcançar uma renda mensal na faixa dos seis dígitos.

NOTA — INFORMAÇÃO ADICIONAL:
A IMPORTÂNCIA DOS CONSTRUTORES

Tornar-se um construtor é uma das escolhas de carreiras mais empolgantes do Second Life. *Construtores talentosos são os criadores da maioria do conteúdo do mundo virtual; por esse ponto de vista, eles são os criadores da diversão de todo mundo, assim como de si mesmos.*

Os paisagistas são construtores que também tiveram sucesso ao usar as ferramentas de edição de terras levemente complicadas do *SL* e ao criar plantas (figura 10.12). Uma planta que tenha uma aparência realista precisa de muito mais do que manipulação delicada de prims: requer também bons scripts (para que a planta se mova com o vento, por exemplo) e freqüentemente também precisa de uma ou duas texturas personalizadas.

Figura 10.12: Criar plantas com aparência realista é uma habilidade altamente especializada no Second Life.

ANIMADOR

Os animadores são os mais bem pagos entre os profissionais de habilidade única. Criar animações complexas para avatares do *SL* é um trabalho difícil, que requer o domínio de um aplicativo externo: o Guia de Empregos do *SL* tem mais detalhes sobre o assunto. Temos relativamente poucos animadores no *Second Life*. Ao mesmo tempo, há uma demanda grande e em constante crescimento por novas animações. É mais fácil ver bons animadores com rendimentos mensais na faixa dos seis dígitos do que especialistas em qualquer outra profissão com rendimentos equivalentes.

Muitos residentes do *SL* sentem-se inspirados para tentar criar animações. Como é de se esperar, a carreira não é fácil para quem não tem os conhecimentos da vida real exigidos. É um emprego altamente especializado — com algumas poucas exceções, a regra é: ou você é animador mesmo antes de entrar no *SL* ou não é. No entanto, se estiver realmente querendo animar, isso não deve ser um obstáculo para que se dedique!

DESENVOLVEDOR E ESPECULADOR IMOBILIÁRIO

Na vida real, os imóveis são considerados um investimento seguro a longo prazo. No *Second Life*, imóveis são um investimento seguro com um retorno muito mais rápido. A especulação de imóveis oferece oportunidades tão atraentes que quase todo mundo se interessa por elas. Muitas pessoas no *SL* fazem dessas oportunidades uma ocupação paralela permanente, o que gera um fluxo contínuo de lucros.

Virar peixe grande na piscina de imóveis do *SL* é algo que exige um investimento substancial adiantado: os jogadores grandes de verdade encomendam ilhas inteiras da Linden Lab. Muitos barões de imóveis também são paisagistas talentosos, enquanto outros encomendam serviços profissionais e especializados de paisagismo. Depois que uma terra é adquirida, ela é desenvolvida para aumentar seu valor de revenda ou locação.

A forma mais comum e básica de desenvolvimento de terra é o aplainamento de um terreno seguido da aplicação de uma textura de grama. O preço inicial de uma Primeira Terra fica por volta dos 3 mil Linden dólares — o que gera um lucro de quase 600% (e isso depois de uma queda nos preços de quase 2 mil Linden dólares, que ocorreu em poucas semanas). No entanto, desenvolvedores profissionais de terras vão muito além e criam sims temáticos elaborados com vegetação exótica e personalizada, scripts profissionais, cachoeiras cintilantes e praias arenosas (figura 10.13). Os principais desenvolvedores também se prontificam a personalizar terras de acordo com as solicitações de clientes. Claro que tudo isso tem um preço bem salgado. Se você procurar terras nos Classificados ou clicar nos terrenos à venda no mapa, terá uma idéia de como são as coisas, mas veja

Figura 10.13: O **Second Life** *permite que você alugue seu próprio paraíso virtual por alguns poucos dólares por semana.*

> **NOTA — INFORMAÇÃO ADICIONAL:**
> **LOCALIZAÇÃO, LOCALIZAÇÃO, LOCALIZAÇÃO**
>
> Nos imóveis do SL, a localização é tão importante quanto no mundo real. Todas as terras próximas à praia são particularmente caras, seguidas por terras ao lado de estradas públicas, que garantem acesso fácil e pelo menos uma pequena vista.

um exemplo: um terreno legal na praia, de tamanho modesto (1.024m²) é alugado por 1,5 mil Linden dólares por semana, em média; o preço de venda fica entre 35 mil Linden dólares e 50 mil Linden dólares, de acordo com a localização.

Há desenvolvedores de terras de todos os tipos. Alguns oferecem terras completas, com prédios para locação. Outros se especializam em desenvolver shoppings e outros tipos de centros comerciais, alugando ou vendendo espaço interno para donos de empresas. As oportunidades imobiliárias no mundo virtual são quase tão variadas quanto no mundo real — talvez algumas coisas não existam no *SL*, mas por outro lado há oportunidades específicas do *Second Life*: por exemplo, você pode não ganhar nada com garagens ou estacionamentos, já que um residente do *SL* pode guardar uma brigada de tanques de guerra ou uma frota de espaçonaves numa única pasta do Inventário ou num prim de armazenamento. No entanto, você pode ganhar um bom dinheiro com terrenos minúsculos de 16m²; alugar um espaço como esse numa área de muito trânsito para fins publicitários pode gerar um lucro muito bom.

O mercado de imóveis no *SL* é bastante empolgante, com muitos novos residentes ganhando fortunas virtuais — ou falindo. Os que falem geralmente são sindicatos de terras formados por grupos de habitantes do *SL* que têm objetivos de criar uma comunidade especial ou uma micronação. Disputas políticas numa realidade virtual são tão comuns como no mundo real, embora no *SL* as conseqüências ruins sejam menos drásticas.

NEGOCIANTE DE MOEDAS/ESPECULADOR FINANCEIRO

Os negociantes de moedas são pessoas de negócios que ganham dinheiro do mundo real trocando Linden dólares por moedas do mundo real, como dólares americanos, euros e reais. Algumas agências de troca de moeda, inclusive a Lindex, da Linden Lab, têm lucro ao cobrar uma pequena comissão sobre as transações; outras, como a agência de Anshe Chung, ganham dinheiro na margem de lucro entre as taxas de compra e venda. É importante observar que a taxa de câmbio do Linden dólar flutua muito, em comparação às moedas do mundo real. Essas alterações representam um bom potencial de lucro para especuladores financeiros (veja no quadro "Troca de moedas e especulação financeira"). Não é muito adequado recomendar aqui no guia uma carreira nesse ramo: embora o potencial de lucro seja muito bom, uma eventual falta de sorte pode trazer problemas grandes, assim como no mundo real.

Se quiser usar seu dinheiro para ganhar mais dinheiro de forma passiva, você pode abrir uma conta em uma das instituições financeiras do *Second Life*. Os bancos do *SL* admitem que são instituições de alto risco, mas pagam excelentes taxas de juros. As operações bancárias geralmente são conduzidas a partir de caixas eletrônicos, que não necessitam de cartões com instruções (veja a figura 10.14).

Figura 10.14: *No Second Life, você movimenta sua conta por meio de caixas virtuais.*

INFORMAÇÃO ADICIONAL:
NÃO É UM WALL STREET — AINDA

O Second Life não tem um mercado de ações: a única instituição que alega funcionar dessa forma opera na negociação de ações públicas de uma única empresa (leia-se: especulação imobiliária).

O RESIDENTE FALA:
TROCA DE MOEDAS E ESPECULAÇÃO FINANCEIRA

"Se você for vender Lindens, use uma venda limitada, de maneira que possa pegar o mercado num momento de queda. Seus Linden dólares podem demorar alguns dias para ser

vendidos, mas isso gera um lucro de aproximadamente 6% em dólares americanos sobre o seu dinheiro. Ganhar um bônus de 6% por cinco minutos de trabalho lendo a LindeX vale muito a pena! Eu também sugiro que se evite o uso de sites de câmbio mantidos por terceiros. O motivo é simples: os preços deles provavelmente serão mais caros que os da Linden Lab, porque em tais locais, tanto a LL quanto os terceiros têm que lucrar. Temos dois princípios comerciais importantes aqui: primeiro, 'quando possível, corte o mediador' e segundo, 'compre por pouco, venda por muito'.

Se você não quiser vender seus Lindens e puder ficar totalmente sem eles, coloque-os no Ginko ou em outra conta de poupança de alto risco e alto ganho. Você pode perder seu dinheiro, isso sempre é passível de acontecer. Por outro lado, se você usá-lo corretamente, poderá ganhar juros de 3,3% ao mês na sua conta, o que quase quita a taxa de 3,5% de venda de Linden dólares. Não sei ao certo se esse é o melhor jeito de ganhar dinheiro automaticamente, mas acho que se você ganhar esses juros de 3,3% sobre todos os Linden dólares antes de vendê-los, acertar a venda de Linden dólares no momento certo e usar uma venda limitada, suas chances de ganhar dinheiro serão muito maiores."

— Angel Fluffy

"Não entendo por que as pessoas não acreditam que bancos como o Ginko podem pagar aos clientes uma taxa de juros tão gorda. Estamos no Second Life. Em que outro lugar uma pessoa pode fazer um investimento de 10 Lindens (para enviar uma textura) e depois vender mil cópias da criação por 100 Lindens cada, gerando mil Linden dólares a partir de um pequeno investimento?

Como expliquei no meu artigo publicado no The Democrat, os bancos no Second Life ganham dinheiro não apenas com empréstimos de altos juros (em comparação com o mundo real), mas também com especulação de moedas, manejo de terras, loterias. São todos 'investimentos' de risco, sem dúvida, mas o fato é que alguns bancos também podem pagar altas taxas de juros a clientes. O Ginko, por exemplo, já existe há uns dois anos."

— Marla Truss

Sempre tenha em mente que ao entrar em qualquer tipo de especulação financeira no *Second Life*, você pode perder todo o seu investimento. Os donos de bancos se isentam de qualquer responsabilidade quanto a depósitos e aconselham abertamente os residentes do *SL* a não aplicarem todas as suas economias. O que mais se pode esperar? São bancos virtuais, apesar de tudo.

TORNAR-SE DONO DE EMPRESA

Não há dúvidas de que o meio mais recompensador de ganhar dinheiro no *Second Life* é por meio de uma empresa própria. A recompensa se manifesta de várias formas. Você ganhará mais dinheiro trabalhando para si mesmo do que trabalhando para outras pessoas; pelo próprio ato de criação de uma empresa você adicionará conteúdo ao mundo virtual.

Abrir uma empresa é bem fácil. Você não precisa passar por burocracias jurídicas, nem precisa ter uma conta Premium ou um espaço próprio — você pode anunciar e promover seus serviços através dos Classificados e pessoalmente. Lembre-se de que o segredo é ter uma rede de contatos bem desenvolvida!

Se você necessitar mesmo de espaço — para armazenamento, por exemplo —, pode alugar. Ofertas especiais estão disponíveis, já que desenvolvedores abrem novos shoppings com grande freqüência (figura 10.15).

O plano que melhor funciona para a maioria dos residentes do *SL* é experimentar algumas profissões diferentes antes de escolher a mais divertida e lucrativa e transformá-la numa empresa. Além disso, a maioria dos residentes gosta de interpretar papéis em que é preciso ter um meio de vida no *Second Life*. Embora essas pessoas pudessem facilmente fundar uma empresa

Figura 10.15: Centros comerciais recém-abertos geralmente têm grandes ofertas de aluguel para atrair negócios.

O RESIDENTE FALA:
TER UMA EMPRESA NO SECOND LIFE

"Quem tem muito lucro mesmo são os barões de terras, mas se escolher esse caminho, você não vai ter amigos. Alguns DJs são bem pagos, porém para atuar como DJ é preciso muito tempo e recursos. Projetar roupas ou mobílias e coisas do tipo é algo que leva tempo, mas pode ser recompensador para quem estiver disposto a investir na atividade."

— Samia Perun

"Muitas pessoas, ao venderem sua primeira terra, ficam com uma impressão sobre esse tipo de negócio: a de que passar terra no SL é algo bem simples. Mas não é. Para realmente ganhar dinheiro como barão de terras no SL, você precisa investir muito dinheiro de uma vez. Dependendo dos valores e das tendências do mercado, você pode acabar com terrenos na mão por tempo indeterminado.

A melhor coisa a fazer no SL é desenvolver conteúdo que as pessoas gostem. Em novembro do ano passado, quando eu comecei a mexer com isso, administrei um clube e um sim e ganhei um dinheiro por alguns meses enquanto aprendia sobre o sistema e aplicava meus talentos nele... Mas em janeiro desse ano desenvolvi meu primeiro produto, que se tornou bastante popular. Desde então, não paguei as coisas com o meu próprio dinheiro... Hoje ganho uma média de 125 dólares americanos por mês.

O desenvolvimento de negócios no SL pode ser bem simples. Muitas pessoas simplesmente alugam um espaço num shopping e vendem seus produtos lá. Há milhares de shoppings no mundo, então o espaço nesses centros é de certa forma infinito, custando relativamente pouco. A desvantagem do aluguel em shopping é que você não tem controle sobre o direcionamento do público aos seus produtos.

No entanto, para quem quer vender produtos, a melhor coisa a fazer é ter uma conta Premium e comprar um bom terreno de primeira terra. Isso não vai custar mais do que 10 dólares por mês (o que pode ser facilmente pago mesmo com o salário de um dançarino no mundo virtual)."

— Suzanna Soyinka

> **INFORMAÇÃO ADICIONAL:**
> **DIVERSÃO ANTES DO LUCRO**
>
> Ter uma empresa virtual é algo que envolve uma magia toda especial; não pressione a si mesmo com a necessidade de ganhar muito dinheiro. O mais importante é que você se divirta com o que estiver fazendo.

com os trocados que têm no bolso no cotidiano, elas preferem agir como se os ganhos do *SL* fossem sua única fonte possível de lucros. Um empresário novato geralmente gasta várias horas por semana trabalhando como anfitrião de eventos ou dançarino para cobrir os custos de abertura da empresa, um dinheiro que não compraria uma xícara de café no mundo real.

Abrir uma empresa é fácil; o que não é fácil é torná-la permanente e lucrativa. A última seção deste capítulo contém conselhos de uma bem-sucedida mulher de negócios do *SL*, falando sobre como alcançar sucesso duradouro.

PROFISSIONALISMO NO *SECOND LIFE*

Aimee Weber é fundadora da Aimee Weber Studio Inc. (www.aimeeweber.com) e uma das desenvolvedoras mais conhecidas e respeitadas do *Second Life*. Reconhecida por seus resultados consideráveis em moda virtual, educação, marketing, *machinima* e escrita, Aimee é considerada uma das maiores especialistas em empreitadas virtuais. A seguir estão os conselhos dela.

Senhoras e senhores: bem-vindos à Introdução aos Negócios Avançados no *Second Life*. Meu nome é Aimee Weber e hoje serei a professora. Para participar dessa aula, você deve dominar pelo menos uma habilidade no *SL*, seja ela programar, construir, aplicar texturas, manipular terrenos ou gerenciar projetos. Sei que muitos de vocês são feras em uma ou mais dessas áreas, mas hoje trataremos da antiga questão: "Como ganhar dinheiro com minhas habilidades?"

Tornar-se um profissional do *Second Life* pode parecer o início de um emprego dos sonhos. Você pode lidar com a tecnologia 3D da internet estando

> **INFORMAÇÃO ADICIONAL:**
> **CONHEÇA O TERRITÓRIO**
>
> Não se limite a uma profissão só; experimente várias delas para ver de qual você gosta mais. Muitos residentes do *SL* continuam a ter lucro de várias fontes depois de decolar em sua fonte primária. É importante notar também que os empresários mais bem-sucedidos tendem a investir em imóveis.

em casa, de pijamas, talvez até bêbado. Mas antes de sair do seu emprego diurno, você deve fazer algumas mudanças na visão que você tem do *SL* e de como você deve se apresentar ao mundo virtual.

Hoje em dia eu sei, de conversar com muitos de vocês, que essas mudanças não combinam com o aspecto libertário do *Second Life*. Vocês não gostam de se submeter a certas coisas, tudo bem. Mas prestem um pouquinho de atenção ao que vou dizer e assim talvez possamos chegar a um meio termo entre ser um *beatnik* com o pé na estrada e um agente corporativo que gera dinheiro para pagar as contas.

Quando um cliente pensa em contratar você para um projeto, ele assume um grande risco em termos financeiros, tempo e até mesmo reputação. Portanto, é de sua responsabilidade fazer com que o cliente se sinta o mais confortável e seguro possível ao escolher você para o trabalho. A melhor maneira de se chegar a esse resultado é construindo uma história comprovada de conquistas, com um mar de clientes satisfeitos. Embora seu status de Grande-Mestre-Ninja-Fu do *SL* ajude bastante, você deve focar-se na demonstração de outras características profissionais:

Finalize seus projetos. Esse fluxo de consciência que chamamos de mundo virtual está cheio de projetos e idéias deixados pela metade. Embora muitas dessas coisas sejam tecnicamente brilhantes, podem passar a impressão de que o responsável por elas não é o tipo de pessoa que "vai até o fim". Siga em frente e tome algumas medidas a mais para terminar um projeto, documentá-lo, embalá-lo e talvez até comercializá-lo. Isso mostra aos empregadores a sua disposição para ficar ao lado deles do início ao fim de um projeto.

Cumpra seus prazos. Você não tem idéia de como um prazo pode mudar sua perspectiva de trabalho no *Second Life*. O *SL* pode ser divertido quando se tem todo tempo do mundo para experimentar e consertar coisas, mas as pessoas se programam de acordo com a data de entrega combinada. Você precisará aprender a atribuir prioridades e, se necessário, aprender a descartar aspectos de baixa prioridade. Sei que alguns querem que as coisas saiam perfeitas, mas um projeto que fica pronto com um mês de atraso está bem longe da perfeição. Mesmo assim, você pode fazer uns intervalos pra jogar World of Warcraft, assistir a *Doctor Who* ou procurar sites de Borboletas Selvagens, mas deve administrar esse tempo!

Ganhe experiência, seja com o que for. Você pergunta para o Mestre Zen: como conseguir um trabalho sem ter experiência, e como conseguir experiência sem ter um trabalho? O Mestre Zen responde: "trabalhe de graça." Durante o tempo em que a Midnight City era (e ainda é) um projeto não-lucrativo pra mim, ela teve um valor inestimável ao provar que sou capaz de gerenciar um projeto de grandes proporções. Organizações de caridade como a Relay for Life também podem fornecer oportunidades de alto nível para destacar seu trabalho e gerar recomendações valiosas. Mas lembre-se: mesmo trabalhando de graça, não aja como se o estivesse fazendo. O objetivo é obter boa reputação para atestar seu talento e profissionalismo. Sendo assim, faça de tudo para que os outros notem isso em você!

Desenvolva seu marketing pessoal. Fazer as coisas certas não ajudará em nada se ninguém souber que você as faz. Aumente a visibilidade que os outros têm de você. Empregadores não estão buscando modéstia; eles precisam saber o que você fez no passado e o que você pode fazer por eles no futuro.

Construa um portfólio. Clientes em prospecção pagarão para que você trabalhe para eles, então não faça com que eles trabalhem para saber mais sobre você. O ideal é que você tenha um portfólio bem organizado, com descrições, fotos, depoimentos e contatos de clientes de seus projetos anteriores. Se o seu trabalho tiver aparecido na imprensa, não se esqueça de incluir links.

Tenha um site. Não digo que isso seja essencial, mas ajuda grandemente na criação da sua imagem de entidade estável no setor. Ter o site também ajuda na visibilidade que se terá no Google, em questões relacionadas ao *Second Life*, e pode gerar um contato profissional fora do metaverso. Se você não tiver condições de manter um site, pense em incluir suas conquistas na Wiki da História do *SL* (http://www.slhistory.org/index.php/Main_Page).

Rede de contatos. Sei que muitos residentes se declaram reclusos e que a idéia de uma rede de contato lhes parece artificial, falsa ou até mesmo penosa. A verdade é que quanto mais pessoas você tiver ao seu alcance regularmente, mais oportunidades provavelmente aparecerão para você. Isso é um fato da vida. Se você achar muito difícil participar da mistura virtual de vez em quando, pense em contratar alguém mais extrovertido para atuar como seu agente enquanto você desenvolve sua vida sacerdotal.

Trabalhe como uma empresa. Bom, essa parte eu odeio, e não é pouco. Mas se eu consigo, você também consegue... e com isso quero dizer que se eu *tenho* que fazer, é melhor que você se vire pra fazer também! É uma pena, mas as empresas do mundo real têm um processo padronizado pelo qual as coisas são feitas. Você sempre estará em melhor posição se conseguir se integrar a esse processo em vez de ser uma exceção confusa no controle de fluxo de trabalho dos outros. E aqui vai a deliciosa papelada:

> **Escreva propostas.** Elas podem variar muito, de acordo com a tarefa futura, mas a maioria inclui uma declaração descrevendo o problema do cliente, a solução que você oferece, a redução resultante nos custos, suas necessidades/exigências e um pouco de autopromoção, analisando o motivo pelo qual você é a melhor pessoa para fazer o trabalho.

> **Envie faturas.** Não seja pego de surpresa quando um cliente solicitar uma fatura! O Microsoft Word e o Excel fornecem modelos de faturas, então aproveite para se familiarizar com eles.

> **Faça apresentações.** Clientes podem pedir que você dê um telefonema ou faça uma apresentação ao vivo, e isso representa falar em público! Aqui também pode ser uma boa idéia ter uma

parceria com alguém que tenha facilidade de falar com muitas pessoas.

O DIRETÓRIO DO DESENVOLVEDOR DO *SECOND LIFE*

Quando corporações do mundo real abordam a Linden Lab para tratar de projetos, elas são geralmente enviadas para o Diretório do Desenvolvedor do *Second Life* (http://secondlife.com/developers/directory.php). Esse diretório lista os residentes do *Second Life* com um histórico comprovado de sucesso profissional no *SL*.

Mas como é que alguém entra nessa lista? O vice-presidente sênior da Linden Lab, Robin Harper, responde à pergunta: "Acho que a melhor maneira de entrar na lista é enviar para nós seu nome e suas habilidades, além de um ótimo portfólio: imagens, clientes satisfeitos, etc. Também ajuda muito demonstrar sua capacidade para trabalhar num nível 'profissional'. Isto é: lidar com prazos, faturas, etapas e relatórios de progresso."

Quando pedimos a Robin que falasse mais sobre profissionalismo, ele disse: "Você pode precisar fazer apresentações no mundo real, então habilidades de falar em público e de vendas também são fatores críticos. Acho que definir metas é parte do profissionalismo. As pessoas precisam conhecer o terreno onde estão entrando e você deve ser realista com relação ao que pode prometer. A longo prazo, isso deixa todo mundo muito satisfeito!"

E ENTÃO: QUER MESMO FAZER ISSO?

Ninguém sabe o que será dessa plataforma em construção, ninguém sabe se desenvolver uma carreira no *Second Life* é algo que gera resultados. Se ao pensar no *Second Life*, a frase "ficar rico rápido" vier à sua mente, recomendo que você abandone a idéia imediatamente. Os profissionais do *Second Life* trabalham durante muito tempo, por horas intensas; muitos estão há anos trabalhando e recebendo quantias modestas. Não quero desanimar ninguém. Mas acho que os novos residentes que estiverem em busca de gratificações instantâneas no mundo do *Second Life* devem manter metas mais razoáveis.

No entanto, se você tiver talento, paciência, dedicação e um pequeno toque de distúrbio obsessivo-compulsivo, pode encontrar muitas oportunidades no *Second Life*. Deixo aqui uma frase do Robin:

"Sabemos que o Second Life *tem ganhado muita visibilidade ultimamente. Se alguém tiver um propósito sério de criar uma empresa como desenvolvedor, a hora é agora.*"

Fim da aula!

CAPÍTULO 11
RESIDENTES REAIS

Com o *Second Life*, você pode se transformar em quem quiser. Esse capítulo oferece um panorama de algumas possibilidades por meio de perfis de residentes reais que alcançaram uma boa notoriedade.

A notoriedade no mundo virtual é influenciada por diversos fatores e pode ser alcançada de variadas formas. Alguns residentes criam avatares únicos e facilmente identificáveis, com um engajamento na comunidade que agrega muito valor ao mundo. Alguns incentivam atividades educacionais e sociais. Outros têm um impacto considerável na maneira como o mundo real vê o *Second Life* e, ao fazer isso, mudam a forma e os rumos do *SL*. Há os que exercitam sua criatividade na construção e na programação, enquanto outros criam empresas de sucesso e regiões bem administradas.

Este capítulo apresenta perfis de residentes interessantes num mundo com mais de 8 milhões de residentes; mas é claro que há outros, muitos outros.

NOTA — INFORMAÇÃO ADICIONAL: EVITANDO REPETIÇÃO

Alguns residentes são tão influentes e conhecidos que foram mencionados em muitos dos quadros compostos por outros residentes. Para evitar a redundância, removemos registros repetidos.

SUMÁRIO

O ARTISTA: DANCOYOTE ANTONELLI 252
OS TRÊS MAIORAIS DO METAVERSO: BASKERVILLE,
SIBLEY HATHOR E REUBEN TAPIOCA 252
A MULHER DE NEGÓCIOS: ANSHE CHUNG 253
A ENGENHEIRA: FRANCIS CHUNG 253
A EDUCADORA: BRACE CORAL 254
O REI *FURRY*: ARITO COTTON 254
O CINEASTA: ROBBIE DINGO 255
A CELEBRIDADE: CORY DOCTOROW 256
A ANFITRIÃ: JENNA FAIRPLAY 257
A EDITORA: KATT KONGO 257
O CORAÇÃO: JADE LILY 259
A ALMA: TORLEY LINDEN 260
O HISTORIADOR: EGGY LIPPMAN 260
A VISIONÁRIA: GWYNETH LLEWELYN 261
O MÚSICO: FROGG MARLOWE 262
O EMPRESÁRIO: SPIN MARTIN 263
O MESTRE DA WEB 2.0: CRISTIANO MIDNIGHT 264
O ILUMINADOR: PROKOFY NEVA 264
A MENTORA: TATERU NINO 265
A PROGRAMADORA: CATHERINE OMEGA 266
OS PARTICIPANTES DE CONVENÇÕES: FLIPPERPA
E JENNYFUR PEREGRINE 267
A ESTILISTA: NEPHILAINE PROTAGONIST 269
O DEUS DOS JOGOS: KERMITT QUIRK 270
A RAINHA DO JOGO: BACCARA RHODES 270
A CONSTRUTORA DA COMUNIDADE: THE SOJOURNER .. 271
A IDENTIDADE: AIMEE WEBER 271

O ARTISTA: DANCOYOTE ANTONELLI

Ao longo dos anos, vários residentes experimentaram o *Second Life* como um espaço de manifestação artística, exibindo esculturas e instalações interativas: AngryBeth Shortbread, Arahan Claveau, Nylon Pinkey, Stella Costello; o coletivo *The Port* se espalhou imediatamente. Da metade para o fim de 2006, houve algo parecido como um minirrenascimento de artistas *in-world*, muitos já estabelecidos como profissionais em outras mídias. Entre eles está Dancoyote Antonelli, um artista da vida real que criou o museu do Hiperformalismo no *SL*. A arte de Dancoyote visa transcender os limites do *Second Life*, explorando tanto trabalhos interativos quanto performances ao vivo, entre as quais se destaca uma performance que combina animações de vôo em dança, música e efeitos em partículas (pense num Cirque du Soleil, só que mais psicodélico). Muitos vêem Antonelli como um marco divisor que estabeleceu uma nova forma de arte no *Second Life*. Seja como for, seus trabalhos certamente influenciarão mudanças estéticas no metaverso.

OS TRÊS MAIORAIS DO METAVERSO: BASKERVILLE, SIBLEY HATHOR E REUBEN TAPIOCA

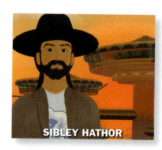

Tudo começou com uma ilha, a primeira que a Linden Lab abriu para leilão entre os residentes. Depois que as ofertas foram finalizadas, Fizik Baskerville, o dono da agência de publicidade Rivers Run Red, do Reino Unido, abriu uma loja na ilha que chamou de Avalon. Era começo de 2004, período que marcou o primeiro uso empresarial e publicitário originado no mundo real e aplicado no *SL*. Mas Fizik encontrou uma resistência severa por parte de residentes que temiam uma explosão de influência empresarial e publicidade da vida real. O mundo virtual de hoje tem se mostrado mais receptivo para com a chegada de grandes empresas — a maioria se instala em ilhas que os residentes podem visitar ou ignorar. As primeiras lojas aparecem na Avalon de Fizik, incluindo a 20th Century Fox, com cenas no mundo virtual de *X-Men 3*. No fim de 2005 e no começo de 2006, nasceram dois concorrentes grandes de Fizik: a Electric Sheep Company, de Sibley Hathor, começou a criar experiências baseadas no *SL* para empresas como a Major League Baseball e a Lego; a Millions of Us, empresa fundada por um ex-funcionário da Linden Lab, Reuben Tapioca, começou a desenvolver projetos no *Second Life* para clientes como a Warner Records e a Toyota. Juntos, esses residentes e suas empresas representam os "três maiorais" em termos de trazer dinheiro e potência do mundo real para o *Second Life*.

A MULHER DE NEGÓCIOS: ANSHE CHUNG

Toda lista de ricos e famosos deve conter o nome da srta. Anshe Chung, dona do Dreamland — um continente inteiro — e de milhões de dólares, que comprariam uma propriedade de frente para o mar em qualquer lugar do mundo. Na mídia relacionada ao *SL*, você encontrará alusões a ganhos em torno de mais de 1 milhão de dólares americanos: essa é a renda anual de Anshe estimada pela Linden Lab. Esse valor é gerado a partir dos negócios que faz com seus imóveis no mundo virtual, com a ajuda da parceira (no *SL* e na vida real) Guni Greenstein, com quem divide a empresa Anshe Chung Studios. A srta. Chung se tornou o avatar mais destacado do *Second Life* no mundo exterior, aparecendo em maio de 2006 na capa da *BusinessWeek*, ao lado de uma manchete apropriada: "Mundo virtual, dinheiro real". A matéria gerou uma explosão de interesse de empresas externas nesse esquisito mundo on-line e, como resultado, o rosto de Anshe Chung trouxe milhões de dólares do mundo real para o *Second Life*.

A ENGENHEIRA: FRANCIS CHUNG

Francis Chung fez uma arma e um abraço que mudaram o mundo. Criada na metade de 2004, a pistola Seburo foi e ainda é uma das armas mais completas do *SL*, com luzes saindo do cano e disparos que deixam vestígios de fumaça ao sair da câmara. O abraço foi igualmente complexo, permitindo que os avatares se abraçassem. (Uma tarefa simples, você pode imaginar, mas o fato é que cada avatar deve estar posicionado perfeitamente mesmo antes de duas animações personalizadas serem usadas). Para um mundo tão social, inventar um abraço foi algo de muito valor, que acabou gerando

um setor inteiro de animações personalizadas para aproximar os residentes, desde beijos até o sexo mais acrobático possível. Continuando sua inventividade em 2006, o Dominus Shadow de Francis, um possante com ótimos detalhes, se tornou o veículo mais desejado do *Second Life*. E o que é mais impressionante: num evento para levantar fundos para a Sociedade Americana do Câncer, realizado no verão de 2006, o carro foi leiloado por aproximadamente 2 mil dólares americanos. Com tantas habilidades, não é de se surpreender que a Millions of Us (veja a seção "Os três maiorais do metaverso", neste capítulo) tenha contratado Francis para criar a versão do Toyota Scion no *SL*.

A EDUCADORA: BRACE CORAL

Quando novos residentes chegam ao mundo, confusos e desorientados, geralmente são ajudados por Brace. Ela é a fundadora da New Citizens Incorporated (formada em novembro de 2004), um grupo de residentes veteranos dispostos a ajudar os novatos. Tudo começou num pequeno terreno que se expandiu para uma espécie de faculdade do *Second Life*, oferecendo aulas sobre todos os assuntos continuamente, desde o uso da interface até a construção. Dezenas de milhares de residentes que teriam desistido, frustrados, devem muito a Brace e seus mais de 350 voluntários.

O REI *FURRY*: ARITO COTTON

Os *furries* — fãs de desenhos de animais antropomórficos, como as primeiras criações da Disney — são certamente a subcultura mais reconhecida no *Second Life*. Arito entrou para o mundo na metade de 2003

(ele estava entre os primeiros *furries* a entrar no metaverso) e logo depois fez uma roupa que continha patas, rabos e outros penduricalhos mamíferos, criando o que se considera o primeiro *furry* do *Second Life*. Desde então, Arito trouxe amigos *furries* como Liam Roark, Michi Lumin e Eltee Statosky, que resolveram fundar Luskwood, a primeira comunidade *furry* do *SL*, no fim de 2003. (A comunidade ainda está ativa e dinâmica, com aproximadamente quinhentos membros). Arito, com seu visual de raposa, também é o criador de Taco, uma ilha sombreada que homenageia os desenhos e o humor *furry*, além de ser um dos lugares mais distintos do *Second Life*.

O CINEASTA: ROBBIE DINGO

Dingo é um residente relativamente novo, mas seus primeiros dois filmes feitos no *Second Life* o colocaram numa posição entre os melhores artistas trabalhando *in-world* — primeiro com *Better Life*, a história de um homem confinado a uma cadeira de rodas que se vê transportado ao *SL*, e depois com *Stage*, que descreve o círculo de vida e a passagem de gerações com o uso de efeitos visuais impressionantes. Também é notável sua descrição de vídeo passo a passo com a criação da guitarra usada por Suzanne Vega no *Second Life*. Com esses e outros filmes, Robbie Dingo demonstrou que os *machinima* podem ir muito longe no *SL* — e que podem mudar perspectivas.

QUADRO — DA LINDEN LAB: MESTRES DO CINEMA NO *SECOND LIFE*

Skydive, *de Cage McCoy e Reitsuki Kojima*

Experiência do Second Life *do começo ao fim.*

Second Life Trailer, *de Javier Puff*

Esse machinima *tem um clima bem cinemátográfico, usa*

⬅ uma mistura de gráficos em movimento e títulos, além de ser muito bem editado.

Better Life, de Robbie Dingo

Vídeo de movimento, possivelmente o melhor filme já feito no Second Life.

Primitivos na era selvagem, de BuhBuhCuh Fairchild

Um dos primeiros filmes feitos no SL, um documentário fazendo paródia dos objetos do Second Life.

Second Take, de Total Boffin

Uma das montagens mais legais de lugares, atividades e pessoas do Second Life.

Volta pelo sistema solar, de Aimee Weber

Esse filme revela o grande potencial dos filmes do Second Life no campo da educação.

Game Over, de Pierce Portocarrero

Uma interessante e esquisita peça de um dos pioneiros nos machinima do Second Life.

— Eric Linden

A CELEBRIDADE: CORY DOCTOROW

O autor do blog Boing Boing e romancista (mostrado aqui como um personagem de sua última obra) não visita muito o *Second Life*, mas quando o faz causa um impacto profundo e prolongado. No fim de 2003 e em 2005 (durante meus dias de repórter da Linden Lab), convidei Cory pra falar de seus últimos romances. Essas visitas (e seus comentários sobre o assunto no Boing Boing) incentivaram outras pessoas notáveis a aparecer no *Second Life*, entre elas: Lawrence Lessig, Joi Ito, Thomas Barnett (autor de *The Pentagon's New Map*), o escritor de tecnologia Julian Dibbell e Mark Warner (ex-governador da Virgínia). E assim as visitas de Cory ajudaram a aumentar em muito a influência do *Second Life*, que chegou a futuristas,

devotos de tecnologia, educadores, escritores e políticos. Embora escritores como Vernor Vinge e Neal Stephenson tenham aparecido antes de Cory com seus romances que especulam sobre o metaverso, Doctorow é o primeiro escritor a afetar a direção, o crescimento e a cultura de um mundo on-line atual. Como avatar, aconteceu o mesmo.

A ANFITRIÃ: JENNA FAIRPLAY

Poucos meses após ter entrado no SL, no fim de 2004, Jenna lançou o The Edge, o cassino-do-prazer-e-clube-do-sexo, que se tornou desde então um dos lugares mais populares do mundo virtual, escolha de passeio de milhares de residentes toda semana, principalmente novatos. Pode ser que isso ocorra por causa do estranho segredo que se esconde atrás do sucesso da srta. Fairplay: uma vez ela me disse que administra o The Edge de acordo com a hierarquia de necessidades proposta pelo psicólogo Abraham Maslow, onde o novato precisa primeiro se sentir seguro e aceito num ambiente on-line com vários residentes. Sexo, diversão e amigos ficam em segundo lugar. Por todo o sucesso obtido, podemos concluir que ela não está enganada.

A EDITORA: KATT KONGO

Embora tenham existido várias tentativas de se criar um jornal no mundo virtual, foi Katt Kongo quem obteve sucesso numa empreitada em que tantos outros falharam. (Não é de se surpreender que ela já tivesse uma década de experiência profissional como jornalista no mundo real). Lançado na segunda

metade de 2005, o *Metaverse Messenger* conseguiu alcançar uma periodicidade bissemanal com tiragem de quase 50 mil exemplares, tornando-se o principal veículo de informação, publicidade e serviços voltados à comunidade. O quadro "Residentes importantes no *SL*: A Vez de Katt Kongo" contém as idéias de Katt sobre residentes de destaque no *SL*.

QUADRO O RESIDENTE FALA:
RESIDENTES IMPORTANTES NO SL: A VEZ DE KATT KONGO

Taco Rubio — *Geralmente o rei da irrelevância; mas quando ele tem de fato algo relevante a dizer, os residentes e funcionários da Linden Lab prestam atenção.*

Boliver Oddfellow — *Diretor da Infinite Vision Media, Bo coordenou eventos como o festival de música de 12 horas em Dublin e a série Infinite Mind, incluindo o lançamento de Suzanne Vega.*

Spin Martin — *Ele desenvolveu a Slackstreet Entertainment, com a primeira gravadora do SL (Multiverse Records) e o Hipcast Expo Center. Em sua primeira vida, é conhecido como Eric Rice, um renomado blogueiro e palestrante* (http://ericrice.com).

Sitearm Madonna — *Consultora de vários projetos grandes, como o Dublin; há o dedo de Sitearm nos principais movimentos do SL. Suas habilidades em construção de redes de contatos indicam que ela tem uma lista enorme de contatos no SL e na vida real.*

Zafu Diamond — *Como fundador do site Support for Healing* (http://supportforhealing.com) *e o sim da ilha (recursos para pacientes com doenças mentais), Diamond ajudou muitos residentes do SL. Com planos de expansão, ele e sua equipe poderão ajudar uma quantidade ilimitada de pessoas com depressão, ansiedade, vícios, distúrbios e outras dificuldades.*

Tateru Nino — *Com o crescimento do grupo* Mentor *no SL, ficou clara a necessidade de um líder. Nino se prontificou a assumir essa função, coordenando o desenvolvimento* dos centros de aprendizados para novatos (Ilha da Ajuda) e ensinando centenas de novos residentes no processo.

Alexander Bard — Bard fundou o fórum Second Citizen, que está entre os mais lidos sobre o SL. Ele proporcionou um lugar para que os residentes falassem sem medo de serem banidos do Second Life.

O CORAÇÃO: JADE LILY

Muito antes que pessoas de fora da comunidade vissem o potencial do SL como ferramenta de mudança social e levantamento de fundos sem fins lucrativos, Jade Lily viu. (Entre os primeiros a levar o SL a causas de caridade também estão Bhodi Silverman e ReallyRick Metropolitan — veja o capítulo 12). Em 2004, a pequena morena se esforçou para criar um sistema de doações para que residentes patrocinassem a equipe que Jade mantém na vida real em prol do Relay for Life, evento anual da Sociedade Americana do Câncer. Ela não conseguiu levantar muitos fundos naquele ano, mas trabalhou para conseguir em 2005, em cooperação com um integrante da Sociedade Americana do Câncer que entrou no *Second Life* como RC Mars. A versão inaugural do Relay no SL levantou mais de 5 mil dólares americanos. Em 2006, com muitos voluntários tendo se apresentado a Jade, o Relay for Life do SL se tornou uma pista de corrida que atravessava várias ilhas, criada para ser uma representação do mundo real. Com tudo isso e as várias festas, os leilões e os esforços incansáveis de Jade, o Relay de 2006 marcou uma entrada de mais de 40 mil dólares americanos contra o câncer. Hoje fica claro que o valor do SL como uma ferramenta de melhoria para o mundo real é inquestionável; várias organizações sem fins lucrativos respeitadas — como a Techsoup.org, a Creative Commons e a Omidyar Network — criaram um espaço no mundo virtual. O crédito por essas iniciativas vai para Jade Lily e para a Linden Lab. Jade merece a maior parte do reconhecimento por provar que a comunidade do SL podia de fato ser uma comunidade genuína, capaz de se reunir por um objetivo comum e de fazer coisas grandiosas.

A ALMA: TORLEY LINDEN

No *Second Life*, se alguém traz o nome Linden significa que é um funcionário da Linden Lab. Nesse caso raro, no entanto, estamos falando de uma pessoa que fez o mundo se apaixonar por ela um ano antes de sua entrada na folha de pagamento da empresa, quando ela ainda era "Torley Torgeson". Ao ler suas incansáveis e entusiasmadas postagens no blog (http://torley.com), você terá uma idéia do motivo pelo qual ela é adorada por todo mundo. Como portadora da síndrome de Asperger na vida real, essa parece ser a chave para todo seu carisma: no mundo fora da internet, ela tem dificuldade para perceber ou comunicar emoções; no mundo virtual, onde a maioria das comunicações acontece via chat ou mensagem instantânea, ela é um ímã de empatia e charme. Essa força não diminuiu nem mesmo depois de sua entrada na Linden; pelo contrário: suas qualidades duplicaram. Embora seja apenas membro da Equipe da Comunidade, Torley tem um impacto social no mundo maior que o de Cory Ondrejka, chefe de desenvolvimento, ou Philip Rosedale, o próprio diretor. Embora a administração da Linden Lab tenha poder sobre o funcionamento do mundo, é Torley quem gera a energia necessária para esse funcionamento.

O HISTORIADOR: EGGY LIPPMAN

Experiente e talentoso construtor autônomo, Eggy é um dos residentes mais antigos. Entrou para o mundo em abril de 2003 e é um socializador de primeira linha. Mas talvez o principal motivo pelo qual tenha alcançado a fama seja sua condição de arquivista do mundo — ele é um dos criadores da Wiki da História do *Second Life* (http://www.slhistory.org/index.php/Main_Page), um documento de desenvolvimento do *SL* que aborda desde os tempos dos testes Alpha até agora, seguindo sempre em frente. Na segunda metade de 2006, a Wiki já tinha mais de mil registros, contendo informações sobre marcos culturais e avanços tecnológicos através dos anos. Com tantas mudanças ocorrendo tão rapidamente, os residentes veteranos (e até alguns Lindens!) acabam sempre recorrendo à Wiki da História do *SL*.

CAPÍTULO 11
A VISIONÁRIA: GWYNETH LLEWELYN

Basta ler o blog de Gwyneth por um bom tempo (com o conveniente endereço em http://gwynethllewelyn.net) para você começar a acreditar que a srta. Llewelyn sabe mais sobre o rumo para o qual a Linden Lab deve levar o *Second Life* no futuro do que qualquer outra pessoa na empresa. E o que é mais importante: ela se explica de maneira razoável. Faz grandes e completas postagens sobre a tecnologia e cultura do *Second Life*; participa há muito tempo de vários círculos intelectuais e é co-fundadora da comunidade autogovernada Neufreistadt. Veja o quadro "Residentes importantes no *SL*: A vez de Gwyneth Llewelyn" para conferir algumas idéias recém-saídas do forno.

QUADRO

O RESIDENTE FALA:
RESIDENTES IMPORTANTES NO SL: A VEZ DE GWYNETH LLEWELYN

MODA

Chip Midnight — *Principalmente por ter dado à comunidade tantos modelos, guias, tutoriais e dicas valiosas.*

CONSTRUÇÃO

Bill Stirling — *Quero incentivar as pessoas que trouxeram arquitetura verdadeira ao* Second Life. *Nesse caso, Bill Stirling é minha primeira escolha, seguido por Jauani Wu e provavelmente Moon Adamant... eles mostram que o SL está se tornando uma plataforma madura para arquitetos da vida real, e isso é o que motiva as pessoas a se tornarem profissionais.*

ANIMAÇÕES

Aqui a escolha é difícil entre Craig Altman, com seus Duo Dances, Beau Perkins, com suas animações hilárias (e a ótima política de suporte e incentivo ao cliente) e Owen Khan, com as lendárias danças. No entanto, o prêmio vai para Web Page — já que ele é o cara que faz praticamente todas as

← *animações dos* machinima, *coisas que definirão padrões no futuro.*

O MÚSICO: FROGG MARLOWE

Quando chegou ao *SL*, na metade de 2005, ele havia acabado de deixar a vida de mendigo e era um músico abandonado à própria sorte dormindo no sofá de um amigo. O amigo era o músico do *SL* Jaycatt Nico; foi através dele que Frogg lançou sua própria carreira de artista no *Second Life*. Com uma seleção bem peculiar de peças de folk alternativo acompanhadas de um consistente trabalho de violão e gaita, o avatar de nome apropriado, Frogg (um anfíbio de 1,80m de altura) ganhou um vasto público, aparecendo posteriormente (na segunda metade de 2006) numa matéria da revista *Rolling Stone,* que tratava da cena musical do *SL*. Na época, artistas como Suzanne Vega, Duran Duran e outros músicos importantes apareciam também no *Second Life*, mas Frogg teve um papel muito importante ao provar o potencial de um avatar como astro do pop.

INFORMAÇÃO ADICIONAL:
RESIDENTES IMPORTANTES NO *SL*: A VEZ DE FROGG MARLOWE

ANFITRIÃO DE EVENTOS

Acho que há uma qualidade tão semelhante em Tom Bukowski (fundador do grupo Digital Cultures) e Selaras Partridge (fundador do The Ethical Group) que fico com os dois. Esses são os caras que abordam o público inteligente do SL.

ANFITRIÃO DE EVENTOS DE MÍDIA MISTA

SNOOPYbrown Zamboni — *SNOOPYbrown é a referência em eventos de "mídia mista". Ele foi o primeiro a trazer pessoas e conferências de verdade para o Second Life. Seu emprego da vida real na Accelerating Change Foundation e sua participação na série Future Salon fazem dele uma referência*

para qualquer pessoa determinada a trazer o holofote da vida real para o Second Life. No tempo em que as pessoas ainda discutiam se o SL era um "país", o SNOOPYbrown dava ao SL exatamente esse tratamento, "abrindo alas" para seus Future Salons no SL, como se o mundo virtual fosse uma das muitas cidades dos EUA onde os futuristas se encontravam.

Negócios da Vida Real no SL

Hiro Pendragon — *Hiro Pendragon tem todas as habilidades necessárias para ser um foco de sucesso na comunidade do Second Life: habilidoso, carismático e envolvente, possui facilidade de relacionamento com as pessoas, boa escrita e habilidade para criar uma rede enorme de contatos em pouquíssimo tempo, com vários ramos de informação nascidos de um ponto central. Construiu uma grande reputação — sua palavra é tudo que você precisa para poder estabelecer um relacionamento. Assim, é mais que óbvio que sua empresa alcance muito sucesso.*

Outros

E aqui um toque pessoal: Eloise Pasteur e Sudane Erato. Ambas provavelmente ganharão apenas uma pequena menção na história do SL, mas me influenciaram muito.

O EMPRESÁRIO: SPIN MARTIN

Antes de se tornar um avatar, Spin Martin era conhecido por toda a internet como Eric Rice, famoso blogueiro e DJ e um dos primeiros a usar as tecnologias de *videoblog* e *podcasting*. Inspirado pela aparição de Lawrence Lessig no *Second Life* no começo de 2006, Spin balançou o mundo virtual com seus talentos, fundando a Slackstreet, uma ilha dedicada à gravação de músicas e *podcasts*. Depois comprou a Multiverse Records com o objetivo de lançar uma gravadora no *SL*. Vários *podcasters* entraram desde então para o *Second Life*, inclusive o ex-VJ da MTV, Adam Curry. Mas Spin merece um enorme crédito por levar o conteúdo de áudio do *Second Life* a um outro nível, além da música ao vivo.

CAPÍTULO 11 — O MESTRE DA WEB 2.0: CRISTIANO MIDNIGHT

Em algum momento de 2004, a Linden Lab adicionou um recurso às ferramentas de criação de instantâneos do *Second Life*, permitindo que residentes enviassem uma imagem ao e-mail de alguém. A idéia original era criar um marketing que se espalhasse de pessoa em pessoa, mas foi Cristiano quem fez nascer a primeira Web 2.0 do *Second Life*. Seu site Snapzilla (`http://www.alpics.com/`) é o Flickr do metaverso, um compêndio crescente com mais de 100 mil instantâneos que os residentes compartilham, classificam e comentam. Ao fazer isso, ele criou o site que virou, na prática, a face pública do *Second Life* na web. E com o fechamento do fórum oficial do *Second Life* em setembro de 2006, Cristiano certamente expandirá ainda mais seu império da web.

CAPÍTULO 11 — O ILUMINADOR: PROKOFY NEVA

Toda sociedade precisa de dissidentes, e toda sociedade livre atrai pessoas que aspiram ter essa função. Para muitos, o sr. Neva obteve esse título pela maneira como enxerga o Centro Interno Privilegiado (o FIC, *Feted Inner Core*), que, pelo menos para esse avatar, representa uma conspiração sombria e informal entre os principais criadores de conteúdo do *Second Life* e a Linden Lab, com um plano secreto de criação de uma utopia tecnológica onde o usuário mediano seria marginalizado. A mídia considera Neva um ativista irrelevante e extremista, mas cujo pensamento ainda é capaz de levantar uma discussão. (O mote "Boicote o FIC" no *SL* é o equivalente ao mote "Chega de sangue por causa do petróleo" da vida real). Algumas pessoas podem dizer que o fato de o sr. Neva ter feito uma previsão falha em 2005 (ao dizer que o *Second Life* nunca teria mais de 40 mil usuários registrados) é uma prova de que o seu tempo como dissidente já passou, mas não há dúvidas de que o conceito da conspiração do FIC alastrou-se, como se pode ver em paródias, slogans e conversas do cotidiano. Também é digna de menção aqui Ulrika Zugzwang, fundadora animada do Neualtenburg Projekt, originalmente um experimento com democracia socialista num simulador localizado numa ilha de mesmo nome — que depois de uma disputa amarga ficou conhecida como Neufreistadt, outro exercício de autogoverno democrático fundado por Gwyneth Llewelyn (veja a listagem) e outros.

CAPÍTULO 11 — A MENTORA: TATERU NINO

Geralmente vestida num veludo azul-escuro como uma moderna Mary Poppins, Tateru é a Mãe dos Mentores, que oferece uma mão amiga e incentivadora às centenas de mentores voluntários que a vêem como líder informal. Também é tida como líder dos milhares de novos residentes que se acharam no *Second Life* graças à sua ajuda. (Muitas dessas pessoas criaram o grupo do Culto de Tateru e também um santuário em sua homenagem.)

QUADRO — O RESIDENTE FALA: RESIDENTES IMPORTANTES NO *SL*: A VEZ DE HANK HOODO, SATCHMO PROTOTYPE E FORSETI SVAROG

Adam Zaius — *As habilidades de Adam são muitas. Ele é construtor e programador talentoso, desenvolve o portal comercial do* Second Life, *o SecondServer.net* (http://secondserver.net), *fundou a empresa de desenvolvimento Gigas e mantém o império imobiliário Azure Islands.*

The libsecondlife Team — *A Linden Lab sempre se orgulhou de dar poder aos seus usuários. O projeto libsecondlife* (http://libsecondlife.org), *um grupo de fonte aberta liderado por Spatula, Eddy Striker, Baba Yamoto e Adam Zaius, desenvolve ainda mais a idéia de conferir poder e cria engenharia reversa do protocolo do* Second Life, *permitindo que desenvolvedores interajam com o* Second Life *de muitas outras formas além das previstas pela Linden Lab.*

Lumiere Noir — *Lumiere é o criador da Biblioteca de Primitivos da Torre de Marfim, o recurso definitivo para usuários novos que aprendem a usar as ferramentas poderosas e exclusivas do* Second Life *para modelagem. Ninguém fez melhorias ainda*

265

na Torre de Marfim, então o trabalho de Lumiere tem muita influência nas gerações de construtores do Second Life.

Pierce Portocarrero — *Pierce é pioneiro e mestre em machinima — vídeos feitos com cenas capturadas do metaverso — no Second Life e na melhor forma de mostrar e explicar o mundo virtual a pessoas que estão apenas no mundo real.*

Starax Statosky — *Starax incorporou o gênio recluso no Second Life; ao contrário da maioria das pessoas citadas aqui, ele nunca foi uma figura pública, mas a Varinha Mágica que ele criou é um item lendário, uma demonstração perfeita do caos e da criatividade possíveis no Second Life.*

Tao Takashi — *Tao se envolveu com muitas coisas no SL, mas gostamos particularmente de seus esforços na criação do World of SL, um blog que agrega conteúdo do Second Life. A blogosfera do SL continua a crescer e é muito difícil acompanhar tudo que sai. O site de Tao facilita essa importante tarefa.*

Travis Lambert — *Travis é responsável pelo Abrigo, um ponto de encontro social que desempenha um grande trabalho recepcionando novos residentes do SL num ambiente seguro e amigável. O Abrigo, mantido integralmente sem fins lucrativos, é uma das instituições mais antigas e valorosas do SL.*

Walker Spaight — *Em sua vida virtual, Walker Spaight edita o tablóide Second Life Herald, que assumiu depois que Urizenus Sklaar se afastou. Também possui um espaço no podcast de Johnny Ming, o SecondCast. Na vida real, Walker é o jornalista freelance Mark Wallace, que cobre o Second Life para publicações de renome do mundo real.*

A PROGRAMADORA: CATHERINE OMEGA

O alfa e o ômega — Catherine chegou quando o mundo mal havia nascido, na era pré-histórica, a fase pré-Beta de janeiro de 2003. Ela começou a dominar a Linguagem de Scripts da Linden e co-fundou e editou a Wiki da LSL (http://secondlife.com/badgeo/), o mais importante e indispensável recurso para os milhares que vieram depois dela com o intuito de programar no código que dá vida ao *Second Life* usando interatividade dos usuários.

Comecei meu trabalho como "jornalista interno" oficial da Linden em abril de 2003 (na época eu era conhecido como Hamlet Linden); uma das primeiras residentes que conheci foi uma morena esbelta com um cinto de utilidade

que morava numa mansão perto do mar. Catherine Omega me disse que havia construído o lugar e que agora construía um sistema de bonde para que as pessoas pudessem chegar até lá partindo da montanha próxima. Ouvir aquilo foi impressionante. Mas ela ainda tinha mais. Quase casualmente, mencionou que havia construído aquele lugar enquanto estivera sem casa no mundo real. Ela usava um computador com peças esparsas adquiridas de várias formas, inclusive de uma lixeira localizada do lado de fora de uma loja de informática. Ela usava uma lata de café para pegar sinal de internet sem fio do prédio aos pedaços que ocupava na época. "Cat é uma menina esperta!", me disse Lyra Muse, sua amiga, o que era mesmo verdade (e continua sendo).

Foi nesse momento que decidi que o *Second Life* seria o foco principal da minha carreira. Se esse pequeno mundo com uma população de algumas centenas já tinha pessoas tão extraordinárias, era certo que outras histórias maravilhosas apareceriam com o crescimento do mundo.

CAPÍTULO 11 — OS PARTICIPANTES DE CONVENÇÕES: FLIPPERPA E JENNYFUR PEREGRINE

Quando o time de marido-e-mulher chegou na Linden Lab com a idéia de fazer uma convenção na vida real para reunir residentes, a proposta pareceu impossível de se realizar. Como o mundo virtual é uma oportunidade para a interpretação de papéis e para a vivência de outra personalidade, quem teria vontade de mostrar o rosto da vida real em público? Mas a primeira Convenção da Comunidade do *Second Life* (SLCC, Second Life Community Convention), realizada na segunda metade de 2005 em Manhattan, foi um sucesso: atraiu residentes de todo o mundo. A segunda SLCC (de 2006) foi ainda mais grandiosa, com quase quinhentos participantes, alguns vindos de lugares distantes como Austrália e França, e muitos órgãos de imprensa para cobrir o evento. O que havia começado como uma convenção de fãs tornara-se também uma exposição comercial, com a presença de várias empresas e organizações do mundo real querendo investir milhões de dólares. E assim o casal com uma pitada de estilo gótico se viu com a responsabilidade de realizar uma convenção que tinha um pouco de festival Burning Man e outro tanto de exposição de alta tecnologia, mas tudo relativo ao *Second Life*.

O casal fala de residentes importantes do *SL* no quadro "Residentes importantes do *SL*: A vez de FlipperPA e Jennyfur Peregrine".

O RESIDENTE FALA:
RESIDENTES IMPORTANTES DO *SL*: A VEZ DE FLIPPERPA E JENNYFUR PEREGRINE

Bub Linden: *Bub fez mais que trazer um olhar incrível ao design gráfico necessário para a Linden Lab na rede; ele também trouxe um espírito amável e divertido, tornando-se instantaneamente um dos Lindens mais populares. Sua habilidade para gerar entusiasmo nos residentes para sessões de fotos e incitar a população para colocar o SL sempre à frente nas campanhas de marketing é incrível. Mais que qualquer pessoa, Bub humaniza a Linden Lab para vários residentes.*

Darko Cellardoor: *o maconheiro mais famoso do Second Life, com um coração de ouro e gosto por boa literatura.*

Jai Normad: *Jai se envolveu em várias das áreas temáticas do continente central, como Taber, Boardman, Brown e Indigo. A GNUbie Store, localizada em Indigo, foi o primeiro mercado de brindes no Second Life, permitindo que novos residentes aprendessem coisas ao observar os exemplos de alguns dos criadores de conteúdo mais produtivos do Second Life.*

Munchflower Zaius: *Uma das criadoras de conteúdo mais famosas do Second Life, que criou o mote "Roupa vulgar vende muito!". Ela entende muito de música e faz parte dos intelectuais meio alienados.*

Obscuro Valkyrie: *Obscuro formou o primeiro grupo de interpretação de papéis de vampiros no Second Life, o Vampire Empire. Trata-se de uma das comunidades mais ativas no SL, que permanece desde a sua fundação, em 2003. Pouquíssimas comunidades duram tanto tempo!*

Siggy Romulus: *o primeiro caçador de confusão no Second Life, também é um criador de conteúdo bem conhecido. Siggy é um australiano orgulhoso da pátria que tem seu próprio programa de rádio semanal.*

Stroker Serpentine: *"Meu nome é Stroker, e eu sou um pervertido." A frase de Stroker na Convenção da*

← *Comunidade do Second Life de 2006 disse tudo; ele apostou em sua perversão para se tornar o principal vendedor da SLBoutique.com, com um enorme império de vendas de conteúdo adulto.*

Ulrika Zugzwang: *Iluminadora de mão cheia, Ulrika é uma liberal muito inteligente que fundou a Neualtenburg. Autodeclarada democrata social, ela foi a origem por trás de muitos dos conceitos de como o governo deve ser tratado no SL: um tema sempre delicado! Também é animadora e programadora de alto nível.*

Washu Zebrastripe: *Um dos maiores mercados do Second Life é o de cabelos como acessórios. Washu sempre manteve a discrição, mas foi pioneira no design de cabelos com prims. O Wigz de Washu inspirou um renascimento no design de cabelos, com lojas e simuladores inteiros dedicados à arte de se esculpir cabelos em prims. Ela também tem um grande senso de humor e está sempre divertindo quem estiver por perto.*

A ESTILISTA: NEPHILAINE PROTAGONIST

CAPÍTULO 11

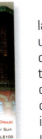

Assim como Aimee Weber, Nephilaine conseguiu criar mais do que uma atividade viável no ramo de moda de avatares: sua personificação tem igual importância para seu sucesso. Seu avatar tem uma delicadeza combinada a estilos góticos e industriais; sua butique Pixel Dolls foi um dos primeiros empórios de moda a dominar o *SL*. Ela geralmente passa muito tempo envolvida com seus projetos e por isso não se socializa muito, mas sua rede de contatos social é grandemente baseada em clientes fiéis e — o que também é muito importante — muitos designers de moda que ela instruiu e encorajou. Ela sempre está envolvida em algum projeto com seu marido da vida real, Neil Protagonist, designer profissional de efeitos e artista no setor de jogos. Juntos, eles têm uma imbatível força criativa, seja criando as lojas Pixel Dolls ou introduzindo tendências à Nakama, a cidade temática de *animes* mantida por Neil.

CAPÍTULO 11 — O DEUS DOS JOGOS: KERMITT QUIRK

Uma combinação de Tetris e Bingo com um ar de apostas, o Tringo, criado no fim de 2004, foi a sensação da comunidade do *SL*. O jogo foi praticado 24 horas por dia em cassinos, casas noturnas e salas de jogos. Seu sucesso era baseado não apenas na facilidade do jogo e em seu aspecto de apostas, mas também num sistema inteligente de franquias criado por Kermitt para que os usuários fossem incentivados a hospedar o Tringo. Kermitt vendeu centenas de cópias; esse sucesso o levou para ambientes completamente diferentes quando o jogo foi vendido para a plataforma do Game Boy Advance. Isso foi possível, é claro, pelo fato de a Linden Lab permitir que os residentes mantenham os direitos de propriedade intelectual (PI) sobre suas criações. Mesmo quase depois de um ano, Kermitt continua como o exemplo de maior sucesso dessa política da empresa — e como tal, permanece entre os principais residentes a realizarem o sonho do *Second Life*.

CAPÍTULO 11 — A RAINHA DO JOGO: BACCARA RHODES

Geralmente passeando pelo mundo num vestido de gala de Versace, o avatar de Baccara é uma mulher de certa idade que, por absoluta força de personalidade, se transformou na grande dama do *SL*. Sua fala geralmente é elegante e seu vocabulário abundante e ela não tolera linguagem vulgar. Certa vez teve a idéia de ir para uma zona de combate e censurou os jogadores por seu comportamento rude; ofendidos, eles começaram uma série de ataques terroristas que culminaram no seqüestro de um macaco numa galeria de arte próxima preparada com algumas minas. (Mas nunca ameaçaram Baccara diretamente; um dos jogadores confessou, tímido, que ela tinha muitos amigos poderosos para que eles se arriscassem a fazer qualquer coisa).

Desde então, Baccara tem usado sua experiência da vida real, de organizadora de eventos, para organizar vários casamentos elaborados e projetos que envolvem muitos criadores. Entre tais projetos está o tributo de cerca de 130.000m^2 ao Mágico de Oz em 2004, além de um tributo com cerca de 195.000m^2 a Peter Pan, em 2005. Foi através de projetos como esses que ela se tornou a principal conexão de diferentes grupos de construtores e programadores, socializadores e residentes casuais — grupos que raramente interagem entre si. Mulher de negócios bem-sucedida hoje em dia, Baccara é uma das donas da Home Depoz (como sugere o nome, é um lugar de vendas em varejo de utensílios e móveis domésticos) e da Stardust (um local privilegiado para festas e casamentos planejados, é claro, por ela).

CAPÍTULO 11 — A CONSTRUTORA DA COMUNIDADE: THE SOJOURNER

Demonstração feminina do poder do *Second Life* como ferramenta social, a srta. Sojourner é uma voluntária e organizadora incansável no *SL* há mais de dois anos. Atua como fundadora do Shockproof, um grupo de apoio a sobreviventes de derrames, e como organizadora de eventos do sim Dreams, lar de infindáveis concursos de construção e feiras com o objetivo de ajudar uma boa causa.

CAPÍTULO 11 — A IDENTIDADE: AIMEE WEBER

Revelação total: Weber às vezes contribui para o meu blog New World Notes, mas ela está nessa lista por muitos motivos. Primeiro, por ser uma designer de moda que ficou famosa não só pelo grande volume de vendas e pelo estilo único, mas também pela identidade que criou: uma ousada e paqueradora bailarina punk rock com asas de borboleta azuis. Para contextualizar essa personalidade (e gerar um local privilegiado para clientes), ela construiu a ilha Midnight City, uma Nova York virtual com texturas e luzes que ficam no nível do jogo Grand Theft Auto. Mas ela queria mais: tornou-se uma inovadora em experiências educacionais imersivas, trabalhando, por exemplo, com o Planetário de São

Francisco para criar um modelo 3D de demonstração do acontecimento de eclipses, e com a Administração Nacional Oceânica e Atmosférica, simulando um efeito tsunami na costa. No plano comercial, Aimee criou duas das primeiras experiências no *SL* para empresas importantes do mundo real: uma "cabine de audiência" no mundo virtual parecida com um sótão para a cantora Regina Spektor, da Warner Brothers, e um local virtual para a American Apparel. No quadro "Residentes importantes do *SL*: A vez de Aimee Weber", ela fala dos residentes que mais lhe chamam a atenção.

QUADRO

O RESIDENTE FALA:
RESIDENTES IMPORTANTES DO *SL*: A VEZ DE AIMEE WEBER

Ama Omega — *Responsável pela criação de Dark Life, com grande habilidade em programação.*

Bel Muse — *Fundadora da Nexus Prime e criadora do site Second Look; seus primeiros trabalhos abriram caminho para outros trabalhos sobre o* SL.

BuhBuhCuh Fairchild — *BBC é o líder do movimento de machinima no* Second Life. *Seus atos fizeram os filmes do SL passar de uma curiosidade sem utilidade para um setor em ascensão.*

Cienna Rand — *Guru técnica e mãe do canal #SecondLife no IRC. Pelo IRC, Cienna lidera um submundo tecnológico no* SL.

Johnny Ming — *Johnny Ming fundou e mantém o SecondCast, o* podcast *mais bem-sucedido do* Second Life.

Kris Ritter — *Kris Ritter foi um construtor que nos primórdios criou um dos primeiros projetos realmente grandes, o Heaven and Hell. Foi uma inspiração nos meus anos de formação no SL.*

Mistress Midnight — *Designer de moda e fundadora da Midnight City.*

Nylon Pinkney — *Introduziu uma alternativa de desenhos feitos à mão às texturas comuns de fotos usadas no SL.*

qDot Bunnyhug — *Hã... [bochechas coradas]... Coisas sexy, sabe.*

Rathe Underthorn — *Especialista técnico conhecido por cartazes publicitários marcantes.*

Trinity Serpentine — *Voz do Second Life, Trin e sua parceira Nala Galatea são as DJs de streaming de maior sucesso no Second Life.*

Xylor Baysklef — *Criou diversas maravilhas do SL, como o XYObject, que tem um script automático de criação de objetos grandes, e o XYText, que preenche uma forte necessidade de visualizar texto no SL.*

CAPÍTULO 12

UMA LINHA DO TEMPO CULTURAL

"Não estou construindo um jogo", disse Philip Linden certa vez: "Estou construindo um novo país." Sob vários aspectos, a história do *Second Life* lembra os primeiros séculos dos próprios Estados Unidos. O *Second Life* evoluiu de um jogo *arcade* com poucos e esparsos nativos para um lugar de colonizadores e pioneiros, seguindo então para uma região ricamente formada, com uma população maior do que a de alguns países e sempre crescente. Este capítulo é dedicado a essa história e a alguns dos marcos pessoais e culturais que aconteceram nesse percurso.

SUMÁRIO

PRIMEIRA ERA — 2001 AO COMEÇO DE 2003: PRÉ-HISTÓRICA, PRÉ-BETA 276

SEGUNDA ERA — METADE DE 2003: NATIVOS CONTRA COLONOS 276

SEGUNDA ERA — METADE DE 2003: REVOLUÇÃO! 281

TERCEIRA ERA — SEGUNDA METADE DE 2003: O NASCIMENTO DE UMA NOVA NAÇÃO 282

QUARTA ERA — FIM DE 2003 AO COMEÇO DE 2004: EXPANDINDO A FRONTEIRA 285

QUINTA ERA — METADE DE 2004 À METADE DE 2005: REVOLUÇÃO INDUSTRIAL 286

SEXTA ERA — METADE DE 2005 ATÉ O PRESENTE: A EXPLOSÃO 289

CONSTRUINDO A COMUNIDADE: BURNING LIFE 293

CONSTRUINDO A COMUNIDADE: FAZENDO A DIFERENÇA 294

EVENTOS APOIADOS PELA LINDEN 295

PRIMEIRA ERA — 2001 AO COMEÇO DE 2003: PRÉ-HISTÓRICA, PRÉ-BETA

Criado primeiramente como uma plataforma para testar a realidade virtual e a tecnologia de interface de contato, o *LindenWorld* passou a existir em 2001. No começo, os avatares eram conhecidos como Primitars, robôs desengonçados compostos de prims que perambulavam pela terra sobre pernas curtas e grossas, fazendo uma explosão aqui e ali com granadas para aplainar o terreno. O mundo era compartilhado com criaturas parecidas com serpentes chamadas Ators e pássaros que comiam rochas.

Como *Second Life*, o mundo foi aberto ao público externo em março de 2002, recepcionando pequenas tribos de cidadãos Alpha e alguns Beta, o que era feito a partir de convites limitados. As terras eram compartilhadas e minúsculas tribos de realizadores e utopistas começaram a se formar. (Veja o quadro "Memórias do início da história".)

SEGUNDA ERA — METADE DE 2003: NATIVOS CONTRA COLONOS

A versão pública Beta do *Second Life* começou em abril de 2003. Embora a maioria dos recém-chegados se misturassem com os residentes originais, disputas culturais apareceram. Na época, o continente era pequeno e havia três sims conhecidos como The Outlands, onde o combate era permitido e até incentivado. Os Outlands quase sempre eram palco das batalhas resultantes dos conflitos.

O RESIDENTE FALA:
MEMÓRIAS DO INÍCIO DA HISTÓRIA

"Eu procurava o metaverso desde que li Snow Crash... Descobri o Second Life através de uma menção no fórum GameSpy.com, numa discussão sobre as impropriedades dos jogos massivos mostradas no E3 de 2002. Quando cliquei no link, percebi imediatamente que havia encontrado o metaverso. Era agosto de 2002; após alguns e-mails animados que enviei à Linden Lab, me deixaram entrar para o LindenWorld no começo de setembro. O LindenWorld era o pré-Second Life, basicamente o SL sem água.

Eu havia lido sobre cinqüenta usuários que haviam começado a participar, mas só via regularmente umas cinco pessoas

por semana. Ver seis pessoas ao mesmo tempo no mundo queria dizer FESTA! Depois de uns meses, o LindenWorld virou Second Life, com cerca de vinte pessoas conectadas ao mesmo tempo. Elas ficavam dando voltas pela mesma área, por perto do "curral dos novatos".

Nos primeiros meses, a cultura era definitivamente voltada para a criação. Pelo menos a minha era. Gosto muito de criar; socializar é algo secundário para mim. O que ficou mais marcado na minha memória foi o final de semana em que BuhBuhCuh e eu (os Lindens não estavam presentes) decidimos construir várias estruturas 'Neo-Tóquio', sombreando o pequeno centro da cidade que os Lindens haviam construído."

— bUTTONpUSHER Jones

"Já faz dois anos que estou em minha segunda vida. Assim como Forrest Gump parecia sempre estar na encruzilhada de fatos históricos, eu, Torley Linden (nascida Torley Torgeson), tive a impressão de que presenciaria várias aventuras pioneiras. E não apenas como observadora, mas como participante: algo que continua acontecendo a vários resis (minha abreviação de 'residentes'), tanto hoje quanto no futuro.

Fecho os olhos e as memórias fluem facilmente: chego a uma das datas mais antigas e amigáveis de 2004, quando um sim aparentemente inofensivo, o Meins, foi adquirido por Kex Godel. Kex foi uma das minhas primeiras mentoras, e geralmente ficava flutuando numa nuvem na clássica Área de Recepção Ahern-Morris. Entre amigos nós cochichávamos, brincando com coisas do tipo "KEX É UMA BARONESA DE TERRAS!". Como as caixas de areia e as imaginações férteis são totalmente adequadas no Second Life, vários experimentos nasceram nas terras de Kex.

Temos nosso próprio Thomas Edison, a Francis Chung — conhecida por "armas e abraços"; foi pelo perfil dela no New World Notes que cheguei ao Second Life. Francis construiu o que eu chamaria de 'Macroconstrução franantemática'. Estruturas enormes, várias histórias, decoração com entalhes ao estilo de Giger, algumas partes que lembram o cenário panorâmico de luta de um esgrimista épico.

O significado disso tudo se revela facilmente quando você pensa nos edifícios de, digamos, Donald Trump — impérios, dinastias! O que acabou acontecendo foi que o Meins passou para as mãos do Grupo Gigas.

E o que aconteceu?

A Macroconstrução acabou sendo destruída — sofreu um 'de-rez' — e o que nasceu foi um bairro cyberpunk. Quase dava pra ver o co-fundador Adam Zaius dando um sorrisão de orelha a orelha enquanto me mostrava, num passeio, seus trabalhos artísticos inovadores. Foi triste ver o sumiço da torre, mas aquele não era um sinal da queda de um império, era a ascensão de um novo.

Olhando para o passado, se você tiver ligado os pontos, verá que essas são as raízes do que viria a ser o conjunto de ilhas Azure, um continente em expansão mantido pelos residentes que provou sua influência sobre muitos outros futuros construtores de impérios. As ilhas no Second Life estão crescendo e parece não haver um fim para isso. E mais: é fabuloso sentar nas praias das ilhas. Não faz muito tempo que passei um tempo com velhos amigos num ambiente de cabana ancestral.

Nosso quadro tem ainda outros elementos:

Adam Zaius e Oz Spade, do Gigas, acabaram criando os escritórios oficiais da Linden no mundo virtual. Eles não são tão usados quanto eu gostaria que fossem, mas sua elegância decadente, aliada à praticidade, é algo muito aparente e copiado até hoje.

Francis Chung continuou criando coisas ainda mais espetaculares, colaborando no projeto Wet Ikon ROAM com Rathe Underthorn, um aparelho de vôo que levava as pessoas automaticamente de qualquer ponto A para qualquer ponto B no continente central. Embora o ROAM tenha sido dispensado logo, acredito que o conceito incentivou os Lindens a implementarem o teletransporte direto, de ponto a ponto. Como diria Trump: uma GRANDIOVEM mudança social! Por fim, os resis não precisavam mais voar para um destino a partir das telehubs, esses desperdiçadores de tempo: graciosos, mas inúteis.

A primeira FAQ de opções elaborada por Kex Godel acabou me inspirando a escrever algumas das minhas próprias dúvidas e revisar documentações de outros residentes, o que me levou a ser contratada pela Linden Lab. Hoje em dia permaneço muito próxima das minhas raízes, assumindo que não se pode ter um destino sem um ponto de origem. Kex também foi para as Visões do SL, uma mesa-redonda apoiada pela Linden onde os principais residentes podem compartilhar pessoalmente suas idéias e preocupações com a empresa. Tenho orgulho dela e sou grata por tê-la conhecido, e sinto o mesmo com relação aos tantos outros que me ajudaram em minhas viagens.

E quanto a mim, Torley Linden? Como avatar com um infindável apreço por melancias, estou ainda me achando e tropeçando em coisas divertidas, algumas muito reconhecidas, outras não. Mas tudo é válido como experiência.

Se a jornada for a recompensa, então o Second Life me pagou muito mais do que eu poderia imaginar. Foram os 10 dólares que melhor gastei em toda a minha vida."

— Torley Linden

"Sou residente do Second Life desde julho de 2003. Era um tempo em que só havia paisagens, poucos prédios aqui e ali e freqüentemente o número de pessoas on-line ao mesmo tempo era menor que cinqüenta.

Não tenho como falar das memórias mais estimadas do Second Life sem mencionar os eventos. Em algum momento do início dessa jornada, comecei a organizar eventos para anunciar minhas construções recentes. Ficou claro que meus amigos e a maioria dos residentes estavam interessados muito mais na diversão do que na construção; e foi assim que entrei pro ramo das festas. (Durante a maior parte da minha vida profissional eu havia sido promotora de eventos; na época, já estava aposentada. Às vezes tentamos fugir do nosso passado, mas ele nos fisga de novo.)

Depois de conseguir bons resultados com minhas festas (desfiles de moda, inaugurações de lojas e, claro, casamentos), a designer de moda Fey Brightwillow e eu fundamos a Spellbound Events, a primeira equipe coesa de construção, programação e animação do Second Life. Depois de concluirmos que a sabedoria dos contos era nossa verdadeira paixão comum, começamos a buscar uma idéia que pudesse interessar a toda a comunidade, homens e mulheres de todas as idades.

E foi assim que, na metade de 2004, reunimos os membros da Spellbound e realizamos a festa de Oz num dos sims particulares existentes no SL na época, a Ilha Cayman, de Evie Fairchild. O SL tinha passado da fase Beta há apenas um ano e a festa de Oz atraiu centenas de visitantes do nosso mundo ainda pequenino. Depois muitos voltaram para incorporar os avatares pequenos e temáticos de Oz que fornecíamos, para dançar a noite toda com seus personagens favoritos, seguir a estrada amarela e ver a bruxa derreter.

Os meses passaram e os membros da Spellbound logo estavam dispostos a repetir a diversão com outras melhorias. Portanto, visitei a Linden Lab para pedir ajuda na realização de outro evento da comunidade, com proporções que o Second Life nunca havia visto: uma viagem a uma Londres do começo do século XX e um tributo a Peter Pan. Os Lindens fizeram uma doação de três sims por um período de três meses. Teríamos seis semanas para construir nossa visão e seis semanas para atrair o resto do mundo para o local.

As visitas aconteceram. Vieram em rebanhos, aos milhares, gerando um número sem igual de horas de visitas. As pessoas vinham repetidas vezes para interpretar papéis em roupas do rei Eduardo, em trajes de garoto maltrapilho, de piratas ou de crianças indianas. Conversavam nas ruas de Londres, despistavam possíveis ladrões de bancos, voavam pela janela dos Darling sobre o navio Jolly Roger em busca dos Garotos Perdidos e lutavam com espadas contra o próprio Capitão Gancho.

Foi uma janela para a alma daquilo que o Second Life era e poderia ser como comunidade. Tudo foi oferecido de graça. As pessoas vinham, se divertiam e aproveitavam o espírito de companheirismo. Foi um tempo muito especial. Até o New York Times cobriu o evento num artigo sobre o Second Life, eternizando o espírito do acontecimento.

Quando penso naqueles primeiros dias, lembro de como eu me maravilhava com a criatividade das pessoas. Todo dia acontecia algo de novo e mágico. Hoje eu vejo grupos se formando, mas com o propósito único de realizar grandes projetos de natureza comercial, o que não deixa de ser grandioso. Não importa o propósito, a idéia de companheirismo em prol de um objetivo único é um benefício espetacular do Second Life. O trabalho hoje em dia é mais exato e os padrões são mais rígidos, mas ainda acredito que nossos motivos são os mesmos. O Second Life, enquanto mundo, almeja sempre alcançar o melhor de si.

E com o crescimento do nosso mundo, os eventos como a Terra do Nunca são mais difíceis de organizar. Mas não impossíveis, nada é impossível. A cada vez que vejo um novo avatar de olhos bem abertos, ouço o encantamento que ele tem ao contemplar o Second Life. Os novatos logo entendem tudo que pode acontecer. Em qualquer idade, você volta para a idade da inocência. Sua criatividade é restaurada. É difícil imaginar uma vida melhor que essa."

— Baccara Rhodes

A GUERRA DE JESSIE WALL

Durante o período público Beta, os jogadores do World War II Online (WWIIOL) — um jogo de estratégia militar pela internet — descobriram o *Second Life* e chegaram às centenas, usando as ferramentas de construção pra se encontrar e planejar as táticas a serem usadas no WWIIOL. Eles formaram um grupo chamado de WWIIOLers e, como era de se esperar, também construíram armas e fortalezas. Essa entrada repentina de residentes interessados em combate representou um choque cultural para muitas pessoas. Antes de eles chegarem, vários residentes haviam se estabelecido e construído casas em The Outlands; esses residentes ficaram desconcertados com a chegada de avatares armados, que abriam fogo contra eles em suas próprias casas.

Figura 12.1: Os WWIIOLers defendem seu território em Jessie.

Uma batalha aberta começou entre os WWIIOLers e os residentes nativos; a maior parte da ação aconteceu perto de Jessie Wall, uma barreira imponente que separava os distritos civilizados no *Second Life* da zona de guerra (figura 12.1). O muro também se tornou um local de manifestações a favor e contra a guerra do Iraque, que acontecia no mundo real, o que acabou aumentando ainda mais o antagonismo. (A maioria dos WWIIOLers apoiava a guerra, ao contrário de muitos dos residentes das proximidades.) Torres robóticas, balas de teletransporte e outras armas foram construídas e desenvolvidas no que foi, na época, um conflito pra definir a natureza do *Second Life*: uma utopia pacifista ou um local libertário com armas para todo mundo. Por fim, a batalha acabou cessando. Disputas como as ocorridas foram cruciais para o crescimento continuado do mundo, para que houvesse espaço mais que suficiente tanto para pacifistas quanto para jogadores de guerra no *SL*, com a possibilidade de eles nem se encontrarem, caso assim desejassem.

SEGUNDA ERA — METADE DE 2003: REVOLUÇÃO!

Com a formação da sociedade, também nascem as revoluções. O exemplo de mais destaque no *SL* foi a reação contra a "política tributária" da Linden Lab. Os residentes tinham que pagar impostos sobre os objetos adicionados ao mundo virtual, o que era feito através de dedução automática de Linden dólares das contas de cada um. Para os Lindens, essa parecia uma forma simples de evitar que os residentes sobrecarregassem os servidores com muitos objetos. Mas acabaram se surpreendendo com o que aconteceu.

A REBELIÃO DA CAIXA DE CHÁ, 3 DE JULHO

Figura 12.2: Fleabite Beach e outros revolucionários dos impostos posando para um retrato da reunião, em 2006.

Quem mais demonstrou revolta contra a política tributária da Linden foi o grupo Americana, dedicado a criar homenagens a pontos marcantes dos Estados Unidos. Sentindo-se punido por essa política pública da Linden, o Americana começou um protesto adequado ao seu nome, derrubando caixas de chá gigantes por todo o mundo e colocando fogo nos marcos americanos. Um cara chamado Fleabite Beach fez uma proclamação ao estilo Thoreau contra a "Tirania Linden" e levou os revolucionários às ruas com mosquetes e faixas com os escritos "Nascido livre: cobrado até a morte!" (figura 12.2). Muitas pessoas foram atraídas para o movimento, como rebeldes ou como "os leais à Linden".

Mas do conflito nasce a comunidade, porque essa foi uma das primeiras vezes que os residentes se viram numa luta que envolvia a todos. E os Lindens podem até não admitir, mas os protestos incentivaram o encerramento do sistema de impostos.

TERCEIRA ERA — SEGUNDA METADE DE 2003: O NASCIMENTO DE UMA NOVA NAÇÃO

Durante esse período, a Linden Lab tomou três decisões que foram consideradas radicais na época:

1. Encerrar as assinaturas mensais (a forma de pagamento padrão da maioria dos jogos similares) e começar a cobrar taxas de "uso de terra" sobre as terras virtuais.
2. Anunciar uma política totalmente livre para compra e venda de moeda virtual oficial e mercado aberto para dinheiro real.
3. Reconhecer os direitos de propriedade intelectual legalmente válidos dos residentes sobre os objetos e os scripts criados no mundo virtual.

14 DE NOVEMBRO DE 2003: DIA DA INDEPENDÊNCIA DO PI!

Instruída por Lawrence Lessig, autor de *Free Culture* e professor de direito na Standford (figura 12.3) — que basicamente assumiu o papel de Thomas Jefferson do mundo virtual —, a Linden Lab estabeleceu uma nova política, dedicada à idéia de que os residentes deveriam reter os direitos de propriedade intelectual sobre seus trabalhos no mundo virtual. O impacto não foi sentido imediatamente, mas a medida, junto com a possibilidade de se trocar Linden dólares por dólares americanos, gerou o crescimento de uma classe mercantil substancial (no ramo de artesanato, entretenimento, comércio, armas, etc.).

Figura 12.13: Lawrence Lessig.

O RESIDENTE FALA:
A HISTÓRIA DE LUSKWOOD

"O nascimento dos furries no SL certamente não foi planejado. As pessoas certas, na hora certa, fazendo as coisas certas: tudo isso gerou uma espécie de ambiente perfeito para que Luskwood nascesse.

Setembro de 2003: Michi Lumin e Eltee Statosky acabavam de 'migrar' de um mundo virtual sobre furries baseado em textos; o ambiente 3D parecia a próxima progressão natural. Michi trouxe consigo Liam, vinda de ambientes RPG baseados em animes.

Embora o SL fosse promissor, ele parecia confinar os jogadores a avatares humanos. Nessa época, Eltee tinha orelhas de raposa e um rabo preso a um avatar humano comum, o que era o mais próximo dos furries existentes no SL. Foi nesse período que Arito Cotton começou a experimentar acessórios que poderiam ser usados por cima do avatar humano.

Nem precisaria dizer que a primeira experiência de Arito funcionou bem (mesmo que ele não goste de mostrar o avatar hoje em dia, havia certamente um embrião do que temos hoje). Mas a notícia se espalhou rápido e não demorou pra que Arito fizesse mais uns quatro ou cinco avatares personalizados para outras pessoas.

Michi, Eltee e Liam se encontraram com Arito e viram alguns de seus avatares. Reuniram-se num pequeno terreno de Eltee em Lusk, Michi trabalhou com Arito para criar o avatar de dragão que ela ainda usa hoje em dia; Liam, que foi essencialmente a segunda pessoa a fazer avatares furries no SL, começou a criar seu próprio avatar com o grupo.

Quando chegava a noite, todos se reuniam para ficar conversando e construindo. Em uma dessas noites, Liam fez um abajur de madeira de coruja e disse, brincando, que o grupo deveria se chamar Luskwood. Trabalhando em Lusk e Olive (o primeiro terreno de Arito, ainda pertencente a Luskwood), os quatro refinaram seus avatares durante algumas semanas, adicionaram scripts e os assumiram como personagens principais.

Na época, os eventos tinham uma dimensão global: o mundo era pequeno e os eventos "Mostre e Diga" aconteciam geralmente durante o dia, anunciados pessoalmente pelos Lindens. Depois que a turma de Lusk apareceu em alguns desses eventos com suas novas criações, o povo começou a prestar atenção. As pessoas vinham a Lusk para ver os novos desenvolvimentos do grupo de Luskwood. O interesse nesses avatares antropomórficos feitos de prim se espalhou.

Nas semanas seguintes, o grupo acabou recebendo trinta solicitações de avatares personalizados como furries. Trinta furries no SL representavam um bom número na época. A lista de espera de avatares personalizados de Luskwood começou a crescer e os prazos passaram de um mês para vários; cada avatar levava cerca de uma semana pra ficar pronto. Por fim, Arito acabou percebendo que Luskwood poderia vender um avatar "básico", que só precisaria ser construído uma vez e seria vendido como modificável, para que o usuário final pudesse alterar com facilidade a cor do cabelo ou adicionar traços personalizados de acordo com seu próprio gosto.

O vendedor — o primeiro avatar vendedor no SL, feito no mesmo estilo de madeira do abajur de coruja de Liam — herdou o nome de Luskwood Creatures. Arito pensou que Luskwood venderia no máximo cem desses avatares, *declarando que, se fossem vendidos mais, ele 'comeria um prim de madeira compensada. Na vida real'.*

Até agora, Luskwood já vendeu 23 mil avatares e Arito ainda não comeu um único bloco de madeira."

— Michi Lumin

CAPÍTULO 12 — QUARTA ERA — FIM DE 2003 AO COMEÇO DE 2004: EXPANDINDO A FRONTEIRA

A grande corrida pelas terras começou em dezembro de 2003, quando a Linden encerrou o sistema tributário, eliminou as assinaturas mensais e adotou as taxas de uso de terras virtuais como modelo de receita. No começo, a Linden permitia "tomadas de terras" por parte dos residentes quanto a novos territórios, algo parecido com os eventos de apropriação de terras ocorridos na fronteira dos Estados Unidos. Os residentes do SL ficavam aos montes por volta das terras controladas pelo "Governador Linden" e esperavam o momento em que os Lindens liberariam as terras para o mercado aberto, na última hora. Os Lindens acabaram civilizando esse processo com um sistema de leilões, que usava tanto Linden dólares quanto dólares americanos. A primeira ilha foi leiloada em 7 de janeiro de 2005 — e os direitos de propriedade vendidos por 1,2 mil dólares americanos para Fizik Baskerville (consulte o capítulo 11 para saber mais sobre Fizik). No dia seguinte, espalhou-se a notícia de que Fizik tinha uma empresa de publicidade no mundo real e planejava usar o SL como plataforma de marketing. Avatares foram protestar e balançavam faixas de "Boicote à Ilha".

Quando a política de propriedade de terras começou a operar, os imóveis foram rapidamente solicitados, comprados e vendidos, mesmo com o fornecimento de novos continentes e ilhas particulares que visava acompanhar a demanda. Os "barões de terras" começaram a surgir, usando seu tino para os negócios para adquirir grandes quantidades de terra e depois cobrando uma taxa de "locação" para que outros residentes usassem suas terras.

A EXPERIÊNCIA DA IMIGRAÇÃO

Durante os três primeiros anos, as tendências culturais já estabelecidas na rede chegaram em ondas: os aficionados por tecnologia que haviam lido sobre o SL em sites como o Slashdot e o Boing Boing, jogadores extremados que procuravam um conjunto de construção on-line para jogar, os *furries*

(claro!), os fãs de *anime* e muitos outros. Muitos ex-participantes de outros mundos on-line vinham motivados pelas mudanças na política ou trazidos em massa por pioneiros, buscando um lugar onde pudessem elaborar suas próprias regras. Quando foram criadas as contas gratuitas, na metade de 2006 — antes havia uma taxa mensal de assinatura; em seguida, implementou-se uma taxa de inscrição de 10 dólares americanos para contas Básicas —, vários "imigrantes" aparentes eram, na verdade, usuários que abriam contas secundárias.

QUINTA ERA — METADE DE 2004 À METADE DE 2005: REVOLUÇÃO INDUSTRIAL

Uma integração significativa de tecnologia da web no *SL* começou em junho de 2004, com a possibilidade de fluxo de áudio na terra virtual e incorporação de animações personalizadas nos avatares. No mesmo ano foi introduzida a possibilidade de fluxo de vídeo no formato QuickTime e de exportação de dados em arquivos .xml; logo em seguida, apareceram os meios para criar mostradores no campo de visão, que permitiam que os residentes personalizassem a interface com a nova funcionalidade. Cada uma dessas inovações estimulou o surgimento de setores inteiros: música ao vivo e DJs, *machinima*, publicidade no mundo virtual, sites de venda e muito mais. No contexto cultural, foi nesse ponto que residentes influentes como SNOOPYbrown Zamboni (também conhecido como Jerry Paffendorf, atual futurista interno da Electric Sheep Company) começaram a falar do *Second Life* como uma espécie de rede 3D, uma nova mídia que gerava um mundo on-line com interfaces anteriormente associadas à World Wide Web.

DA LINDEN LAB: NOVOS CAMINHOS

"Embora o Second Life *tenha sempre recebido muita publicidade e cobertura jornalística, acho que a reviravolta aconteceu em junho de 2004, com um artigo da* Reuters *publicado no* USA Today *e no* MSNBC, *descrevendo a maneira como os residentes adquiriam terras virtuais. Isso acabou levando Philip a falar ao vivo na* CNN. *Vários de nós, Lindens, corremos para o bar do outro lado da rua, assistimos à entrevista e fizemos um brinde de comemoração antes de voltar ao trabalho. Aquela foi a primeira vez que entendemos que o* Second Life *seria algo marcante."*

— Catherine Linden

QUADRO

O RESIDENTE FALA:
MARCOS NA LINGUAGEM DE SCRIPTS DA LINDEN

"A história dos scripts do Second Life pode ser dividida em duas categorias: primeiro, os pontos em que as funções são disponibilizadas para os residentes ávidos e, segundo, os momentos em que os residentes aplicam essas funções sobre as já existentes para criar itens funcionais, geralmente de forma totalmente imprevisível. Por exemplo: objetos que criam outros objetos enquanto se movem em alta velocidade são possíveis desde janeiro de 2003; também foi disponibilizada a possibilidade de se ter objetos que davam dinheiro às pessoas. Será que foi o desenvolvimento de armas de fogo que enriqueceu as vítimas em vez de causar danos a elas? Acho que não.

Ainda assim, há certos pontos na evolução da Linguagem de Scripts da Linden (que podemos chamar de Marco Dois; o Marco Um foi uma coisa diferente, que não pode ser citada assim, em público) que poderiam ser chamados de 'marcadores de pontos'. Talvez o primeiro seja o lançamento da versão 0.6 (em abril de 2003), com uma função que permitia a leitura dos cartões por meio de scripts, o que gera armazenamento e recuperação consideráveis de informações.

Com a 1.1 (outubro de 2003), vimos a introdução da llParticleSystem, a função que permitia a geração de padrões espirais, tempestades de fogo, nuvens de fumaça, chuva e correntes imensas de ursinhos de pelúcia. E talvez seja mais significativo em termos de efeitos sobre a economia o lançamento da 1.4 (junho de 2004), que incluía funções para a codificação e também a comunicação com o Second Life através do protocolo conhecido como XML-RPC, que facilitaria em muito a vida das empresas grandes como a SLExchange.

Mas falando de funções mais práticas (e assim mais próximas à natureza do Second Life), temos o lançamento da 1.6 (março de 2005), com aprimoramentos na possibilidade de se detectar o que um avatar está fazendo — o que permitiu a invenção das tão populares Substituições de Animações. Na versão 1.7 (outubro de 2005), temos funções que permitem o movimento de acessórios através da sintaxe llSetPos e outras, o que aprimorou em muito o campo de criação de avatares — agora os rabos poderiam ser abanados, as asas batidas e os ponteiros dos relógios podiam rodar.

Na 1.8 (dezembro de 2005), as funções de banimento de pessoas de terrenos a partir de scripts foram introduzidas, permitindo que dispositivos de segurança tirassem vantagem

← de funções de proteção desenvolvidas no próprio mundo. E na recente 1.10 (maio de 2006), temos o comando llHTTPRequest, que expande os métodos anteriores de comunicação com entidades externas, permitindo que um script explore ainda mais os potenciais de máquinas distantes do jogo.

Mesmo assim, a ingenuidade dos residentes quando o assunto é encontrar novos usos para coisas continua a produzir resultados inéditos com materiais antigos. Só em maio de 2006 descobriram que o comando llSetPrimitiveParams poderia ser usado para se mover um objeto e qualquer passageiro a uma distância indefinida numa mera fração de segundo. O verdadeiro efeito da programação no mundo é menos definido pelas ferramentas oferecidas e as intenções originais por trás delas, e mais pelos duros esforços dos residentes para usar todos os meios de que dispõem a fim de afetar o metaverso da maneira que mais lhes parece adequada."

— Ordinal Malaprop

CONHECENDO OS AMANTES

Embora muitas pessoas talvez soltem risadinhas ao pensar em residentes que usem a tecnologia de animação do *SL* para fazer com que seus avatares tenham encontros da natureza mais íntima possível, essa é geralmente apenas uma forma divertida de se quebrar o gelo, que pode levar a uma amizade verdadeira. Dois residentes entrevistados por mim se envolveram numa divertida paixão encenada, como se seus avatares fossem astros de um filme adulto. Depois acabaram conversando muito e se tornando amigos próximos (mas não amantes). A amizade tornou-se tão forte que quando um dos amigos ficou sem casa por causa do desastre do furacão Katrina, a outra amiga estendeu

Figura 12.4: Phil e Snow demonstram em uma animação o que ajudou a desenvolver sua empresa — e seu relacionamento na vida real.

a mão e, mesmo sem conhecer o amigo anteriormente, comprou para ele uma passagem de ônibus em direção à sua casa e deixou que ele ficasse em seu sofá durante várias semanas.

Em outra ocasião, entrevistei Phil Murdock e Snow Hare, do PM Adult, um empório de animações e brinquedos mantido por ambos, e descobri que a parceria empresarial fez deles um casal na vida real. O primeiro beijo foi uma animação que estava sendo criada para os clientes, que eles mesmos testaram (figura 12.4). Phil me disse que foi "fabuloso e especial. Tão especial quanto o primeiro beijo na vida real".

SEXTA ERA — METADE DE 2005 ATÉ O PRESENTE: A EXPLOSÃO

O mundo está passando por um período de explosão. O Tringo de Kermitt Quirk tornou-se mais do que um fenômeno do *SL* durante a sexta era; tornou-se um jogo do Game Boy Advance em abril de 2006 e começou a ser desenvolvido como programa de televisão.

Também durante esse tempo, a Linden Lab lançou a LindeX, que faz as conversões de Linden dólar por dólar americano, transformando de maneira efetiva a moeda virtual num sistema de micropagamento. Várias matérias na mídia (BBC, ABC e o artigo de cobertura na *BusinessWeek* de maio de 2006) descreveram as maravilhas e riquezas imensuráveis, gerando outra onda de imigrantes, dentre os quais estão muitos empresários — e também alguns "sem-terra".

Todo esse destaque ajudou a potencializar a ascensão de empresas de desenvolvimento do metaverso como a Rivers Run Red, Bedazzle, a Electric Sheep Company, a Millions of Us e muitas outras, oferecendo serviços de produção para clientes do mundo real, que pagam em dinheiro real. De maneira experimental, estúdios como esses trouxeram as primeiras empresas reais para o *Second Life*: Adidas, Reebok, Warner Bros., Major League Baseball, Starwood Hotels, Toyota e outras instituições de peso. A entrada do *Second Life* no panteão da "Web 2.0", juntamente com portais de conteúdo criados pelo usuário, como o MySpace e o Youtube, segue muito bem.

AVENTURAS NA REALIDADE MISTA

O *Second Life* foi projetado para manter a realidade e o mundo on-line com a maior separação possível, mas o mundo real sempre encontra uma forma de quebrar a barreira, seja com grandes personalidades das artes, da cultura e política ou com empresas reais presentes na lista das quinhentas mais ricas.

FIGURAS DO MUNDO REAL

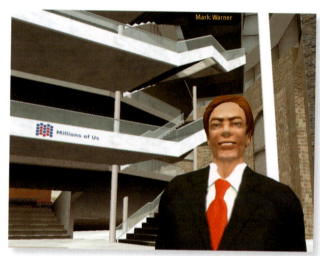

Figura 12.5: Governador Warner, o avatar.

Pelo que me lembro, a idéia de trazer nomes reais para o *Second Life* foi de Jim Linden, desenvolvedor de conteúdo para a web, nos tempos em que eu ainda era "jornalista interno" da Linden Lab. Eu tinha acabado de formar meu "Clube do Livro de Hamlet Linden" com Cory Doctorow, que na época se chamava DoryDoctorow Electric, com o sobrenome tirado da lista padronizada. "E por que não deixar só Cory Doctorow?", perguntou Jim, casualmente. "Podemos arrumar isso no servidor". E assim, na vez seguinte em que Cory entrou no mundo para falar sobre seu último romance, ele era Cory Doctorow. Sua amiga romancista Ellen "*Escaravelho*" Ullman e o projetista de jogos Harvey "*Deus Ex*" Smith tinham experiências parecidas. Aí apareceu o guru de tecnologia e capitalista Joi Ito e (numa série de aparições da metade de 2006, apoiadas pelo *The Infinite Mind*, da rádio pública) a famosa cantora e "mãe da MP3", Suzanne Vega. O projetista de tecnologia do MIT John Maeda, o visionário da internet Howard "*Smart Mobs*" Rheingold, o político Mark Warner (figura 12.5; veja o quadro "A segunda vida do governador Warner") e o lendário escritor Kurt Vonnegut (figura 12.6) também entraram em ação. (De fato, a idéia de dar aos residentes uma escolha limitada de sobrenomes foi algo previsto no romance *Slapstick*, de Vonnegut, no qual todos nos Estados Unidos recebiam um novo nome para criar afiliações imediatas entre indivíduos que, de outra forma, não teriam nada em comum. Isso criava, na prática, famílias instantâneas.) Ao chegarmos à imprensa no fim de 2006, essas figuras notáveis recebem a companhia de todos os membros da superbanda dos anos 1980, o Duran Duran, que aparecem como eles mesmos numa experiência insular criada por Fizik Baskerville (consulte o capítulo 11) e a Rivers Run Red.

No futuro próximo, a Linden Lab espera dar aos residentes a possibilidade de escolher seus próprios sobrenomes e, certamente, muitos virão ao mundo virtual com seus nomes reais. Talvez escolham seu sobrenome real com o primeiro nome do avatar. Foi isso que fiz quando saí da empresa para escrever meu próprio livro sobre o *Second Life*, no começo de 2006. Na época, Hamlet Linden já era mais conhecido que meu nome da vida real: o Google listava o Hamlet com o dobro de registros, em relação ao meu nome real; ao pesquisar meu nome real, eu acabava no *New World Notes* e com o Hamlet Linden nos dois primeiros resultados. E o que começou há três anos como uma escolha aleatória de "Hamlet" como nome no *SL* resultou num nome ao qual estou preso hoje em dia. Se eu quisesse começar a usar um novo nome de avatar, teria também que começar toda uma nova jornada pelo ciclo kármico da existência na internet.

Quanto mais importante fica o *Second Life* na internet, mais importantes ficarão os nomes dos avatares — por isso escolha o seu com cuidado.

Figura 12.6: O avatar de Kurt Vonnegut.

EMPRESAS DO MUNDO REAL

American Apparel, Warner Brothers, Major League Baseball, Toyota, Adidas e Starwood Hotels são apenas alguns exemplos de empresas do mundo real com uma presença contínua no *SL*. Trazidas ao *SL* inicialmente pelos Três Maiorais do Metaverso (veja o capítulo 11), essas empresas estão engajadas ao lado dos residentes em "experiências segmentadas", com o objetivo de se promoverem e divertirem a comunidade. Compre roupas da American Apparel e calçados Adidas para seu avatar, compre uma réplica de baixo custo de um Toyota Scion para dar umas voltas, assista a uma criação de um jogo de beisebol entre os Yankees e o Red Sox, visite um

INFORMAÇÃO ADICIONAL:
A SEGUNDA VIDA DO GOVERNADOR WARNER

Em agosto de 2006, o ex-governador da Virgínia tomou a forma de um avatar, entrou em cena e se encontrou com um grupo de residentes para discutir a guerra no Iraque, o terrorismo, o aborto e seu comitê de ação política (que hoje tem uma vertente no SL). Foi o resultado de várias visitas ao SL feitas por figuras do mundo real na cena política internacional, incluindo Lawrence Lessig (janeiro de 2006), que atuou num caso perante o Supremo Tribunal e Thomas P. M. Barnett (outubro de 2005), que trabalhou para Donald Rumsfeld no Pentágono e assumiu a vaga do senador John Kerry durante e depois da sua candidatura a presidente em 2004. Hoje em dia, qualquer coisa parece possível no Second Life.

protótipo de hotel da Starwood (donos das redes Westin, Sheraton e W) e ouça as músicas de Regina Spektor, disponibilizadas nos locais parecidos com Nova York e patrocinados pela Warner Brothers Records. Quando você estiver lendo isso, é claro, essas empresas e suas experiências terão se expandido muito, dando aos residentes interessados uma oportunidade de mesclar os produtos de consumo do mundo real às suas segundas vidas.

O RESIDENTE FALA:
MARCOS DA MODA

"A moda no Second Life se movimenta na mesma velocidade da internet, assim como a tecnologia que dá ao mundo virtual uma chance tão dinâmica e expressiva de personalização de um avatar.

A primeira inovação de bastante valor foi o surgimento de peles "foto-realistas". As peles padronizadas do sistema não têm um visual muito realista, seja em termos de musculatura ou de tons. Os inovadores de conteúdo decidiram que poderiam "hackear" o padrão do Second Life criando, em primeiro lugar, arquivos para substituir os que estavam acessíveis na visualização do Second Life. Em seguida, a idéia de usar uma "tatuagem de corpo inteiro" para armazenar a textura da pele facilitou, simplificou e deu mais segurança na busca e compra de peles que, além de incríveis, permitiam novas combinações de maquiagem, tons e pêlos, coisas que as peles padronizadas não permitiam de forma convincente.

A grande inovação seguinte foi o uso de prims para cabelos e sapatos. O uso de uma coleção de prims ligados e com texturas especiais como cabelo causou uma revolução na moda, pois muitas pessoas estavam insatisfeitas com as opções disponíveis nos ponteiros de ajuste padronizados dos avatares. O cabelo feito de prim mudou todo esse cenário, de maneira bem rápida. Logo depois, as pessoas começaram a fazer experimentos com calçados feitos de prims, o que permitiu que os desenvolvedores fizessem calçados tridimensionais de aparência realista — que incluíam tudo, desde tênis esportivos até botas que qualquer dominatrix da vida real desejaria ter.

A última revolução na moda foi a introdução de formas flexíveis de prims, no lançamento da versão 1.10. Os prims flexíveis permitem que três formas de prim

(cilindros, prismas e cubos) reajam aos movimentos da física do mundo virtual. Desde o dia de seu lançamento, os flexiprims causaram uma tempestade no mundo da moda — de minissaias balançando a capas de super-heróis e roupas de casamento: o mundo da moda no Second Life foi transformado desde que os flexiprims entraram em cena.

Embora o Second Life definitivamente tenha suas próprias oscilações na moda, os estilos populares no mundo virtual geralmente são inspirados nas tendências do mundo real. Exemplo: nesse ano, a tendência é um renascimento da cultura popular dos anos 1980, como faixas nos pés, padrões coloridos, vestidos e bermudas apertadas e camisas adornadas.

Em geral, a maioria dos acessórios e calçados no Second Life tende a ser mais ousada (os incautos podem até chamar isso de "tendências bizarras") do que clássica, mas num mundo virtual onde você pode definir o tamanho do traseiro do seu avatar usando um ponteiro e mostrar abdomes impressionantes com a ajuda de um desenvolvedor que tenha habilidade com o Photoshop, por que não ousar uma nudez ou outra? Essa é a atitude da maioria dos residentes e não há limites para se revelarem estilos extravagantes para seduzir e provocar os outros."

— Celebrity Trollop

CONSTRUINDO A COMUNIDADE: BURNING LIFE

Como tributo ao famoso festival Burning Man, realizado todo ano no fim de semana do Dia do Trabalho, o Burning Life, patrocinado pela Linden Lab, é o SL em sua forma mais livre. O que começa como uma ilha intocada e plana se transforma, dentro de poucos dias, numa espécie de alucinação compartilhada: a escultura de uma mão gigante, com uma lupa imponente, fritando o mundo; um tributo ao Pac-Man de tamanho humano, que pode ser montado; uma recriação em 3D do quadro *O grito*, de Edvard Munch, que permite a *você* se tornar o ser que grita na calçada. O primeiro Burning Life aconteceu em 2003 e tem aumentado a cada ano, resultando na queima ritualística de um gigante de madeira (figura 12.7), desaparecendo logo em seguida, tão rapidamente quanto chegou.

CAPÍTULO 12
CONSTRUINDO A COMUNIDADE: FAZENDO A DIFERENÇA

Graças ao trabalho de Jade Lily e Aimee Weber (veja o capítulo 11), juntamente com seu exército de voluntários, o Relay for Life do *SL* levantou aproximadamente 40 mil dólares americanos para a Sociedade Americana do Câncer através da combinação de doações por telefone e leilões. Isso liderou uma iniciativa de ReallyRick Metropolitan em prol das vítimas do furacão Katrina (uma ajuda que veio em tempo, na época), agitando os residentes e realizando dezenas (talvez centenas) de eventos, festas,

Figura 12.7: Artemis Fate, Krysss Galatea, Torrid Midnight, Gonta Maltz e Maxx Mackenzie na recriação do Burning Life.

rifas e outros meios de angariar fundos (figura 12.8) — um esforço coletivo que acabou levantando mais de 10 mil dólares americanos em doações, com a maior parte do dinheiro indo para a Cruz Vermelha.

O primeiro levantamento de fundos no *SL* começou em abril de 2004, lançado pelo magnata dos cassinos Jason Foo. Antes de ter uma segunda vida, Jason era um marinheiro em atividade que viu ações militares ocorrendo no Iraque, nas Filipinas e no Afeganistão (onde uma mina matou seu melhor amigo e estraçalhou a rótula de um de seus joelhos). Forçado a se aposentar por causa desse ferimento, mas sem ter como trabalhar,

Figura 12.8: Um local de doação para as vítimas do Katrina.

ele recorreu ao *Second Life* para complementar os benefícios do governo. Obtendo sucesso no mundo virtual, Jason procurou seus veteranos militares e criou caixas de doação em seus cassinos em benefício de um grupo de apoio a veteranos chamado New Directions. O grupo levantou centenas de dólares americanos.

Em junho de 2004, um grupo para levantar fundos foi coordenado por Bodhi Silverman e voluntários em benefício do grupo de direitos da internet chamado Electronic Frontier Foundation. Trabalhando com o Gaming Open Market, um site de troca de moeda virtual por moeda real bastante popular na época, Bodhi e sua equipe fizeram eventos e leilões que levantaram o equivalente a 1.768 dólares americanos — algo extraordinário para uma era em que o mundo só tinha alguns milhares de residentes ativos.

Mas esses atos ocorreram logo depois que a Linden Lab permitiu que residentes comprassem e vendessem Linden dólares com moeda da vida real. É importante lembrar que dentre os primeiros usos dessa habilidade, estava a realização de um impacto beneficente em pessoas do mundo real, ultrapassando as barreiras do *SL*.

CAPÍTULO 12 — EVENTOS APOIADOS PELA LINDEN

Como consagradas atrações no dia-a-dia *in-world*, os eventos oficiais propostos pela Linden Lab hoje competem com as tantas outras atividades realizadas a todo momento. Além do Burning Life (veja a seção "Construção da comunidade", neste capítulo), a empresa realiza pelo menos dois outros eventos regulares. Veja o blog coletivo dos Lindens e descubra mais em: http://blog.secondlife.com.

Town Halls. Geralmente feito de forma mensal, o evento representa oportunidade para encontros com o pessoal da Linden, como Philip, Cory e Robin Harper, desenvolvedor da comunidade, com o objetivo de se discutir questões relativas ao *SL* e ficar por dentro das atualizações do sistema e das alterações planejadas. Embora esses encontros sempre tenham uma boa capacidade de público, os Lindens fazem o possível para que os residentes possam participar sempre, distribuindo "repetidores" (aparelhos que transmitem as conversas do Town Hall para qualquer lugar no mundo virtual) ou indicando locais na internet onde a discussão possa ser acompanhada.

O Concurso de Desenvolvedor de Jogo no *Second Life*. Realizado anualmente, este é o evento onde os desenvolvedores de jogos mostram seus projetos, sejam eles de tiro em primeira pessoa, estratégia em tempo real ou uma variedade de outros gêneros. Concursos anteriores foram julgados por profissionais veteranos como Harvey "*Deus Ex*" Smith e Doug "*Thief: The Dark Project*" Church. Recentemente, os jogos têm sido julgados por popularidade, baseada na quantidade de pessoas dispostas a pagar pra jogar.

Linden Land. No fim de 2003, a empresa abriu um parque de diversões, convidando residentes a construir e manter corridas e concursos. Com montanhas-russas e jogos *arcade*, essa foi a construção e programação mais ambiciosa já vista no *SL*. A Casa do Espanto de Sinatra Cartier se mantém na ativa.

New Moves for a New World. Em julho de 2004, para inaugurar as ferramentas de animação recém-adicionadas da versão 1.4, a Linden Lab patrocinou um concurso que desafiava os residentes a criarem vídeos para demonstrar seus movimentos mais legais. Os semifinalistas foram apresentados numa moderna boate de São Francisco. A recriação que Ulrika Zugzang fez de "Thriller", clássico do Michael Jackson (com toda a coreografia zumbi), ganhou o grande prêmio.

Inauguração do Campus do *Second Life*. Chegando ao mundo acadêmico, o vice-presidente de Desenvolvimento da Comunidade Robin Harper lançou uma iniciativa para faculdades e universidades interessadas no uso do jogo como ferramenta pedagógica. Dentre os primeiros adeptos está Aaaron Delwiche, um professor assistente da Universidade de Trinity e Anna

INFORMAÇÃO ADICIONAL:
A CONVENÇÃO DA COMUNIDADE DO SECOND LIFE

A idéia de FlipperPA e Jennyfur Peregrine (veja o capítulo anterior), a primeira SLCC, realizada em 2005 em Nova York, atraiu mais de cem participantes. (Embora não fosse um evento oficial da Linden Lab, a empresa e outras entidades ajudaram com patrocínio, e os Lindens estiveram presentes pessoalmente). Num ato inovador, Philip deu a primeira pista de seu avatar no SL, uma camiseta dos Rolling Stones e um alçapão de lantejoula. O mundo na época tinha cerca de 60 mil usuários registrados, e já faz muito tempo; na SLCC de 2006, realizada em agosto, o mundo já tinha por volta de 500 mil residentes, com quinhentos deles participando da convenção. Nesse momento, a SLCC já não representava apenas uma ocasião para festas e dicas sobre o SL, mas também uma convenção de negócios, com empresas anunciando acordos com corporações de grande destaque.

O site oficial da SLCC é o http://slconvention.com/. *Acompanhe as notícias sobre datas e lugares das próximas convenções. E se você comparecer, lembre-se de que, ao encontrar com alguém pessoalmente, os residentes do SL — até mesmo os Lindens — se chamam geralmente pelos nomes dos avatares. É o que acontece quando os participantes aparecem como uma outra versão de seus alter egos ou quando vêm sem os traços animais, os chifres de diabo, as peles alienígenas, os equipamentos robóticos e outros apetrechos de identificação no mundo virtual. O que é mais impressionante é ver a naturalidade das coisas e a familiaridade que se pode desenvolver com centenas de pessoas que você havia conhecido somente através de gráficos 3D.*

Beamish, da Universidade do Texas em Austin, que usou o campus para ensinar princípios de design social para seus estudantes de arquitetura. Vários educadores e instituições vieram em seguida, incluindo o Berkman Center de Harvard e o Centro Annenberg de Diplomacia Pública da USC, ambos conduzindo palestras e eventos em suas próprias ilhas no *SL*.

Abertura da Grade Teen. Respondendo a incontáveis solicitações de adolescentes frustrados e de seus pais, a Linden Lab abriu um reino separado no *Second Life* em agosto de 2005, reservado para residentes com idade entre 13 e 17 anos. Crescendo de forma lenta, o *Second Life* Teen já tem 45 mil residentes, servindo freqüentemente como um campo de treinamento para os residentes que pretendem entrar na "grade adulta". (Nicole Linden, representante australiana, até criou uma festa de boas-vindas para residentes adolescentes que completam 18 anos e assim se tornam qualificados para essa graduação.)

A Festa dos 100 Mil Residentes. Depois de anos de crescimento sofrido, o *Second Life* passou de centenas de residentes do período Beta a milhares de residentes e chegou aos 100 mil no fim de 2005 (um ótimo presente de boas-festas). A ocasião foi marcada pelas celebrações apoiadas pela Linden em toda a grade — e por uma festa na central da Linden, em São Francisco.

"Bells and Spurs" no Sul e Sudoeste. A invenção do escritor e diretor Eric Linden — o *machinima* de seis minutos feito integralmente no *Second Life* — fez sua estréia pública no famoso festival interativo de música e cinema SXSW em março de 2006. Com um elenco de centenas de avatares e animações com lábios sincronizados (para que avatares fossem descritos numa situação de diálogo), o poema country sobre pistoleiros teimosos em um embate fatal foi uma grande demonstração do *Second Life* como ferramenta à disposição de um cineasta.

CAPÍTULO 13
O FUTURO E O IMPACTO DO *SECOND LIFE*

Se você já leu até aqui, está bem preparado para sua segunda vida. Agora você sabe o que é o mundo virtual, como são as pessoas que pode encontrar nele, como se localizar no *Second Life*, como criar uma identidade, como fazer amigos, ganhar dinheiro, explorar o novo mundo e adicionar conteúdo que traz vida a esse universo. Se você tiver prestado atenção às lições desse livro, provavelmente terá uma longa estadia no *SL*.

Como poderá ser essa estadia? No capítulo 13 exploraremos a resposta a essa pergunta discutindo o impacto do *Second Life* e suas possíveis direções futuras.

SUMÁRIO

QUANTO TEMPO ISSO VAI DURAR? 300
A PRÓXIMA GERAÇÃO DA INTERNET? 301
UMA IDÉIA EXTRAORDINARIAMENTE RADICAL 305
DE BRINQUEDOS A FERRAMENTAS 311

QUANTO TEMPO ISSO VAI DURAR?

A maioria dos jogos *multiplayer* on-line mantém seus jogadores por menos de um ano. Mas, como vimos, o *Second Life* não é verdadeiramente um jogo. Nele não há metas fixas a serem conquistadas, não há pontos pelos quais se pode medir o progresso. O êxito é julgado da mesma forma que ocorre na vida real: de acordo com a quantidade de dinheiro, amor, fama, família, conquistas e coisas do tipo. Depende totalmente de você a possibilidade de dizer que sua segunda vida é um sucesso, assim como também depende de você o caminho até essa conclusão. Depende de você o início e o fim da experiência. A maioria dos jogadores de jogos on-line deixa os jogos por ter experimentado todo o conteúdo que os desenvolvedores puderam produzir. Mesmo que novos conteúdos sejam adicionados por meio de pacotes de expansão, geralmente o que há é uma pequena variação do que já foi visto antes, de coisas às quais os jogadores já não queriam mais dedicar tempo. O jeito é partir para outra. De qualquer forma, os jogadores já viram tudo que tinham para ver.

No *Second Life*, é praticamente impossível que alguém tenha visto tudo. Enquanto continuarem chegando novos residentes ao mundo, o *Second Life* terá sempre um fornecimento praticamente ilimitado de novos conteúdos, novos lugares a serem visitados, novas pessoas a serem conhecidas e novas coisas a se fazer. Novos residentes representam novos criadores de conteúdo, novos sites e sons, novas ferramentas internas e misturas com conteúdo da web, novas roupas, comunidades, novas *coisas* — e é isso que faz do *Second Life* algo tão fascinante.

Mas os residentes continuarão chegando? Parece que sim. A curva de crescimento do *Second Life* é algo incomum no mundo virtual. Para a maioria dos jogos on-line — ou seja, jogos como World of Warcraft ou Ultima Online —, a população tende a chegar logo após seu lançamento e depois, com o tempo, reduzir-se gradativamente a um ponto de equilíbrio (ou morrer coletivamente, caso os desenvolvedores não tenham sorte). O *Second Life*, por outro lado, não passou, no começo, por uma chegada intensa de residentes, mas viu um crescimento lento e progressivo desde sua aparição. É o tipo de curva de crescimento característica de muitas inovações tecnológicas importantes, de acordo com Jerry Paffendorf, futurista residente na Electric Sheep Company, uma empresa de desenvolvimento que trabalha no *Second Life*. "A história do *Second Life* foi a história desse pequeno mundo virtual que só tinha alguns milhares de usuários", diz Paffendorf. "Depois virou a história desse pequeno mundo virtual com meros 10 mil usuários. Depois meros 50 mil usuários. Depois meros 100 mil. Hoje, temos meros 700 mil usuários e logo teremos um milhão, e assim progressivamente."[1]

As implicações desse tipo de crescimento continuado poderiam muito bem envolver uma mudança do mundo. Embora o *Second Life* tenha levado

---

[1] O *Second Life* já conta com mais de 8 milhões de usuários no mundo inteiro. (N. do R. T.)

quase três anos para alcançar os 100 mil usuários registrados, no fim de 2006, havia 100 mil novos usuários a cada mês! É um crescimento muito impressionante, mas o que há de mais notável não é o número de usuários, porém a maneira como as pessoas começaram a usar o mundo virtual.

O *Second Life* geralmente é tido como um local perfeito para a realização de fantasias — e sim, não há outro lugar como esse, onde você pode se tornar algo que não é ou desenvolver algo da maneira que desejar. De certa forma, temos aqui uma representação do "jardim secreto", um lugar que a realidade não ousa invadir e onde qualquer ficção que você queira criar no mundo é tão válida quanto qualquer coisa construída pelo seu vizinho. Em nenhum outro lugar você pode ser uma raposa bípede com equipamentos militares e de ficção científica dentro de sua própria espaçonave com tanta riqueza de detalhes. Elfos, bruxas, vampiros, robôs, navegadores, dominadoras, pilotos de corrida, estilistas, punks — a lista cresce infinitamente. Se você pode imaginar algo no *Second Life*, provavelmente consegue concretizar. É o mundo perfeito para liberar sua imaginação.

Mas com o passar dos meses e a chegada contínua de usuários, algo interessante acontece: em vez de pensar no *Second Life* como um lugar separado, distante do mundo real, cada vez mais usuários começam a ver o mundo virtual como mera extensão do que eles fazem em outros lugares da internet, e mesmo como extensão do que fazem fora dela.

Se esse for o caso, então o crescimento contínuo do *Second Life* pode marcar um fenômeno importante com relação ao mundo virtual e também à WWW em geral, algo que acabaria afetando o mundo real à nossa volta. Você pode até estar preparado para viver sua segunda vida agora, mas talvez valha a pena pensar no que significa ter uma segunda vida do ponto de vista da sua primeira vida.

CAPÍTULO 13 — A PRÓXIMA GERAÇÃO DA INTERNET?

Um exemplo simples: fazer compras é uma das atividades mais comuns do *Second Life*. Mas você sabia que pode pesquisar e comprar livros e outros itens da Amazon.com no mundo virtual? Os resultados são mostrados em forma 3D; quando você acha algo irresistível, o programa do *Second Life* permite que você abra a página num navegador externo e faça sua compra.

O que é interessante com relação ao site da Amazon no *Second Life* é que ele não foi desenvolvido pela Linden Lab, mas por alguns desenvolvedores da Amazon que entraram no *Second Life* e estão vivendo suas fantasias como... desenvolvedores da Amazon. Para eles, o *Second Life* é só um outro lugar para fazer aquilo que eles fazem durante a maior parte do dia, um lugar para ser quem já são.

Na verdade, o *Second Life* tem adquirido esse aspecto para um número cada vez maior de pessoas. Conforme a população se expande, os residentes vêm usando o *Second Life* como uma outra forma de se conectar. Eles também usam o *SL* para acessar informações da internet ou da WWW, só que de forma muito mais rica e colorida do que a usada pelos navegadores

Figura 13.1: SLProfiles.com, o MySpace do Second Life.

tradicionais. Ao mesmo tempo, como o *Second Life* se tornou uma plataforma tecnológica mais aberta, os residentes começaram a criar formas de usar a web a fim de melhorar suas segundas vidas. Um site chamado SLProfiles.com, por exemplo, criado pelo residente Yo Brewster, funciona como uma espécie de MySpace para residentes do *SL* (figura 13.1). Os residentes podem criar páginas dedicadas a seus perfis de primeira e segunda vida (páginas que têm tantas cores — ou tantas cores feias — quanto as do MySpace), manter listas de amigos e listas de lugares favoritos no *SL*, publicar um blog a partir do site e até conversar via web com usuários ativos no *Second Life*. Com três meses de inauguração, o site já tinha quase mil usuários inscritos.

Com os usuários do *Second Life* chegando ao mundo on-line, tanto a web quanto o mundo off-line estão chegando ao *Second Life*. Embora o *Second Life* seja tido como um mundo de fantasias, ele tem sido cada vez mais usado como plataforma de marketing de produtos reais entre empresas famosas do mundo real. Em 2006, entre as marcas do mundo real que entraram para o *Second Life* estão as seguintes:

- Starwood Hotels, que usou o *Second Life* para criar um protótipo e demonstrar sua nova rede de hotéis Aloft (figura 13.2);

- Toyota Motor Corp., que lançou um modelo de seu Scion xB no mundo virtual;

- Adidas, que agora vende versões virtuais de seus calçados a3 Microride — completos, com funcionalidade de "salto";

- American Apparel, varejista de roupas modernas que abriu uma filial no *Second Life* para vender versões virtuais de suas roupas coloridas e oferecer descontos em compras do produto real.

Figura 13.2: O hotel virtual Aloft.

O setor de entretenimento também achou formas de se beneficiar do *Second Life*:

- A cantora e compositora Regina Spektor lançou seu último álbum no *Second Life* uma semana antes de lançar nas lojas;

- A 20th Century Fox passou partes de *X-Men: O confronto final* no *Second Life* simultaneamente à exibição no Festival de Cannes;

- *The Infinite Mind*, um programa público de rádio apresentado por John Hockenberry, agora faz transmissões regulares de dentro do *Second Life*;

- Duran Duran — a banda *new wave* que fez sucesso nos anos 1980 — está construindo uma "utopia futurista" de quatro sims para fazer shows, interagir com fãs e mostrar novos trabalhos.

Ao mesmo tempo em que empreitadas de publicidade e entretenimento descobrem o *Second Life*, outras pessoas também estão achando formas de usar o *SL*, entre as quais estão médicos, educadores e oficiais do governo americano:

- A recriação que um médico fez de experiências alucinatórias de esquizofrênicos busca gerar uma conscientização da doença entre os sãos; o *Second Life* também é o lar de pelo menos um psicólogo que desenvolve suas práticas internamente;

- A Escola de Direito de Harvard oferece um curso de "argumentação persuasiva e empática no espaço da internet", realizado parcialmente no *Second Life*;

- A cidade de Hanover, do estado de New Hampshire, foi recriada no *Second Life* pela Faculdade Darmouth para uso na melhoria de medidas eficazes em caso de crise;

- Diz-se que tanto o Departamento do Estado quanto a CIA têm uma base no *Second Life*.

Descontos em camisetas da American Apparel perto de você? Uma prévia do álbum prestes a sair por uma grande gravadora? Um curso de Harvard? E você que achava que esse devia ser um mundo de fantasia!

Na verdade, embora o *Second Life* continue lidando com coisas como encenação, construção de comunidade e realização de fantasias, há cada vez mais projetos sendo lançados no mundo virtual com a intenção clara de ser, acima de tudo, úteis. As empresas que vieram ao *Second Life* no último ano não o adotam como uma forma revolucionária de dar novas identidades às pessoas, mas fazem o uso que fariam de um site na internet: enviar a mensagem, receber um retorno e conduzir negócios. Esses usos do *Second Life* estão apenas no início, mas já se tem a sensação de que os resultados tendem muito mais ao sucesso do que à falha. E estamos diante do tipo de sucesso que depende de cada um. Como a web é, por sua natureza, algo que lida com criação e colaboração dos usuários, o *Second Life* é uma espécie de mundo virtual 2.0, um lugar onde, assim como a web 2.0, as coisas que nascem são misturas, wikis, aplicativos sociais e conceitos organizados em comunidades e conteúdo personalizado.

Nem todas essas coisas são boas substituições do que temos hoje na WWW, claro. É muito mais fácil ler jornal num site do que num mundo 3D e on-line. Mas imagine poder clicar numa notícia e ser levado para uma recriação em 3D do local onde aconteceu o fato, por onde você poderia andar e discutir com outros leitores os eventos passados ali. Em vez de substituir a web, o *Second Life* tem um vasto potencial para aprimorá-la. E, embora ela talvez nunca se transforme em algo similar ao *Second Life*, é bem provável que os espaços em 3D se tornem parte integrante da experiência on-line num futuro próximo, para um número bem grande de pessoas.

Então, se você já leu até aqui e está pensando em como podem ser úteis suas habilidades recém-adquiridas na navegação do mundo virtual, a resposta é que o nível de utilidade será aquele atribuído por você. Por quanto tempo você ficará no *Second Life*? Provavelmente pelo mesmo tempo em que estiver conectado à web. Você não está diante de apenas um outro mundo virtual. Seja bem-vindo à próxima geração da internet.

UMA IDÉIA EXTRAORDINARIAMENTE RADICAL

É claro que, para algumas pessoas, considerar o *Second Life* extensão da WWW é o uso mais estranho possível. De acordo com os céticos, os mundos tridimensionais na internet são de difícil circulação (caso contrário, para que seria necessário um livro sobre o assunto?), não adicionam muita funcionalidade à web além de uma sala gráfica para conversas, e seus antecessores baseados em textos são igualmente poderosos, mas nunca decolaram como o *Second Life*. Eles vão sempre dizer: "Não abrace a causa, pois isso só vai deixar marcas ruins em você."

É verdade que os mundos virtuais e tecnologias 3D da web que vieram antes acabaram caindo em desuso. Os anos 1980 e o começo dos 1990 viram a ascensão de jogos de interpretação de papéis como os MUDs (*multi-user dungeons*) e suas variáveis (MUSHes, MUCKs, TinyMUDs e outros), alguns com conteúdo criado pelo usuário em níveis próximos ao do *Second Life*. Mas como algumas pessoas preferiam o sistema gráfico mental usado em mundos baseados em textos (o que é conhecido como "a imaginação"), os MUDs e seus parentes nunca conseguiram ganhar um público grande. Embora alguns desses mundos primários baseados em textos ainda sejam habitados hoje em dia, eles existem basicamente como regiões ultrapassadas, não como lugares que atraem novos desenvolvimentos inovadores em negócios e experimentos com a conectividade.

As palavras "Web 3D" também trazem à mente de algumas pessoas uma tentativa frustrada de se incorporar ambientes 3D à própria web na metade dos anos 1990. A VRML, linguagem de modelagem de realidade virtual (*Virtual Reality Modeling Language*), pode ser usada para se descrever objetos 3D e demais ambientes usados em páginas da internet e outros aplicativos. Definida primeiramente em 1994, a VRML desfrutou de alguns anos de popularidade, mas acabou caindo em profundo desuso. Embora alguns programas 3D e CAD ainda sejam compatíveis com o formato, é difícil encontrar pessoas que ainda usem a linguagem como modo consistente de comunicação. A VRML foi substituída pela X3D, que hoje é promovida como formato padrão de gráficos 3D. Mas embora a comunidade da X3D esteja crescendo, ela ainda precisa impactar a forma como as pessoas navegam e usam a web.

Então, quando o assunto são os mundos virtuais em 3D, muitas pessoas se mostram céticas, o que é compreensível. Qualquer tecnologia inovadora geralmente enfrenta o mesmo tipo de ceticismo, diz Mitch Kapor. Além de ser diretor no quadro da Linden, Kapor é também criador do aplicativo de planilhas Lotus 1-2-3 e diretor da Fundação Mozilla. Quando ele iniciou sua carreira na informática, a idéia de que um dia haveria um computador em cada mesa de trabalho parecia uma proposição bem estranha.

"É muito difícil se lembrar de um tempo, mesmo que você o tenha vivido, em que as pessoas não tinham grandes quantidades de poder à sua disposição ao lidar com seus computadores", diz Kapor. "Mas posso garantir que essa era uma idéia extraordinariamente radical." Kapor diz que a mesma coisa acontece com os mundos virtuais. "Ainda é uma idéia muito radical pensar que isso vai se tornar o elemento mais importante, temos uma pequena porção da população mundial que entende e aprecia o conceito. Nós somos os primeiros, os que serão vistos como pioneiros ao adotar a idéia."

QUADRO — DA LINDEN LAB: O FUTURO DO *SECOND LIFE*

Quando Mitch Kapor, um dos diretores da Linden Lab, falou na Convenção da Comunidade do Second Life, na metade de 2006, ele demonstrou de maneira convincente que o Second Life representa uma tecnologia divisora, com impacto sobre como a maioria do mundo conduz sua atividade cotidiana. Mas ele também fez alguns alertas: para que o movimento seguisse em frente, os pioneiros a adotar a tecnologia precisariam continuar mantendo a mente aberta e compartilhando seu mundo com o maior número possível de residentes.

"Acho que vocês estão em uma posição privilegiada. São os pioneiros e fundadores desse novo mundo, têm oportunidades incrivelmente grandiosas de deixar uma marca, um legado, de criar coisas que terão grande valor. A oportunidade de participar da criação de um novo mundo é muito rara e eu espero que vocês dêem a ela o devido valor. Haverá desafios. Em toda tecnologia divisora que presenciei, sempre há uma dinâmica em que os pioneiros começam a ser empurrados para fora quando a coisa começa a se tornar muito popular. Haverá tensões durante a ocupação de fonteiras, em todos os lados, de pessoas que gostam da tecnologia do jeito que ela é e pessoas que querem transformá-la em algo que ela poderia ser.

Mas a coisa mais importante que tenho a dizer é que o privilégio de criar um novo mundo ou novos mundos gera responsabilidades. E a principal responsabilidade é fazer desse novo mundo um lugar melhor. Não existe uma visão ou valor do que será um lugar melhor, haverá diferenças pequenas ou grandes, com pessoas diferentes. Mas num mundo livre de tantas amarras às quais estamos acostumados, um mundo que dá poder aos indivíduos, a minha esperança é que o Second Life continue sendo mais inclusivo que o mundo terrestre e que permita que grupos de pessoas marginalizadas no mundo real sejam residentes e cidadãos de primeira classe.

Ainda estamos no começo de tudo. Espero que a inclusão e o fato de o Second Life oferecer chances iguais a todos

continuem e cresçam como valores principais. E, por último, gostaria de dizer a cada um de vocês que espero que pensem com cuidado sobre o que significa um mundo melhor na sua opinião, e que ao chegarem no Second Life, que façam coisas, construam coisas e interajam de maneira a contribuir com o que constitui a visão que vocês têm de um mundo melhor."

— Mitch Kapor

Até mesmo Philip Rosedale, criador do *Second Life*, aceita a possibilidade de o *SL* não ser o futuro da conectividade. Mas ele provavelmente não acredita nisso de verdade. De qualquer forma, o *Second Life* é o único metaverso que importa no momento: o mais aberto, mais inclusivo, mais desenvolvido tecnologicamente e com crescimento mais rápido em todo o mundo virtual. E há indícios de que ele manterá essa posição por um longo período. (Veja o quadro "Como chegamos aqui; para onde vamos".)

QUADRO — INFORMAÇÃO ADICIONAL:
COMO CHEGAMOS AQUI; PARA ONDE VAMOS

Para algumas pessoas, a própria idéia de um mundo gráfico tridimensional que exista somente na internet já é um conceito dotado de estranheza. Para a maioria das pessoas acima de uma certa idade, uma nova tecnologia como o Second Life pode ser algo difícil de integrar às suas vidas. Ao mesmo tempo, aqueles que cresceram com tecnologias semelhantes acharão muito mais fácil incorporar novos desenvolvimentos. Os jogos de computador são a tecnologia que provavelmente chegou mais perto do conceito do SL.

Os primeiros mundos gráficos que contavam com vários usuários surgiram em 1996, com o lançamento de um jogo on-line chamado Meridian 59. Desde então, jogos massivos on-line, como o Ultima Online, o EverQuest, o Lineage e o World of Warcraft, por exemplo, fizeram dos mundos 3D on-line um lugar-comum para uma nova geração de jogadores. E embora muitos jogadores talvez estejam incertos sobre o que fazer num mundo onde não há orcs a serem mortos, eles conseguiram dominar a habilidade de explorar o mundo — o maior obstáculo à aceitação.

E assim como os jogos on-line preparam as pessoas para uma era de mundos virtuais em 3D, vários outros aplicativos

e desenvolvimentos tecnológicos que usam a internet estão fazendo algo muito parecido. Embora o MySpace não seja um mundo virtual, ele é um espaço social baseado na web, que nesse aspecto se torna muito semelhante ao Second Life. É preenchido com conteúdos criados pelos usuários e com pessoas que formam novas comunidades e experimentam novas personalidades. Com um incrível marco de 100 milhões de membros, ele logo levará as pessoas aos mundos 3D que vão além das páginas simples do MySpace. Tal movimento já está acontecendo; o site coreano de relacionamentos CyWorld, uma rude versão em 3D do MySpace, lançou sua versão americana em 2006 e a rede de chat 3D IMVU adicionou recentemente a possibilidade de criação de conteúdo por parte de seus usuários. Aplicativos como o Google Maps e o Google Earth adicionaram poderosas habilidades de criação de conteúdo nos últimos meses e estão se tornando mundos virtuais muito mais funcionais para o usuário único.

Para pessoas que cresceram em meio a tais tecnologias, a migração para um lugar como o Second Life — que oferece quase tudo que esses outros mundos oferecem e muito mais — será a consumação da segunda natureza. Se o Second Life continuar aumentando sua capacidade e melhorando a experiência do usuário com novos recursos e lançamentos, teremos um longo tempo pela frente.

Figura 13.3: Ouça o novo álbum de Regina Spektor ou apenas dê uma volta com amigos.

Mais de 8 milhões de pessoas já entraram pelo menos uma vez no *Second Life*. Quando você estiver lendo, o número terá crescido para quase 9 milhões, se mantiver a taxa de crescimento da segunda metade de 2006. Provavelmente, metade dessas pessoas será de visitantes regulares ao mundo, que o visitam pelo menos uma vez num período de sessenta dias. Aproximadamente 100 mil pessoas diferentes entrarão num dia normal e, nos horários mais intensos, teremos 25 mil avatares diferentes ocupando o mundo.

As conseqüências de se ter tantas pessoas diferentes no mesmo espaço já podem ser sentidas. Além dos projetos, das construções e iniciativas listadas no começo desse capítulo, algumas tendências no *Second Life* poderiam ter ramificações mais amplas em termos de modelo de vida que as pessoas adotam fora da internet. Mas talvez o que haja de mais importante nisso seja a forma como o *Second Life* ajuda as pessoas a entrarem em contato umas com as outras. A rádio que toca o álbum de Regina Spektor no *Second Life* não é apenas um lugar para se ouvir boa música, é também um lugar onde se pode sair com amigos, conhecer novas pessoas e expandir os limites da vida virtual (figura 13.3). Num ambiente on-line como esse, as interações que antes eram limitadas ou só ocorriam em uma direção — consumo de mídia on-line, por exemplo — agora tomam uma forma muito mais rica. (Veja o quadro "Me leve pra ver o jogo".)

QUADRO

O RESIDENTE FALA:
ME LEVE PRA VER O JOGO

Quando a Electric Sheep Company resolveu recriar o Home Run Derby, da Major League Baseball, a tarefa foi fazer mais do que uma simples demonstração dos principais batedores da liga. Com a recriação de um estádio de beisebol do mundo real no Second Life e com o campo cheio de batedores agitados, o que tivemos não foi apenas uma transposição do jogo real para o mundo virtual, mas também um foco social no que as pessoas poderiam obter e, o que é mais importante, no entretenimento da experiência de se assistir ao jogo. O blogueiro Eric Rice estava lá e observa o quanto se sentiu parte da experiência no Second Life, algo que superou qualquer outro contexto on-line:

"Essa noite, alguns amigos e eu fomos a um estádio de beisebol, compramos bonés e camisetas e alguns compraram cordões (Vai, Red Sox!). Claro que levamos bandeiras, cachorros-quentes, cervejas. Falamos à beça, comemoramos, discutimos. Assistimos ao pôr-do-sol, as garrafas se esvaziaram e saudamos os fogos de artifício. E vimos infinitos home runs.

Mas se você parar de ler aqui, não verá nada de incomum acontecendo. Eu participei do que milhões de pessoas participam a todo tempo. A única diferença: meus amigos estavam espalhados pelos EUA e pelo resto do mundo. E eu, em Boston.

← *Será que os andróides sonham com reis dos home runs? Talvez sim, se esses reis forem da Electric Sheep Company, a consultoria do metaverso que trouxe a Major League Baseball ao Second Life.*

Eles construíram um estádio. Venderam ingressos. Criaram brindes importantes — brindes legais, não coisas inúteis para as quais não daríamos a mínima. E enquanto estávamos lá com nossas bandeiras e nossos cachorros-quentes, assistindo ao fluxo do Derby no Second Life através da ESPN HD (e sem comerciais, devo ressaltar), fizemos todas as coisas que mencionei acima.

Aqui vai um segredo: não dá pra fazer isso na vida real. Bem, não sem ingressos, passagens de avião e muito trabalho. Claro, podemos nos encontrar no IRC ou em outra sala de chat e ficar assistindo à mesma coisa. Mas não há nada como a experiência compartilhada de fazermos isso juntos.

Homeboy Makaio e outros criaram alguns caiaques na água, e eu os acompanhei. Colocamos os barcos na ativa. Ficamos tão perto do estádio que podíamos chamar atenção com os remos, oferecendo caronas para fora do parque. Tiramos fotos e as compartilhamos. As torres maciças, as vistas do oceano — e todas as coisas que as pessoas adoram fazer na Área de Compra da PacBell, SBC ou AT&T. Todo mundo adora parques. Porque é disso que é feito o beisebol.

O home run foi da MLB, porque eles não fizeram o tipo de coisa estereotipada a que estamos acostumados — eles não falaram conosco, eles jogaram conosco. Nos divertiram. E se divertiram também."

— Eric Rice

DE BRINQUEDOS A FERRAMENTAS

Como dissemos no capítulo 10, milhares de pessoas conseguem dar uma boa inflada em suas rendas com as atividades desenvolvidas no *Second Life*. A maioria dessas pessoas é composta de varejistas — vendedores de roupas, avatares, animações, armas e veículos com scripts e até mesmo órgãos genitais —, que vendem conteúdos criados por eles a outros usuários por preços baixos.

É muito instrutivo contemplar as coisas que estão sendo compradas e vendidas aqui. Trata-se mesmo de saias, cortes de cabelo, danças, armas, carros e partes íntimas? Bem, sim e não. Não seria nem preciso dizer que essas coisas não têm função idêntica à função que têm na vida real. Uma saia de prim cobrirá bem o seu ser no *Second Life*, mas você ainda precisa ter roupas aceitáveis no mundo físico. De certa forma, as coisas que você compra para o seu avatar são uma pequena porção da mídia, como um clipe de vídeo ou um arquivo de áudio em MP3, um microentretenimento comprado por alguns centavos, que somados a outros semelhantes, ajudam a enriquecer a experiência virtual (figura 13.4).

Isso tudo faz da pessoa que criou determinado conteúdo uma espécie de desenvolvedor de jogos numa microescala. Na verdade, não existe um termo para esse tipo de "microdesenvolvedor". É quase como ser um cineasta momentâneo, exceto pelo fato de que você não cria um filme, mas sim o componente de uma história, algo que o público (que também é uma espécie

Figura 13.4: Alguns dos microentretenimentos à venda no Second Life.

de diretor de cinema) pode misturar com os outros componentes da cena, por sua vez criados por outros microprodutores.

Talvez o que haja de mais importante ao falarmos do impacto do *Second Life* sobre a web e sobre o resto do mundo seja o fato de que todos esses microprodutores têm recebido muitos micropagamentos por seu trabalho. Alguns deles conseguem ganhar o suficiente para não precisar ter um emprego na vida real, mas isso não é o que importa. O que importa é que existe um novo tipo de trabalho acontecendo, um novo tipo de mercado de trabalho se desenvolve nesse momento. Como qualquer pessoa pode produzir e distribuir praticamente tudo no *Second Life*, um mercado foi desenvolvido para a compra de conteúdo por quantias muito menores do que os 50 dólares gastos num videogame.

E já que os custos de produção são tão baixos, o mercado fica aberto a uma possibilidade mais ampla de participantes. Sim, você também pode se tornar um desenvolvedor no *Second Life*; isso é o que mais importa. E se você vive num lugar como a China ou a Índia, onde as rendas médias são baixas com relação ao resto do mundo, sua renda no *Second Life* pode ter um peso significativo na vida real. (Observe que a penetração de banda larga necessária raramente é universal e alguns lugares ainda não dispõem de sistemas de pagamento como o PayPal, que transformam seus Lindens em dinheiro vivo, mas essas coisas estão se acertando aos poucos.) É interessante pensar que talvez um lugar como o *Second Life* possa ajudar num nivelamento de oportunidades num cenário global. Hoje em dia, o impacto do *SL* é excessivamente pequeno, mas se crescer da forma como a Linden Lab espera, ele ajudará a levantar um bom número de fortunas.

É claro que o *Second Life* não é o primeiro lugar onde esse tipo de mercado se desenvolveu. O fenômeno lembra o que acontece com a própria web, com a mídia se mesclando a diversas tecnologias e diversos princípios conhecidos como a web 2.0, à qual mais e mais pessoas estão chegando. Há cada vez mais sites e aplicativos, criando uma comunidade de desenvolvimento cada vez maior, com cobranças pequenas isoladas no lugar de grandes somas por conteúdo consolidado de uma única vez. Basta olhar para o mercado da música: com a ascensão de sites de compartilhamento de arquivos e serviços como a iTunes Music Store, as vendas de álbuns caíram bruscamente nos últimos anos, enquanto as vendas de downloads a $0,99 têm crescido muito.

O microconteúdo comercializado no *Second Life* também lembra a web de outra forma. É divertido vestir seu avatar com uma roupa virtual e relaxar num castelo virtual, numa mansão, num escritório, ou mesmo na cabana virtual aos pedaços, mas isso também tem, ao mesmo tempo, um objetivo mais importante. Os acessórios virtuais que você usa para se adornar são as coisas que ajudam a definir sua presença no mundo virtual — assim como o design de uma página no MySpace, de um blog, de um site ajuda a definir sua presença na web. Esses acessórios virtuais que você admira são muito mais que decoração: constituem uma mensagem, uma forma de transmitir informações às pessoas à sua volta sobre quem você é nesse contexto. E as pessoas à sua volta no *Second Life* podem ser amigos, estranhos, contatos profissionais, ou entre elas pode estar Nich Rhodes do Duran Duran, um grande fã do mundo virtual. Ao se embrenhar em sua vida virtual, pergunte-se:

QUADRO

INFORMAÇÃO ADICIONAL:
DURAN DURAN CHEGA AO *SECOND LIFE*

Quando Nick Rhodes (tecladista e compositor do Duran Duran) foi apresentado ao Second Life, na metade de 2006, ficou instantaneamente cativado pelo que viu. "Eu só pensei: era isso que vinha procurando", diz ele. "Encontrei tudo que esperava, tudo que as pessoas previam para a internet desde sua abertura virtual", brinca.

Logo depois, com a ajuda da Rivers Run Red, uma empresa de publicidade do mundo virtual, a banda de new-wave oitentista começou a planejar uma "utopia futurista" para o Second Life, uma terra de fantasias com quatro sims para que a banda fizesse shows, interagisse com o público, mostrasse novos trabalhos e oferecesse aos residentes um lugar para passear e se divertir.

Para Rhodes, o Second Life tem um potencial de revolucionar o setor de música e entretenimento semelhante ao potencial que teve a MTV, quando a emissora surgiu. O Duran Duran, é claro, tem se mantido atualizado com tecnologias de entretenimento nos quase trinta anos de história. Eles acompanharam o entretenimento por vídeo, assim como o digital, então faz sentido que se tornem a primeira grande banda a se estabelecer no Second Life.

Para Rhodes, entrar no Second Life é uma evolução natural para a banda. "Adoro as belas canções sobre a realidade de nossas vidas, mas também gosto de fantasia e ficção científica", ele disse. "Acho que o Second Life é o começo disso. Inevitavelmente nascerão muitos e muitos locais virtuais que serão tão bons quanto este e se tornarão o próximo nível da evolução. Mas no momento, este é o lugar mais empolgante pra nós."

quero convidar essas pessoas para um castelo, uma mansão, um escritório ou uma cabana? Para várias pessoas, essas coisas chegam a um ponto em que deixam de ser brinquedos e se tornam ferramentas de interações on-line, o tecido de uma vida na internet que serve para várias funções, assim como as coisas off-line têm suas funções específicas.

Sendo assim, o melhor conselho que podemos dar quanto a uma preparação para o futuro do *Second Life* é ter em mente que ele veio para ficar. É bem provável que o *SL* se torne algo como uma extensão 3D da World Wide Web, onde loucas fantasias poderão ser realizadas, com cada vez mais funções da vida real sendo disponibilizadas no mundo virtual. É possível que algum dia façamos muito do nosso trabalho cotidiano em mundos como o do *Second Life*. Já não é difícil imaginar um trabalho de tempo integral num lugar assim, da mesma forma como aulas, desenvolvimento de produtos, compras e até paixões. Com o crescimento da população e das possibilidades, todas essas coisas acontecerão mais facilmente.

Olhando um pouco mais para frente, lugares como o *Second Life* podem também se tornar essenciais para a nossa interação com o mundo real. Com mundos virtuais como o Google Earth começando a refletir de maneira mais precisa o mundo real, os espaços on-line em 3D podem se tornar uma mera parte do modo como recebemos notícias e informações necessárias para a vida cotidiana. Imagine poder entrar no *Second Life* para visitar uma réplica do seu bairro moderninho. Você pode ver as bandas que estiverem tocando, ouvir um pouco de música, comprar roupas ou arquivos de música, se encontrar com amigos que fazem a mesma coisa e talvez até encontrar alguma obra de arte interessante ou panfleto de uma festa que leve você a uma outra parte totalmente diferente do mundo virtual — ou faça com que você descubra algo novo sobre o mundo off-line. Essa junção de mundo virtual com real pode vir a ser um dos usos mais poderosos de uma plataforma como o *Second Life* (como explica o futurista Jerry Paffendorf no quadro "Mário e Luigi seriam jogados longe").

De qualquer forma, o mundo virtual não deve ser subestimado. Isso pode parecer um contraste grave com a idéia de que se pode fazer qualquer coisa, ser qualquer coisa, voar para qualquer lugar e descobrir formas totalmente novas de se navegar no *Second Life*. Isso é tudo verdade, mas também é verdade que o mundo tem muito mais potencial do que uma simples atividade recreativa. É tanto um lugar para recreação quanto para recriação; uma forma de se explorar novos lugares e organizar o poder da comunidade com relação aos lugares onde já estivemos. É um mundo de imaginação e diversão, mas também é de utilidade e trabalho duro. É o seu mundo, faça dele o que você quiser.

INFORMAÇÃO ADICIONAL:
MÁRIO E LUIGI SERIAM JOGADOS LONGE

"O Second Life *e as tecnologias relacionadas a metaversos como multiversos prometem a inclusão gradativa de uma camada social em 3D ao topo da web", diz Jerry Paffendorf. Muito além de ser um jardim secreto, o* Second Life *tem tudo para se tornar uma ferramenta integral de navegação pela web, de conexão com a internet e mesmo de interação com o mundo real à nossa volta. E o* Second Life *é só o começo.*

"Num nível básico, estamos experimentando transformar a vida e o planeta num jogo conectado pela internet, onde criamos experiências de compartilhamento de arquivos, algumas que se relacionam com a realidade, outras não", diz Paffendorf. "Tecnologias que visam refletir o mundo, como

⬅ o Google Earth, acabarão encolhendo ainda mais o mundo e gerando panoramas globais ao nos dar a grande visão imagética que David Gelernter chamou de 'visão superior'. No fim dos anos 1950, nos impressionamos com a primeira fotografia de todo o planeta visto do espaço. Agora estamos construindo o globo em 3D e iluminando-o com informações específicas sobre localidades. As pessoas usarão essa interface para obter ajuda ao administrar e publicar suas vidas, explorar lugares distantes, identificar e tratar áreas problemáticas, recriar paisagens locais do mundo real, tomar decisões políticas informadas e entender melhor o movimento de pessoas, idéias e dinheiro — e também para usar avatares de monstros cuspidores de fogo e desenvolver cidades virtuais. Cristóvão Colombo, Adam Smith, Thomas Jefferson, Godzilla e os irmãos Mário e Luigi seriam todos jogados longe."

APÊNDICES

APÊNDICE A
EDUCAÇÃO DA VIDA REAL NO *SECOND LIFE*
PÁGINA **318**

APÊNDICE B
GLOSSÁRIO
PÁGINA **325**

APÊNDICE C
FONTES ADICIONAIS
PÁGINA **334**

APÊNDICE D
COMANDOS E FUNÇÕES DO MENU
PÁGINA **336**

APÊNDICE E
OS BRASILEIROS E O *SECOND LIFE*
PÁGINA **346**

APÊNDICE A
EDUCAÇÃO DA VIDA REAL NO SECOND LIFE

Meu nome no *Second Life* é Pathfinder Linden e meu foco mais importante na Linden Lab é descobrir como usar o *Second Life* a serviço da educação da vida real. Sinta-se à vontade para entrar em contato comigo no mundo virtual e visitar meu site, `http://zero.hastypastry.net/pathfinder/`. Espero que esse apêndice seja útil e aguardo você em breve no *Second Life*!

O objetivo de todos educadores é passar aos alunos conhecimentos essenciais, que os ajudarão a se tornar membros

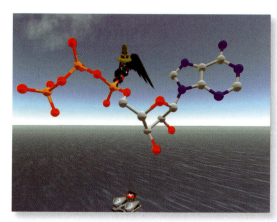

Figura 1: Construindo modelos moleculares interativos — dopamina.

produtivos e bem-sucedidos na sociedade. Ajustar novas tecnologias para a educação — principalmente as tecnologias já usadas no cotidiano dos estudantes — é o segredo para tornar o aprendizado tanto eficaz quanto empolgante!

Vivemos num mundo cada dia mais conectado; a internet se tornou uma mídia essencial para comunicação, socialização e expressão criativa. Mundos virtuais como o *Second Life* representam o futuro da interação humana num mundo globalmente ligado; estudantes que tenham crescido com a internet serão navegadores naturais dessas águas. Esses "nativos digitais" aceitam avidamente as ferramentas como mensagens instantâneas, espaços de redes sociais e jogos *multiplayer* pela internet. E ao se tornarem os líderes de amanhã, os estudantes de hoje levarão essa tecnologia para seus locais de trabalho, fazendo dela uma parte essencial do futuro do trabalho e dos negócios.

O *Second Life* é uma ampla plataforma para muitos tipos de atividades diferentes (figura 1) e a educação da vida real no *SL* é uma área de interesse em crescimento para muitos educadores. Os educadores atualmente usam o *Second Life* para explorar o aprendizado a distância, a simulação, o estudo de novas mídias e o trabalho cooperativo.

E como educador, qual é a melhor maneira de dar os primeiros passos? Este apêndice dá algumas dicas sobre como se integrar à comunidade de educadores no *Second Life*, alguns exemplos específicos do que fazem os educadores atualmente e idéias de como obter sucesso nessa empreitada.

COLEGAS E COLABORADORES

Educadores obtêm melhores resultados quando encontram colegas e colaboradores da vida real para ajudar em novas idéias e novos projetos de ensino. Os educadores que usam o *Second Life* têm o mesmo desafio, então a primeira coisa a fazer é se conectar com a crescente comunidade de educadores da vida real que exploram ativamente o *Second Life*. Compartilhe suas idéias e planos de projetos, ouça experiências de pessoas que talvez trabalhem com linhas semelhantes e você estará no caminho certo!

O primeiro lugar a visitar é a lista de e-mails dos educadores; você pode se inscrever no endereço `https://lists.secondlife.com/cgi-bin/mailman/listinfo/educators`. Essa lista bastante ativa é um ótimo local para interação com outros educadores da vida real que estejam explorando maneiras de usar o *Second Life* eficientemente para fins acadêmicos. Sua próxima parada deve ser a Wiki de Educadores (`http://www.simtech.com/wiki/index.php?title=Second_Life_Education_Wiki`), que serve como ponto de referência para informações relacionadas à educação e links úteis. Ao nivelar o trabalho de educadores que já usaram o *Second Life* e participar de conversas com outros educadores, você já começará a fazer progressos. Quando seus projetos se encaminharem no *Second Life*, não se esqueça de compartilhar suas impressões e experiências tanto na Wiki quanto na lista de e-mails. Isso ajudará no crescimento da base de conhecimento coletiva para todos!

Também há uma página com mais detalhes sobre educação no *Second Life* no endereço `http://secondlife.com/education`. Para conhecer uma lista atualizada freqüentemente de sites e artigos interessantes, confira o endereço `http://del.icio.us/secondlife/education`.

Pronto pra mergulhar no *Second Life*? A primeira coisa a fazer ao entrar é começar a participar do grupo Real Life Education. Esse grupo, aberto à participação de qualquer pessoa, representa uma ótima forma de manter contato com educadores do mundo virtual. Clique no botão Localizar e pesquise "Real Life Education" em Grupos, depois clique no botão Participar e você já está dentro! Educadores são incentivados a mandar mensagens instantâneas para o grupo a fim de coordenar encontros no mundo virtual e anunciar eventos relacionados à educação.

Parabéns! Você agora está conectado a outros educadores do mundo todo que usam o *Second*

Figura 2: Estudantes de graduação se encontram no mundo virtual para discutir a ética nas pesquisas.

Life para educação da vida real. Não tenha receio de fazer perguntas, compartilhe suas idéias e seus planos, vá a alguns encontros no mundo virtual dos quais participam estudantes e educadores e aproveite sua nova comunidade de colegas com interesses semelhantes (figura 2)!

OBTENDO TERRAS NO SECOND LIFE

Ter um lugar de permanência, onde você e seus alunos possam construir e trabalhar é algo que exige a propriedade de terras. Uma solução possível é encontrar colegas que já tenham terra no *Second Life* e compartilhar um pouco do espaço disponível. Também há outras opções para educadores que queiram experimentar o *Second Life* ou ter um espaço próprio amplo.

Em primeiro lugar, existe a oferta do *Campus: Second Life*, em que a Linden Lab fornece aos educadores uma quantidade de terras gratuitamente durante o período de uma aula específica. É uma oportunidade única para educadores que queiram explorar o *Second Life* pela primeira vez. Você não terá que pagar nada para usar temporariamente a terra. A Linden Lab exige um programa da aula planejada, assim como um resumo geral no fim da aula, mostrando qual foi o resultado do *Second Life* como plataforma. Detalhes completos de como você pode desfrutar do *Campus: Second Life* podem ser encontrados em `http://secondlife.com/csl`.

Se você quiser ter um terreno permanente, a Linden Lab tem um preço especial para educadores que adquirem ilhas particulares. Uma ilha permitirá que você controle completamente o acesso ao seu ambiente de estudo (exemplo: a opção de restringir o acesso a apenas estudantes e educadores) e disponibilizará cerca de 65.000m^2 de terra para qualquer uso que você queira fazer. Essa é a opção ideal caso você deseje criar uma verdadeira intranet no *Second Life* e ter salas permanentes. Para instituições acadêmicas do mundo real e organizações sem fins lucrativos que usem a ilha para o trabalho oficial da organização, o preço atual de uma ilha particular de cerca de 65.000m^2 é uma cobrança inicial de 980 dólares americanos e uma quantia de 150 dólares mensais para manutenção. Para obter mais detalhes, escreva para `education@lindenlab.com`.

Se quiser comprar um pequeno terreno no continente central do *Second Life*, isso também é possível. A Linden Lab não oferece descontos educacionais para esse tipo de terras e as ferramentas de administração não são tão abrangentes quanto as disponibilizadas para ilhas particulares. Para obter mais informações sobre como comprar terras no continente central ou na Mainland Brasil e os respectivos custos, consulte `http://www.secondlifebrasil.com.br/comercio/aluguel_terrenos.aspx`.

Depois que adquirir terras e estiver pronto para começar o desenvolvimento do seu espaço no mundo virtual, você poderá fazer toda a construção e programação ou trabalhar com alguma das muitas empresas de desenvolvimento mantidas por residentes no *Second Life*. Uma coleção abrangente de desenvolvedores está listada no endereço `http://secondlife.com/developers/directory.php`. Não se esqueça de falar com companheiros da lista (de e-mails) de educadores para obter recomendações. A Linden Lab oferece as ferramentas e as terras para construção; o trabalho criativo e de desenvolvimento depende totalmente de você!

Quando estiver no mundo, visite a região do Campus (figura 3). Essa área é o principal centro de aulas que integram o programa *Campus: Second Life*, além de ser um ótimo lugar para conhecer estudantes e educadores envolvidos em projetos atuais. Também há aulas e projetos acontecendo em terrenos do continente central do *Second Life* e de ilhas particulares. Ao visitar a região do Campus, procure um quiosque com a frase "Looking for Real Life Education Places in *Second Life*?". Clique nele para receber um cartão com marcadores de outros lugares. Certifique-se de também clicar no quiosque próximo com a frase "Sled Picayune". Você receberá o exemplar mais recente de uma ótima publicação sobre projetos de educação no *Second Life* escrita por educadores.

Figura 3: Dois quiosques que você deve visitar na região do Campus.

O Berkman Center, de Harvard, tem uma ilha particular chamada Berkman, onde foi recriado ou Austin Hall de Harvard para uso em conferências e encontros no mundo virtual (figura 4). Esse espaço é um ótimo exemplo de como recriar partes de um campus do mundo real no *Second Life*; os criadores também usaram de maneira bem-sucedida o local para eventos de "realidade mista". Charlie e Rebecca Nesson, professores de direito da Harvard, também planejam usar a ilha de Berkman para cursos futuros que dêem aos estudantes uma nova mídia para exploração e trabalho colaborativo.

Figura 4: Berkman Center e Austin Hall, de Harvard.

O New Media Consortium (figura 5) criou um espaço experimental chamado NMC Campus, onde se explora o aprendizado e a colaboração no *Second Life*. Esse grupo é muito ativo; você pode ler mais sobre o último trabalho realizado por eles no blog NMC Campus Observe, no endereço http://www.nmc.org/al.

Figura 5: O campus New Media Consortium.

Figura 6: Uma exibição da Declaração da Independência da Ilha da Informação.

Figura 7: O Museu Internacional do Vôo Espacial.

Um grupo de bibliotecários do Alliance Library System do estado de Illinois criou a Ilha da Informação, onde são exploradas mostras inovadoras de informações, dando suporte a encontros ao vivo no mundo virtual com autores da vida real e são oferecidos espaços para outros educadores e organizações sem fins lucrativos. Recentemente, o grupo organizou uma mostra imersiva com informações da Biblioteca do Congresso sobre a Declaração da Independência (figura 6), incluindo dioramas, fluxo de áudio e até mobília de época! Leia mais sobre o trabalho atual no endereço `http://infoisland.org/`.

O Museu Internacional do Vôo Espacial (figura 7) é um ótimo exemplo de uso do *Second Life* na criação de algo praticamente impossível de ser feito na vida real. Essa ilha particular tem foguetes construídos com as proporções mantidas, modelos interativos do sistema solar, informações detalhadas sobre projetos de satélites e locais de observação planetária. Para saber mais, visite: `http://slcreativity.org/wiki/index.php?title=International_Space_Flight_Museum`.

Sojourner é uma residente do *Second Life* que sobreviveu a um derrame e criou um espaço chamado Dreams (figura 8), que oferece grupos de auto-ajuda e educação para outros sobreviventes de derrames. O Dreams é um ambiente criativo e de apoio, onde pessoas que passam pela recuperação do derrame podem manter suas mentes ativas ao participar de eventos colaborativos na comunidade e discussões de mesa-redonda. Vários sobreviventes de derrames lidam com limitações de mobilidade física e paralisia na vida real, problemas dos quais eles se livram ao explorar o mundo do *Second Life*.

Aura Lily é uma residente do *Second Life* com paixão pelo Egito antigo que tem usado o mundo virtual para recriar os artefatos e a arquitetura do Egito através de mapas desenhados pelos engenheiros de Napoleão. Ela atualmente trabalha numa recriação cuidadosa dos templos e das construções de Philae, uma ilha egípcia do mundo real. O trabalho de Aura (figura 9) é um ótimo exemplo de como o *Second*

Figura 8: Dreams.

Life pode ser usado de forma imersiva na exploração de antigas arquiteturas e culturas.

Como você pode ver, há uma ampla variedade de atividades educacionais no *Second Life*. As que citamos aqui são apenas alguns exemplos. Para saber mais, veja a lista dos Vinte Principais Locais Educacionais no *Second Life*: `http://www.simteach.com/wiki/index.php?title=Top_20_Educational_Locations_in_Second_Life`).

Figura 9: Antigo Egito e arqueologia imersiva.

ESTRATÉGIAS DE SUCESSO

Como diz o ditado, "Pioneiros são os que recebem flechas nas costas". Ser um educador pioneiro no *Second Life* é definitivamente um desafio; a academia às vezes tende a desencorajar educadores que exploram novas metodologias de ensino que pareçam estar "lá fora". Veja aqui sete dicas que ajudarão você a obter o maior sucesso possível no uso do *Second Life* para educação na vida real.

1) Passe o maior tempo possível explorando o *Second Life*.

Isso é um pouco mais profundo do que parece. Para entender totalmente o potencial do *Second Life* como plataforma, você precisará dedicar algum tempo para aprender como funciona o mundo, como as pessoas interagem e qual é o aspecto da comunidade em geral. Ler este livro é um grande começo! Mantenha-o próximo ao seu computador ao explorar o mundo virtual. Fale com todos os residentes que você encontrar e não tenha receio de fazer perguntas.

2) Fale com outros educadores que atualmente usam o *Second Life* para fins educativos.

Se conecte à comunidade de educadores o mais rápido possível. Eles o ajudarão a definir melhor suas idéias, assim como proporcionarão algumas idéias novas!

3) Estabeleça metas claras e mensuráveis para seu uso acadêmico do *Second Life*.

Todo currículo de curso tem metas claras; seu trabalho no *Second Life* também deve tê-las. Mantenha o foco nelas e faça o melhor para medir seus resultados. Isso será de grande valor para o momento de tentar convencer outros educadores de que seus projetos no *Second Life* têm mérito.

4) Publicar ou perecer!

Tome nota das suas experiências no *Second Life*. Publique-as no jornal de algum conhecido. Mantenha um blog sobre seu trabalho e incentive outros

colegas a visitá-lo. Incentive seus estudantes a blogarem sobre o trabalho que desenvolvem no *Second Life*. Contribua com a Wiki da Educação. Como pioneiro, o que você aprender ao usar o *Second Life* para a educação no mundo real será um recurso inestimável para outros que virão em seguida. Compartilhe o conhecimento!

5) Lembre-se de que o *Second Life* é uma plataforma para uma ampla variedade de atividades.

Ao explorar o *Second Life*, você encontrará uma variedade incrível de residentes que usam o *SL* de diferentes formas, com diferentes objetivos. Sob diferentes aspectos, o *Second Life* é como a web, representa a maior variedade possível de interesses e pessoas que você pode imaginar. Aceite essa diversidade! Se quiser ter uma área muito particular onde controle completamente o ambiente, lembre-se da opção de ilha particular.

6) Comece um trabalho novo.

O *Second Life* é uma nova mídia, diferente de tudo que você conheceu. Humanos como somos, quando nos deparamos com uma mídia completamente nova em criatividade e interação, acabamos instintivamente comparando essa mídia às pré-existentes, aplicando formas antigas de pensamento para recriar modelos antigos.

Quando a filmadora foi inventada, ela foi primeiramente fixa num pólo único e usada para filmar ações num único plano. Demorou vários anos para que os diretores pensassem: "Talvez fosse interessante filmar com várias câmeras e fazer cortes depois. Ou mesmo mover as câmeras durante a filmagem!" Essa idéia marcou o nascimento da montagem. Usando um exemplo parecido, quando os educadores exploraram a web pela primeira vez, eles simplesmente digitalizaram livros e os disponibilizaram para acesso pela internet. Ambas as situações ilustram a maneira como tendemos a receber novas mídias.

Desfaça sua velha forma de pensar. Não recrie modelos educacionais pré-existentes. Se quiser ensinar biologia, para que construir uma classe virtual com carteiras e lousa no *Second Life* quando você pode construir toda uma célula humana interativa?

7) Aprenda com seus alunos.

Seus alunos provavelmente cresceram com a internet. Sempre viveram num mundo cercado de computadores, mensagens instantâneas, e-mail e jogos *multiplayer*, que já existem há um tempo e são usados diariamente. Se nunca tiverem usado o *Second Life*, os alunos provavelmente se acostumarão muito mais facilmente do que você pode imaginar. Absorva o máximo de conhecimento possível das experiências que eles têm a oferecer, já que o futuro dos mundos virtuais, como o *Second Life*, e de todas as novas tecnologias pertence verdadeiramente aos nativos digitais!

— John Lester (ou Pathfinder Linden)

APÊNDICE B
GLOSSÁRIO

Este apêndice contém as definições de termos e abreviações populares no *SL*. Observe que, ao selecionar a Ajuda do *Second Life*, no menu suspenso Ajuda, você verá um painel que contém um link para um glossário interno dos termos do *SL*.

ad space (espaço para anúncios): Um terreno bem pequeno (geralmente constituído de 16m^2), usado para fins publicitários: sinais, painéis, etc. Também pode ser usado como espaço de armazenamento (consulte "storage").

AFK: *Away from keyboard*, ou "ausente do teclado". AFK indica que um residente pode estar on-line, mas que não há ninguém no teclado. Isso informa as pessoas que você está on-line, mas sem poder responder. Digitar AFK no chat faz com que a palavra "(AWAY)" seja mostrada junto com o nome do seu avatar. Depois de trinta minutos de inatividade, sua conta fará log-off automaticamente.

allocation (alocação):
1) A quantidade total de terras que um residente ou uma conta podem ter ou manter. Assinantes Premium recebem uma alocação de 512m^2 sem nenhuma cobrança adicional de Custo de Uso de Terras.
2) A quantidade total de terras que um grupo pode ter. Um grupo não pode ter terras se não tiver uma alocação maior que o tamanho da terra. A alocação de grupos é atribuída pelos membros do grupo, que pagam pela quantidade que doam (além dos pagamentos de quaisquer terras que eles tenham), independentemente do uso ou não da alocação.

alpha channel (canal alfa): O canal de transparência em arquivos de imagem como os das texturas.

animation (animação): Animação do avatar ou uma seqüência de movimentos programados num aplicativo externo (geralmente o Poser) e importados para o *Second Life*.

AO: *Animation override*, ou substituição de animação; geralmente um objeto com scripts que reproduz animações específicas em resposta às ações do

seu personagem. Essas animações substituem as animações padronizadas (como andar, por exemplo).

AR: Abreviação de *Abuse Report*, ou "denunciar abuso", função que pode ser acessada pelo menu suspenso Ajuda nos casos de ações importunas de alguém (consulte "importunar, importuno").

attachment (acessório): Objeto virtual que pode ser anexo a um avatar (por exemplo: um chapéu, uma arma, um anel).

av, avi, avie: Abreviação de "avatar".

ban (banir):
1) O ato de proibir terminantemente a entrada. Donos de terras dispõem de ferramentas de banimento para evitar que residentes específicos entrem em suas terras.
2) Adicionar alguém à sua lista de banidos e assim tirar essa pessoa de suas terras.
3) A remoção permanente de alguém do *Second Life*. Isso só pode ser feito pela Linden Lab. Por sorte, a maioria das pessoas que quebra as regras aprende a se comportar bem antes de isso acontecer. Não confundir com suspensão, que é um período em que o residente fica sem acesso.

build (construir, construção):
1) Fazer algo com primitivos.
2) Um objeto composto de um ou mais primitivos.
3) Um termo de engenharia para uma versão específica do *Second Life* ou outro software.

bump (bater, empurrar):
1) O ato de empurrar outro residente, seja correndo em sua direção, batendo contra tal residente com um objeto físico ou usando um objeto com script para aplicar força contra o residente.
2) Um projétil projetado para empurrar residentes. Esses projéteis geralmente são chamados de *bump*. Objetos dessa natureza com scripts inadequados às vezes são descartados em áreas onde não são permitidos scripts, já que os scripts ficam desativados (evitando assim sua própria exclusão).
3) Adicionar um comentário num fórum para fazer com que a postagem apareça no topo da lista. Os tópicos dos fóruns são ordenados com as postagens mais recentes no topo. "Empurrar" uma postagem antiga faz com que ela volte a um ponto onde as pessoas a notem — o que é geralmente feito quando a postagem sai da primeira página.

camping job (trabalho de acampamento): Um trabalho virtual que envolve ficar num lugar — sentar numa cadeira, dançar numa máquina de dança — em troca de alguns Linden dólares, que são pagos a cada dez ou 15 minutos.

charter member (membro com carta): um residente do *SL* que vive no mundo virtual desde o seu começo.

Classifieds (classificados): Listagens de anúncios na janela de Pesquisa do *SL*.

covenant (declaração): Um conjunto de regras e regulamentos que governam uma propriedade em particular (consulte "estate").

damage (dano): Descreve qualquer região marcada com um sinal de "não-segura", onde as regras de dano e morte do *Second Life* estão em vigor. Qualquer objeto com scripts pode ser configurado para causar danos aos avatares (geralmente atirando projéteis de dano ativado). Um avatar que é afetado por dano letal é instantaneamente teletransportado para seu local de origem. A imensa maioria do *Second Life* tem a opção de dano desativada.

dance ball, dance pad (bola ou máquina de dança): Objetos com scripts para animar os avatares, fazendo com que eles dancem.

debug menu (menu de detecção e correção de erros): Um menu que na forma padrão fica oculto, mas inclui alguns comandos avançados úteis. Para ativá-lo e desativá-lo, pressione Ctrl+Alt+Shit+D.

deep-think: Diz respeito ao desempenho de um sim. Um *deep-think* ocorre quando uma interação física dentro de um sim demora muito tempo para ser computada. Um *deep-think* pode ser causado por um grande número de objetos físicos em colisão, por um objeto físico preso numa posição inadequada ou por formas avançadas interagindo de maneira estranha. Os sintomas são movimento lento do avatar, continuidade do movimento depois do cessar dos comandos ou problemas ao se efetuar log-off. Você ainda poderá conversar normalmente enquanto os movimentos não estiverem funcionando.

estate (propriedade): Uma unidade administrativa de terras virtuais de indivíduos ou grupos (geralmente uma região ou coleção de regiões) com ferramentas especiais para gerenciamento imobiliário em larga escala.

First Land (Primeira Terra): Um terreno de preço especial e tamanho de 512m^2 oferecidos aos donos de contas do *SL* em condições de comprar terras. Você pode comprar a Primeira Terra uma única vez.

first life (primeira vida): Vida real, também conhecida como RL (*real life*).

flexiprim: Um prim flexível usado como peça de construção no *SL* (consulte "prim").

furry: Um avatar animal antropomórfico, geralmente bípede. Os *furries* representam um dos grupos de mais destaque no *SL*.

gesture (gesto): Uma mistura de animação do avatar, som e às vezes efeitos especiais que é ativada através de um comando digitado ou um atalho do teclado.

Gorean (goreano): Um membro da comunidade Gor, baseada nos romances do escritor real John Norman, onde as relações de senhor/escravo são o comum.

grid (grade): Gíria para o mundo virtual do *SL* e sua rede de servidores. Exemplo: "a grid caiu" ou "a grid voltou".

grief, griefer (importunar, importuno): Incomodar outro residente do *SL* através de ações ofensivas; um residente do *SL* que incomoda outros residentes. Ações importunas violam as normas da comunidade do *Second Life*.

Help Island, HI (Ilha da Ajuda): O destino da maioria dos residentes que saem da Ilha da Orientação, ou *OI, Orientation Island*. Mentores geralmente auxiliam novos residentes aqui.

home (origem): O local no mundo virtual que seu avatar considera o centro de sua existência no *Second Life*. Você pode ir diretamente pra a origem a qualquer momento ao abrir o menu Mundo e escolher a opção "Teletransportar para Origem". Você pode mudar seu local de login para que sempre apareça no *Second Life* chegando à origem. Se você andar (ou marchar) por áreas passíveis de dano e acabar morto, seu avatar será teletransportado para a origem automaticamente (o que não é tão terrível assim).

MI: Abreviação de *instant message*, ou "mensagem instantânea".

Inventário: A coleção de roupas, objetos, texturas e outros elementos que seu avatar possui no mundo virtual. Seu inventário viaja com você e pode ser usado a qualquer momento.

in-world (no mundo virtual): Tudo que acontece no ambiente virtual do *Second Life*. E também a condição de ter efetuado login no *Second Life*.

island (ilha): Um simulador ou região distante do continente central e acessível somente por teletransporte direto (exemplo: Cayman é um sim ilha). Às vezes o termo também é usado com seu sentido mais generalista, para fazer referência a uma quantidade de terra cercada por água.

**L$**: Linden dólar (L$ ou "Lindens") é a moeda do mundo virtual. A maioria das transações no mundo virtual utiliza Linden dólares.

LL: Linden Lab, os criadores do *Second Life*.

lag:
  1) O atraso de uma conexão entre dois computadores na internet, principalmente um atraso estranhamente longo entre um cliente e um servidor.
  2) Um atraso ou defeito numa rede ou na internet causado por respostas lentas ou dados perdidos ou ausentes.
  3) Desempenho lento ou instável num aplicativo 3D causado por um processador sobrecarregado, condição que também pode afetar a quantidade de memória, a placa de vídeo ou o disco rígido.

4) Qualquer situação na qual parte da experiência do *Second Life* não corresponda ao esperado.

land baron (barão de terras): Um residente com uma quantidade significativa de terras, principalmente com o intento de vender e lucrar.

land owner (dono de terras): Um residente que possui terras — em qualquer quantidade, de um terreno a múltiplas propriedades.

landmark (marcador de terra): Uma luz que marca uma localidade específica no mundo virtual e o atalho de teletransporte para tal local guardado na pasta de Marcadores de Terra, no Inventário do avatar.

liaison (contato): Um funcionário da Linden Lab que atua como representante no mundo virtual e contato para todos os residentes, principalmente novatos. São as pessoas que você vê com nomes como Liaison Ralph Linden.

LindeX Currency Exchange: O câmbio monetário on-line, onde você pode trocar dinheiro da vida real por Linden dólares e vice-versa. No Brasil a compra de Lindens pode ser feita através do site http://www.secondlifebrasil.com.br

LSL: Linguagem de Scripts da Linden, usada pra animar objetos no mundo do *SL*.

machinima: Um filme computadorizado feito com um mecanismo de captura de imagens em tempo real no mundo virtual e 3D no lugar de um aplicativo dedicado à produção de filmes computadorizados. O termo tem suas origens nas palavras *machine animation* ("animação por máquina") e *machine cinema*.

mature (Adulto): Uma região que permite atividades exclusivas para adultos, como sexo explícito.

mouselook (visualização do mouse): A visão da câmera em primeira pessoa. O mouse é usado para mover a câmera. Geralmente usada com armas, veículos e objetos que podem ser pegos.

newbie, noobie (novato): Um recém-chegado ao *Second Life*; um residente que habita o mundo virtual há um tempo relativamente curto e/ou não se familiarizou ainda com as nuances do *Second Life*. Também chamado de "noob" ou "nOOb".

no-copy (não-copiável): Um comando de objeto que proíbe que o dono do mesmo o copie. Esses objetos têm o termo "(*no-copy*)" adicionado aos seus nomes no Inventário.

no-fly (vôo não-permitido): Qualquer terreno que não permita o vôo. Você pode voar por terrenos que não o permitam voar, mas assim que parar de voar, não poderá fazê-lo novamente se não sair do terreno. Se ficar realmente preso, teletransporte-se para algum outro lugar.

no-modify (não-modificável): Uma permissão de objeto que impede que o dono modifique o objeto. Esses objetos têm o termo "(*no-modify*)" adicionado aos seus nomes no Inventário.

no-transfer (não-transferível): Uma permissão de objeto que impede que o dono de um objeto transfira-o para outro residente do *SL*. Esses objetos têm o termo "(*no-transfer*)" adicionado aos seus nomes no Inventário.

notecard (cartão): Um documento de texto do mundo virtual, como as instruções anexas a um objeto.

object (objeto): Qualquer coisa que exista no mundo virtual e seja construída a partir de um ou mais prims.

OI, Orientation Island (Ilha da Orientação): O primeiro lugar que a maioria dos residentes vê ao entrar no *Second Life*. Ele ensina os conceitos básicos para circular, personalizar o avatar e se comunicar. No Brasil os residentes nascem em um local denominado MLBR Orientação, mais conhecido pela comunidade como Ilha de Nascimento.

parcel (terreno): Parte de uma terra virtual que pode ser comprada ou vendida.

permissions (permissões): Regras e regulamentos que definem o que o dono de um objeto pode fazer com ele (exemplo: cópia ou modificação).

PG: Classificação de região que bane atividades "adultas".

pie menu (menu circular): O menu redondo e condicionado ao contexto aberto quando se clica com o botão direito dentro do mundo virtual.

prim: Abreviação de "primitivo" — uma massa virtual de qualquer formato, usada como bloco de construção no mundo do *SL*. Também usado como adjetivo, como no caso de "cabelo de prim", para descrever um cabelo feito de prims no lugar de texturas. "Alto-prim" e "baixo-prim" descrevem objetos virtuais que contêm um número alto ou baixo de prims. Observe que números elevados de prims podem causar *lags*.

push script (script de pressão): Um script geralmente usado em armas virtuais que faz com que o avatar mirado seja movido para outro local — exemplo: milhares de metros acima, para o céu.

rate (classificar): Conceder pontos a um residente por comportamento, aparência e outros elementos que aparecem no painel de Perfil do residente.

region (região): Uma área nomeada dentro do *Second Life*, também chamada de *simulador* ou *sim* (veja "*simulator*"). O *Second Life* é dividido em regiões quadradas, cada uma contendo 256m de cada lado e com um nome próprio.

As regiões são alinhadas e montadas de forma que as bordas entre elas fiquem sempre invisíveis, por várias razões. Você pode ficar de um lado da borda de uma região e seu amigo ficar do outro. Mesmo estando em regiões diferentes, vocês podem conversar normalmente, jogar uma bola de um lado pro outro e até mesmo dirigir um carro para ambos os lados sem interrupção.

relog (fazer novo login): Sair do *Second Life* e entrar de novo. Uso: "Preciso fazer um relog, já volto."

reputation (reputação): Seu prestígio no mundo virtual, de acordo com a classificação dos outros residentes (consulte "*rate*").

resident (residente): Uma pessoa que usa o *Second Life*. Pode se referir ao usuário da conta ou ao próprio avatar.

rez: Esse termo é geralmente atribuído ao filme *Tron* e significa:
 1) Trazer um objeto ao espaço 3D do *Second Life*, geralmente arrastando do Inventário para o mundo;
 2) Criar um novo primitivo no *Second Life* através das ferramentas de construção.

sandbox (caixa de areia): Uma área pública, onde residentes do *SL* podem criar novos objetos. Há muitas caixas de areia espalhadas pelo mundo; a maioria delas é composta de áreas "seguras", que não permitem vendas, jogos de azar ou combates.

security system (sistema de segurança): O script elaborado, geralmente dentro de um objeto, para proteger terras particulares contra residentes importunos e armas virtuais.

shield (escudo): Um acessório que protege um avatar contra armas virtuais. Não há escudo perfeito; assim que um novo modelo é inventado, novas armas aparecem.

simulator, sim (simulador, sim): Originalmente o termo designava uma região do *SL*; foi criado nos tempos antigos, quando um servidor ou simulador da LL suportava uma região. Ainda é usado como referência a regiões, embora hoje os servidores possam suportar duas ou mais regiões cada.

snap, snapshot (instantâneo): Uma foto do mundo virtual. Você pode tirar instantâneos usando o botão Instantâneo, do *SL*.

skin (pele): O que se vê quando um avatar está nu. Pode incluir forma e características corporais, como olhos e tatuagens inclusos na pele do avatar. Geralmente usada para indicar um avatar personalizado com pele de aparência aprimorada.

stipend (remuneração): Uma quantia semanal paga em Linden dólares a residentes elegíveis. As leis com relação a remunerações mudam freqüentemente; no momento, as remunerações são limitadas a detentores de contas Premium. No Brasil a comunidade chama o valor de "semanada".

storage (armazenamento): Espaço onde objetos virtuais construídos a partir de prims podem ser guardados. Cada região pode receber um número limitado de prims.

suspension (suspensão): Remoção temporária de alguém do *Second Life*. Um residente suspenso não poderá fazer login no *Second Life*. O residente receberá um e-mail informando o motivo da suspensão. Uma suspensão não deve ser confundida com expulsão administrativa, que inclui um período de bloqueio do *Second Life*, e geralmente não acompanha e-mail.

Teen *Second Life*; Teen Grid (*Second Life* Teen; Grid Teen): Uma área do *SL* especial para membros com idade entre 13 e 17 anos; mais informações no endereço: http://teen.secondlife.com.

telehub: Originalmente uma "porta" para o teletransporte ou um local no mundo do *SL*. As *telehubs* são usadas para direcionar o tráfego em propriedades particulares.

texture (textura): Uma imagem ou um gráfico que se aplica a um objeto ou avatar. Você pode criar suas próprias texturas em qualquer programa gráfico externo e enviá-las ao *Second Life* pelo preço de 10 Linden dólares por imagem.

themed community (comunidade temática): Uma área, geralmente composta de uma região inteira ou mais, construída para representar uma entidade específica — por exemplo, uma vila japonesa medieval ou uma ilha polinésia. Muitas comunidades temáticas também são comunidades históricas: a comunidade da Caledônia, inspirada na era vitoriana, é um exemplo famoso.

tier; tier up (nível, nivelar):
1) Um dos níveis do *Second Life* em relação às taxas de propriedade e ao uso de terras. Cada nível tem um preço mensal e uma quantidade máxima de terra que pode ser mantida;
2) Fazer uma compra de terra que aumente seu Custo de Uso de Terras.

Town Hall (Prefeitura): Onde acontecem eventos nos quais os governantes do *SL* (os Lindens) se encontram com residentes para apresentar e discutir questões do mundo virtual.

tp: Abreviação de "teletransporte", geralmente usada em solicitações de teletransporte feitas por residentes (exemplo: "me manda por tp pra onde você está").

vendor (vendedor, venda): Um residente ou objeto codificado no *Second Life* que vende objetos, roupas ou outros itens.

sim, simulator (sim, simulador):

welcome area, InfoHub (área de recepção, InfoHub): Um local a serviço de novos residentes, fornecendo vários cartões, brindes e mentores do *SL* que oferecem orientação e respostas às perguntas de novatos.

APÊNDICE C
FONTES ADICIONAIS

Este apêndice apresenta URLs selecionadas, que serão muito úteis nos momentos em que você quiser saber mais sobre algum aspecto do *Second Life*. A maioria dos sites incluídos aqui existe há um bom tempo e provavelmente existirá ainda muito mais; todos os sites contêm links para outros sites relacionados ao *SL*, centenas deles.

http://secondlife.com/

Como você deve ter imaginado, nós o levaremos à página inicial do site oficial do *SL*. De modo geral, este é o site que você deve visitar primeiro ao buscar esclarecimentos sobre qualquer questão relativa ao *SL:* ele contém as informações mais recentes e uma série de links para outros sites muito úteis. Para conhecer a versão brasileira do *Second Life*, acesse http://www.secondlifebrasil.com.br.

http://secondlife.com/knowledgebase/

Aqui você encontra um tesouro de informações sobre praticamente tudo que se relaciona ao *Second Life*. Não se esqueça de visitar o site e olhar os tópicos mesmo que não esteja precisando de informações sobre um problema específico; novos residentes em especial podem descobrir — com um simples olhar pelos tópicos tratados! — novas questões e possibilidades que lhes eram desconhecidas.

http://forum.secondlifebrasil.com.br/

Esta é a página principal do fórum da Mainland Brasil apoiado pela Linden Lab. Aqui você encontra uma riqueza de informações, além de ser um ótimo lugar para ser visitado quando você precisar de ajuda com uma questão específica.

http://blog.secondlife.com/

O blog oficial da Linden contém as informações mais atualizadas sobre alterações que afetam o *Second Life*. Esse é o link a ser usado quando você estiver procurando notícias sobre as atualizações mais recentes do *SL* ou desenvolvimentos de qualquer natureza.

http://www.lslwiki.net/

A Wiki da LSL é uma ótima fonte de tutoriais e informações gerais sobre escrita de scripts na Linguagem de Scripts da Linden. O capítulo 8 oferece outras URLs específicas sobre a LSL.

`http://secondlife.com/community/`
Essa página tem links para centenas de sites úteis. Um sumário permite a você escolher os sites por assunto.

`http://secondlife.com/community/fansites.php`
Essa é uma seção particularmente importante do site da comunidade. Ela lista uma grande variedade de sites relacionados ao *SL* e mantidos por residentes, incluindo fóruns de residentes, blogs, etc. Uma barra lateral contém links que ajudarão você a conhecer ainda mais sobre os sites sobre o *SL* — que estão listados por assunto, de arquitetura a vídeos.

`http://secondlife.com/developers/resources.php`
Quer criar uma combinação única para o seu avatar, mas não sabe como? O *Developer Resources* é o lugar para onde você deve ir. Aqui você aprende de tudo, desde como animar seu avatar até colocar fluxo de áudio na sua terra.

APÊNDICE D
COMANDOS E FUNÇÕES DO MENU

Este apêndice analisa os comandos nos menus suspensos superiores do *SL*. Todas as informações apresentadas aqui são precisas, mas pode haver mudanças com a evolução do *SL*.

Em vários casos, os comandos nos menus suspensos repetem comandos disponíveis em outros lugares; por exemplo, vários comandos também estão disponíveis através do menu circular que aparece quando você clica com o botão direito no seu avatar. Se você esconder a barra inferior e seu menu de botões, ainda será possível acessar os comandos dos botões através dos menus suspensos. A Base de Conhecimento do *Second Life* contém mais informações sobre isso e sobre outras questões relativas à interface do *SL*.

Os primeiros quatro menus suspensos (Arquivo, Editar, Visualizar, Mundo) contêm uma mistura de comandos que podem ser um pouco confusos para novos residentes do *Second Life*. Por outro lado, o menu de Ferramentas contém somente comandos relativos a administração, construção e edição de objetos, inclusive objetos com scripts — nesse contexto, todos os comandos são auto-explicativos. O menu Ajuda inclui atalhos para fontes internas e externas de informações, assim como uma variedade de outras opções, como a possibilidade de reportar erros e violação das regras do *SL*, além da Mensagem do Dia do *Second Life*.

ARQUIVO

Enviar Imagem permite que você importe um arquivo gráfico para o *SL*. Ao selecionar essa opção, você verá a Janela de Abrir Arquivos do seu sistema operacional; por meio dela, poderá encontrar a imagem que deseje enviar. Selecione o arquivo a fim de ter uma pré-visualização do mesmo. O envio custa 10 Linden dólares por arquivo. O arquivo enviado é salvo no seu Inventário, dentro da pasta Texturas.

Enviar Som permite que você importe um arquivo sonoro para o *SL*. O procedimento e o preço são semelhantes aos descritos acima. No entanto, você só pode importar arquivos .wav, com uma taxa de 44.1k; o arquivo será salvo na pasta Sons, dentro do seu Inventário.

Enviar Animação permite que você envie arquivos de animação criados num aplicativo externo, como o Poser. O procedimento e o preço são os mesmos descritos acima, com a exceção de que o arquivo é salvo na pasta Animações do Inventário.

Envio em Massa permite que você importe todos os arquivos contidos na pasta selecionada. Serão cobrados 10 Linden dólares por cada arquivo contido na pasta. Observe que somente arquivos que atendam aos critérios do *SL* serão enviados e que cada tipo de arquivo será salvo numa pasta correspondente — por exemplo: as imagens serão salvas na pasta Texturas.

Fechar Janela fecha a janela principal que você tiver aberto no cliente do *SL* (uma janela do Inventário, por exemplo).

Salvar Textura Como salva o arquivo de textura ativo no seu disco rígido.

Tirar Instantâneo abre o painel de pré-visualização.

Gravar Instantâneo tira um instantâneo e o salva no seu disco rígido depois de permitir que você escolha a pasta e o nome do arquivo. Selecionar esse comando novamente retém o nome original, seguido por numerações como 002, 003, etc.

Iniciar/Parar Gravação de Filme põe a câmera para funcionar! O que você vê na tela é salvo como arquivo do Windows Media Player no seu disco rígido. Manipule as visualizações usando os controles de câmera do *SL* — a visualização em primeira pessoa gera melhores resultados. Selecione esse comando novamente quando estiver pronto pra gritar "corta!".

Definir Tamanho da Janela permite que você selecione a resolução da tela ou o tipo de monitor, melhorando assim o desempenho do *SL* no seu sistema.

Sair faz com que você saia do *Second Life*.

EDITAR

Desfazer ficará ativo somente quando você estiver no modo de construção, permitindo que você desfaça a última ação realizada. O comando não desfaz outras ações anteriores do *SL*, então esteja alerta.

Refazer (também conhecido como "mudei de idéia de novo") é outro comando que só se aplica ao modo de construção. Ele permite que você refaça a última ação desfeita.

Recortar, Copiar e **Colar** ficarão ativos quando você estiver trabalhando com textos no *SL*. Também é possível usá-los para importar e exportar textos. Por exemplo: você usará Colar para inserir um texto que tiver copiado ou recortado de um aplicativo externo como o Microsoft Word; Recortar ou Copiar serão usados quando você quiser exportar um texto para um aplicativo externo.

Excluir funciona melhor para textos e objetos para os quais você tiver autorização para apagar.

Pesquisar é uma outra opção ao botão de Pesquisa na barra inferior e abre o painel Pesquisar. Use as abas do painel para refinar sua pesquisa depois de digitar ou colar suas palavras-chave na caixa de texto.

Selecionar Todos, **Desfazer Seleção** e **Duplicar** ficarão ativos quando você estiver no modo de construção.

Anexar Objeto e **Desanexar Objeto** abrem um submenu que lista pontos de anexação onde objetos podem ser anexados ao seu avatar, como a mão direita ou o nariz. As escolhas do submenu ficarão ativas somente quando você tiver um objeto selecionado *in-world* — os comandos não se aplicarão a objetos que ainda estiverem no seu Inventário; você precisa tirá-los de lá primeiro!

Tirar Roupas — pronto, você ficou nu.

Gestos abre o painel de Gestos Ativos, que lista os gestos que você tiver ativado. Se você não tiver ativado nenhum gesto (marcando a caixa Ativos, no painel de Gestos), a lista ficará vazia.

Perfil abre o painel de Perfil no *SL*.

Aparência alterna para o modo de edição de aparência, assim como o comando no menu circular que se abre quando você clica com o botão direito no seu avatar.

Amigos abre um painel que lista os amigos que você fez no *SL* ao oferecer amizade e ser aceito. Você pode adicionar novos amigos clicando em Adicionar Amigo, no painel Amigos.

Grupos abre um painel que lista todos os grupos dos quais você participa.

Opções abre o painel de Opções, que também pode ser acessado através do botão Opções, na tela de login do *SL*.

VISUALIZAR

Visualização do Mouse alterna para a visualização em primeira pessoa. Observe que a forma mais fácil e rápida de se alternar para a visualização do mouse é usar simplesmente o mouse para aumentar o zoom do seu avatar até que a visualização entre pela cabeça do avatar.

Construir abre o modo de construção.

Redefinir Visualização coloca a câmera em sua posição padrão, no seu modo de visualização atual.

Olhar Último Interlocutor direciona a cabeça do seu avatar para o último avatar com quem houve uma conversa aberta (ou seja: não particular) na distância em que se pode ouvir.

A **Barra de Ferramentas** pode ser ativada para ocultar ou exibir o menu inferior de botões.

Histórico de Conversas abre um painel que lista todos os diálogos e todas as mensagens, faladas ou não, que aconteceram na distância passível de audição ou que tenham sido recebidos durante sua sessão atual no *SL*.

Mensagem Instantânea abre o painel de Mensagens Instantâneas.

Inventário abre o painel Inventário.

Lista Muda abre uma lista de pessoas ou objetos que você colocou como mudos por não querer ouvi-los mais. Opção útil para o caso de você ter mudado de idéia e não querer mais dar a eles o tratamento silencioso.

Controles de Câmera abre um painel que permite a você mover a câmera ou seu ponto de vista. Dominar os controles de câmera é algo que vale a pena: você poderá ver o que acontece por trás de paredes e portas fechadas.

Controles de Movimento abre um pequeno painel com uma classificação de setas clicáveis e o próprio botão Voar. Útil no caso de você não gostar da visualização do mouse e de usar as teclas direcionais, que são a opção mais fácil de movimento exato para a maioria das pessoas.

Mapa do Mundo abre o painel do Mapa do Mundo, assim como quando você clica no botão Mapa, no menu inferior.

Minimapa ativa um pequeno mapa no canto superior direito da tela; você pode mover o mapa clicando na barra superior e arrastando-o para seu ponto preferido. O mapa mostra seu ambiente próximo; ao clicar nele, você abre o painel do Mapa do Mundo.

Barra de Estatísticas abre um painel transparente que mostra muitos dados do *SL* — entre outras coisas, a atual velocidade e qualidade da velocidade (perda de pacote) e, o que é importante, o número de objetos ativos e scripts em execução.

Linhas de Propriedade ativa linhas coloridas bonitinhas que mostram os limites de terrenos.

Donos de Terras pinta terrenos colocando uma camada de cor sobre a terra. Sua própria terra fica verde; as terras de outras pessoas recebem um vermelho rústico. A terra à venda fica amarela.

Dicas ao Passar o Mouse abre um pequeno submenu onde você pode alterar as opções de dicas para terrenos e objetos apontados com seu cursor; isso pode ser muito útil. Observe que as dicas nunca aparecerão na visualização do mouse.

Alt Mostra Física faz com que todos os objetos com física ativada fiquem coloridos em vermelho quando você pressionar a tecla Alt.

Destacar Transparência destaca todas as superfícies transparentes no seu campo de visão com um vermelho rústico.

Lanternas abre um pequeno submenu que permite que você defina lanternas (linhas vermelhas e finas) para objetos com scripts, objetos físicos e fontes sonoras e de partículas. Pode ser muito útil na administração de um ambiente no qual muitas coisas estão acontecendo e causando atrasos. Você pode desligar as partículas aqui para melhorar o desempenho, mas tenha cuidado — a cachoeira que você estava admirando pode repentinamente desaparecer!

Mostrar Acessórios HUD controla a possibilidade de HUDs aparecerem na sua tela; mesmo que essa opção esteja desmarcada, os HUDs responderão a comandos.

Aumentar Zoom, **Zoom Padrão** e **Reduzir Zoom** reposicionam a câmera levemente; úteis para o caso de você não ter um mouse com *scroll*.

Mais abre um pequeno submenu com duas opções: Entrar em Modo Tela Inteira (controlando o modo de tela inteira ou em janela) e Definir a UI Com Tamanho Normal. A segunda opção é útil para o caso de você ter movido o ponteiro do tamanho da interface do usuário com um pouquinho de excesso no painel Opções (aba Gráficos).

MUNDO

Chat abre a janela de Chat; geralmente, é mais fácil pressionar a tecla Enter.

Iniciar Gesto abre a janela de Chat e insere uma barra; assim, tudo que você precisa fazer é digitar o nome do gesto (/bow, /clap, e assim sucessivamente). Lembre-se de que você precisa colocar uma barra inclinada para a direita/antes de um gesto para marcá-lo como comando de gesto e não como conversa normal.

Sempre Correr faz com que seu avatar corra em vez de caminhar, quando você pressionar a seta que anda para frente.

Voar alterna entre voar e cair.

Criar Marcador Aqui coloca um marcador na sua atual localidade no mapa do mundo e adiciona-o ao conteúdo da sua pasta Marcadores de Terra, no Inventário.

Definir Como Origem serve para definir o local que você deseja ter como casa ao entrar no *Second Life* (não necessariamente sua casa). Pode ser uma árvore de dinheiro, um clube de suingue — a escolha é sua, desde que a terra lhe pertença ou a um grupo do qual você participe. A origem é o marcador da casa azul no mapa do mundo.

Teletransportar para Origem leva você para o lugar que chama de origem (veja "Definir como origem").

Definir como Ausente instrui seu avatar a adotar instantaneamente a pose que indica que você está ausente há algum tempo; cabeça para frente, ombros caídos, como se o avatar estivesse dormindo em pé.

Definir como Ocupado é o equivalente do sinal "Não Perturbe". Todas as mensagens ficam ocultas e todas as ofertas são automaticamente recusadas. Um botão Definir como Não-Ocupado aparece na tela para lembrar de que você está incomunicável.

Histórico da Conta abre um painel que não lida com sua conta do *SL*, mas com suas finanças no *SL*. As abas abrem telas de informações que ajudarão você a acompanhar o dinheiro que saiu e o motivo pelo qual saiu.

Gerenciar Minha Conta leva você para a página do *SL* que trata de gerenciamento de conta.

Comprar abre o site da Mainland Brasil onde você poderá fazer as suas compras normalmente.

Minha Terra abre um painel com suas informações de imóveis. O painel lista suas terras atuais e suas localidades, assim como a quantidade de terras que você ainda pode adquirir no seu nível de terras; para obter mais, você pagará Custos de Uso de Terras mais altos.

Sobre a Terra abre o painel Sobre a Terra, com informações sobre o terreno onde se encontra seu avatar. Observe que você pode abrir o painel Sobre a Terra de qualquer terreno clicando com o botão direito no terreno — isso abre um menu circular que contém a opção Sobre a Terra.

Comprar Terra ficará ativo somente quando você estiver numa terra sendo oferecida para venda. Ao selecionar esse comando, o limite do terreno ficará amarelo e será aberto o painel Comprar Terra.

Região/Propriedade abre um painel de informação e administração de Região/Propriedade que permite que o administrador (dono ou pessoa designa-

da) exerça os direitos e as opções de propriedade. As abas abrem submenus que lidam com aspectos específicos da propriedade e administração de terras, incluindo declarações de terras.

Forçar Sol permite que você dê ordens ao sol. Como? Ao selecionar esse comando, você verá um submenu que permite definir continuidade em estados como o nascer do sol, meio-dia, pôr-do-sol ou meia-noite (essa última opção é especialmente útil para vampiros). Você também pode definir o sol para brilhar no padrão da região.

FERRAMENTAS

Selecionar Ferramenta contém as seguintes opções: Focar, Mover, Editar, Criar, Terras. Ao selecionar uma delas, você abrirá a janela Construir e entrará no modo adequado.

Selecionar Somente Meus Objetos permite que você ative e desative sua habilidade de selecionar os objetos de outros usuários ou outros grupos ao construir. Isso garante uma limpeza fácil dos seus objetos, assim como uma ligação fácil de objetos em situações que envolvam objetos alheios.

Selecionar Somente Objetos Móveis permite que você escolha se quer selecionar objetos bloqueados ao construir.

Selecionar ao Cercar permite que você selecione múltiplos objetos ao arrastar uma caixa de seleção em volta deles. Usar essa opção juntamente com Selecionar Somente Meus Objetos ou Selecionar Somente Objetos Móveis permite uma seleção de objetos fácil e segura por parte dos construtores.

Mostrar Seleção Oculta permite que você veja os objetos que ficam normalmente invisíveis durante a construção.

Mostrar Raio de Luz da Seleção ativa sua habilidade de ver a luz emitida por aquele objeto (quando você estiver editando um objeto emissor de luz).

Mostrar Luz da Seleção permite que você escolha se seu avatar deve estender a mão e lançar uma luz de partículas na direção do objeto enquanto você estiver editando (indicando assim a todos que você está editando aquele objeto).

Pôr na Grid ativa a opção de "pôr na grid" ao construir. Quando a opção estiver ativada, você poderá facilmente posicionar um objeto de acordo com as coordenadas exatas da grid. Quando a opção estiver desativada, você poderá colocar um objeto em qualquer lugar.

Pôr Objeto XY na Grid move um objeto para a intersecção da grade mais próxima, como se você estivesse manipulando o Pôr na Grid manualmente.

Não importa se o Pôr na Grid está ativo ou não; a opção funcionará de qualquer forma.

Usar Seleção para Grid permite que você use o objeto selecionado como origem da grid em vez de usar o padrão da região.

Opções da Grid abre a janela de Opções da Grid, permitindo que você defina a freqüência de construção da grid, as extensões e a opacidade.

Ligar permite que você combine dois ou mais objetos abertos num único objeto.

Desligar desmonta um objeto ligado, separando seus prims componentes.

Parar Todas as Animações permite que você pare todas as animações que geralmente ocorrem no seu avatar. Isso pode ser útil no caso de você ter ficado preso ao dançar ou correr.

Focar na Seleção reposiciona a câmera para que ela se foque no objeto em edição.

Aumentar Zoom na Seleção reposiciona a câmera de maneira a aumentar o zoom no objeto em edição.

Pegar leva o(s) objeto(s) selecionado(s) para seu Inventário, removendo o(s) mesmo(s) do mundo virtual. (Você deve ter as permissões necessárias.)

Pegar Cópia copia o(s) objeto(s) selecionado(s) para seu Inventário, deixando o exemplar original no mundo virtual. (Você deve ter as permissões necessárias.)

Salvar Objeto de Volta ao Meu Inventário é útil ao gerar uma cópia de um objeto do Inventário. Essa opção permite que você salve quaisquer alterações feitas à versão de um objeto do mundo real ao Inventário. Isso é útil por evitar que o Inventário fique cheio de versões antigas de um objeto.

Salvar Objeto de Volta ao Conteúdo do Objeto é útil ao trabalhar com um objeto que geralmente reside dentro de outro. Essa opção permite que você atualize a cópia que existe dentro do outro objeto sem ter que copiar manualmente.

Mostrar Janela de Erros/Alertas de Scripts abre a janela de Erros/Alertas de Scripts, onde você pode ver as mensagens de erro de todos os scripts sendo executados em determinada região.

Recompilar Scripts na Seleção permite recompilar todos os scripts em todos os primitivos que tiver selecionado. Isso os devolve a seu estado inicial.

Redefinir Scripts na Seleção redefine todos os scripts em todos os primitivos que você tiver selecionado. Isso os devolve a seu estado inicial.

Definir Scripts para Execução na Seleção define todos os scripts em todos os primitivos que você tiver selecionado para o estado de "execução", o que os ativa.

Definir Scripts para Não Executar na Seleção define todos os scripts em todos os primitivos que você tiver selecionado para o estado de "não-execução", o que os desativa.

AJUDA

Ajuda do Second Life abre um painel que contém informações gerais. Clique no link Obter Mais Ajuda do painel para ver uma lista mais detalhada de fontes relativas ao *SL*; Termos Comuns abre um glossário de termos e linguagem do *SL*, incluindo termos avançados do *SL*, como *rezzing*, assim como abreviações comuns da internet, como afk (*away from keyboard*: longe do teclado)

Base de Conhecimento leva você para fora do *SL*, ao site especificado.

Ajuda ao Vivo é útil quando se tem uma dúvida. Selecione Ajuda ao Vivo, digite sua pergunta e, se você tiver sorte e paciência, alguém pode responder. Não seja dependente demais da Ajuda ao Vivo, pesquise na Base de Conhecimento enquanto espera alguma resposta. É provável que você encontre sua resposta antes de alguém entrar em contato com você.

Blog Oficial da Linden leva você para o site indicado. Conferir o Blog Oficial da Linden regularmente é algo obrigatório para quem tem dúvidas sobre a existência virtual: o blog contém as últimas notícias sobre questões relacionadas ao *Second Life*, inclusive as futuras alterações do aplicativo e dos planos de assinatura.

Guia de Scripts e **Wiki de Scripts** levam você aos relativos sites — que são úteis para o caso de você se deparar com problemas ao programar na LSL (a Linguagem de Scripts da Linden).

Mensagem do Dia mostra a mensagem que é exibida no momento em que você faz login. As mensagens do dia têm dicas muito úteis, então não deixe de lê-las!

Denunciar Abuso abre um painel equivalente a um formulário de reclamação. Se alguém estiver importunando você, coloque aqui os detalhes e registre o incômodo.

Empurrões e Violência lista os abusos que você sofreu durante a sessão atual, para que possa inclui-los em seu relatório.

Reportar Erro abre um painel que permite inserir os detalhes de um erro do aplicativo e enviá-los.

Notas de Lançamento leva você ao site que contém as últimas notas de lançamento do *SL*. Sempre há alterações, então é uma boa idéia manter-se atualizado. Se algo na sua vida virtual estiver um pouco diferente, confira as notas de lançamento antes de enviar um relatório de erro.

Sobre o Second Life mostra mais do que meras informações do *SL* como número da versão e lista de créditos; você também verá as informações do seu próprio sistema — processador, sistema operacional, placa de vídeo, etc.

APÊNDICE E
OS BRASILEIROS E O *SECOND LIFE*

Saiba um pouco mais sobre a breve, mas impressionante, história tupiniquim no mundo virtual

A presença de brasileiros no *SL* começou a ser notada em meados de 2006. Foi quando surgiram as primeiras terras tipicamente brasileiras, onde o idioma oficial era o português. Alguns espaços que tinham o Brasil como tema começaram a ser divulgados e logo os brasileiros já povoavam o ambiente.

Dados oficiais apontam que o Brasil possui o maior número de usuários no site de relacionamento *Orkut* e, como o *SL* também oferece essa oportunidade de socialização, o fenômeno da multiplicação teve grande impulso. Mais e mais terras brasileiras têm sido adquiridas e usadas das mais diferentes formas.

Em dezembro de 2006, aconteceu o primeiro réveillon oficial do Brasil no mundo virtual. A Philips do Brasil patrocinou a festa da virada e presenteou os convidados com brindes e até mesmo chinelos brancos para curtirem a festa mais à vontade.

Desde então, festas e eventos típicos do país começaram a proliferar no mundo virtual, e a cada dia que passa mais e mais brasileiros procuram o *SL*.

MAINLAND BRASIL

Após quase um ano de negociação, a Kaizen Games, em parceria com o iG, fincou de vez a bandeira do Brasil no território virtual do *Second Life*. Com isso, pela primeira vez, a Linden Lab autorizou a criação de uma nova porta de entrada para os residentes no mundo virtual. Foi criada a operação *Second Life Global Provider*, que possibilitou que o *client* do *SL* fosse totalmente traduzido para o português e fossem criadas novas formas para os brasileiros residirem com mais facilidade no metaverso.

Em abril de 2007, uma verdadeira caravela brasileira chegava ao *Second Life*. Com o lançamento oficial da Mainland Brasil, os brasileiros puderam conferir um conteúdo novo, com a possibilidade de interagir com pessoas do mundo inteiro. Ganharam um incentivo grande para começar a participar da economia no metaverso: passou a ser possível adquirir Linden dólares através do real (R$). Para que tal operação fosse possível, as empresas que administram as terras brasileiras criaram uma moeda intermediária, o Kaizen Cash (KC$). Dessa forma, o residente que queira comprar Linden dólares através dos seus reais, deve primeiro adquirir seus Kaizen Cash.

Como referência e registro, segue abaixo a cotação em agosto de 2007:

LINDEN DÓLARES X REAIS
– 1 real = 1.000 Kaizen Cash
– 12 Kaizen Cash = 1 Linden dólar

O Kaizen Cash é negociado em pacotes que variam entre R$6,50 (6.500 Kaizens) e R$170,00 (170.000 Kaizens). A operação de compra do Kaizen Cash é feita através de cartão de crédito e boleto bancário, o que facilitou muito a compra para os brasileiros que não possuíam cartões.

Além da possibilidade da compra de Lindens com reais, uma nova grande família foi criada no mundo virtual. Como citado em capítulos anteriores, ao ver algum residente com o sobrenome Linden, sabemos que ele faz parte da Linden Lab, empresa responsável pelo *Second Life* no mundo. No Brasil a família Kaizen Games também começa a ser vista no metaverso. Toda vez que alguém com esse sobrenome for visto, lembre-se de que ele trabalha com a equipe responsável pelas terras oficiais brasileiras no metaverso.

A Mainland Brasil é um grande continente no mundo virtual e possui alguns locais típicos do nosso país:

PRAIA DE COPACABANA

A MLBR Copacabana, como é conhecida no *SL*, foi construída com o mesmo tamanho da praia real e conta com as mesmas curvas sinuosas do seu calçadão. O realismo desse empreendimento chama a atenção. Já é um dos locais mais freqüentados pelos brasileiros no metaverso.

"MOSAICO" (MLBR MOSAICO)

Os residentes contam com um apanhado de pontos turísticos brasileiros. Imagine estar em frente ao MASP, na avenida Paulista e, depois de alguns passos, dar uma volta no bondinho da Urca, ou, então, dar um mergulho na praia de Boa Viagem, no Recife. Esses são alguns dos pontos turísticos que a Mosaico possui.

A Mainland Brasil promete, em breve, lançar novos pontos para reunir o maior número de brasileiros possíveis. Já está em confecção o território denominado, até o momento, como ilha São Paulo, que retratará o centro antigo da terra da garoa e mostrará que atrás de blocos, concreto e asfalto existem belos empreendimentos arquitetônicos, caso do famoso Teatro Municipal, que estará fielmente representado.

O BRASIL NO SL

Além da Mainland Brasil, o *Second Life* possui vários pontos onde os residentes poderão encontrar lugares tipicamente brasileiros. Para localizar esses pontos no próprio *Second Life*, digite a palavra "Brasil". Um apanhado de ambientes com a temática do nosso país será mostrada. Para facilitar, abaixo você encontra um pequeno roteiro do que você não pode deixar de conhecer no *Second Life*:

NOTA: Os números ao lado dos nomes são as referências de localização no *Second Life*.

ILHA PORTO ALEGRE (175 – 33 – 27)

Se você é gaúcho ou curte as coisas típicas do Sul do país, precisa visitar esse local. Na ilha, os residentes encontrão desde espaços dedicado ao futebol, como é o caso das lojas do Grêmio e do Internacional, a shoppings e prédios marcantes da capital do Rio Grande do Sul.

ILHA BAHIA (175 – 93 – 27)

A ilha foi criada com base em Salvador, capital baiana. Os residentes encontrão no ambiente vários pontos para dançar e encontrar pessoas para se divertir à vontade pelo mundo virtual. As ladeiras estreitas e o batuque do Olodum contagiam o local que sempre está cheio de brasileiros e turistas querendo conhecer as maravilhas da Bahia.

ILHA BÚZIOS (128 – 128 – 0)

Os residentes adoram freqüentar a ilha Búzios para encontrar pessoas bonitas e bater um papo animado. Há até debates sobre preconceito no *Second Life*. Para você que curte um papo-cabeça, passar por lá é obrigação.

Figura 10: O charme e o glamour da praia de Copacabana no metaverso.

MLBR COPACABANA (194 – 6 – 23)

A ilha Copacabana é um local totalmente aberto, onde os residentes podem dar um mergulho e curtir as baladas freqüentes. Tudo que é criado para os brasileiros é noticiado em Copacabana, e, para se manter informado e antenado, é preciso dar uma volta por lá.

ILHA BRASIL (134 – 142 – 26)

Uma das ilhas mais populares do *Second Life*, foi um dos primeiros locais criados para atrair brasileiros. Até hoje o ambiente é muito bem freqüentado e recebe milhares de pessoas à procura de diversão e lazer.

ILHA SP JARDINS (73 – 19 – 23)

A Ilha SP Jardins teve como base Jardins, bairro da cidade de São Paulo. Prédios imensos e praças públicas são ótimos locais para se reunir e bater um bom papo.

Este livro foi composto em Eurostile
e impresso pela Ediouro Gráfica
sobre papel couché 115g para a
Ediouro Publicações em setembro de 2007.